KB275067

동아시아 관문도시와 서발터니티 연구

동아시아 관문도시와 서발터니티 연구

동서대학교 중국연구센터 연구총서 1

동아시아 관문도시와 서발터니티 연구

이홍규, 장윤미 엮음

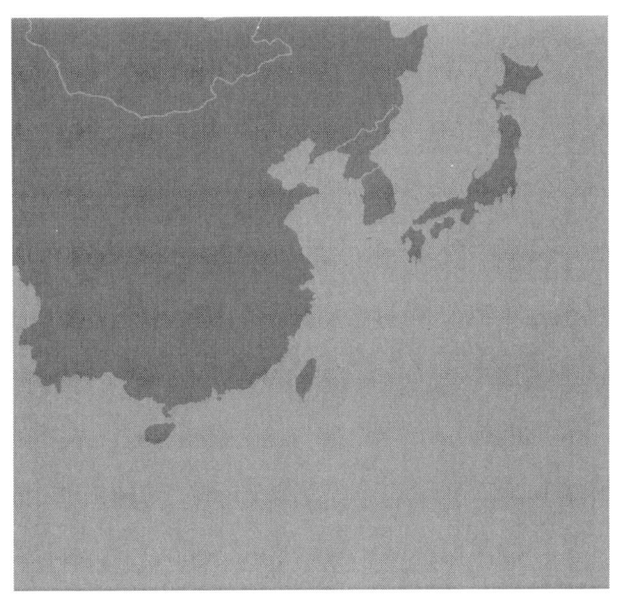

산지니

서문

I

필자가 살고 있는 부산(釜山)은 해양에서 대륙으로 들어오는 동아시아의 대표적인 관문도시(gateway city)다. 이미 1930년대부터 부산은 일본과 중국 대륙을 잇는 '동아(東亞)의 관문'이라 불리었다. 한반도가 만주와 철로로 연결되어 중국 본토에 이어 유럽까지 갈 수 있었기 때문에 일본에서 배를 타고 한반도로 들어오면 첫 관문이었던 부산에서 중국 대륙은 물론 유럽까지 가는 기차표도 살 수 있었다고 한다.

이렇게 보면 동아시아에는 부산 말고도 여러 관문도시들이 존재했을 것이다. 예컨대, 가오슝(高雄)은 세계와 연결되는 타이완(臺灣)의 대표적인 관문도시로 특히 동남아인들이 대거 유입되는 통로 역할을 해왔다. '바다로 가는 길'이란 뜻을 가진 상하이(上海)

는 양쯔강이 태평양으로 유입해 들어가는 지역에 위치한 중국의 관문으로 근대 이래 자본과 사람이 대거 유입되는 중국의 대표적인 국제도시 역할을 해왔던 곳이다. 홍콩(香港)은 근대 이후 영국의 식민지가 된 뒤 일찍부터 개방되어 서구 세력과 자본은 물론 다양한 인종의 외국인들이 중국으로 들어가는 관문으로서 역할을 수행했다.

그렇다면, 동아시아라는 리저널(regional) 차원에서 이러한 관문도시는 어떤 의미가 있는 장소일까? "낯선 자들 혹은 불온한 존재들 그리고 미천한 사람들이 이러한 동아시아의 관문도시들을 아무런 제한 없이 다 통과할 수 있다"라고 상상해보자. 동아시아는 어떤 모습의 사회가 될까?

혹자는 이러한 관문도시가 완전히 개방된 상상 속의 동아시아를 끔찍하게 여길 수 있다. 관문도시를 통해 우리 국가에 들어온 낯선 자들의 문화가 이상하다 못해 징그럽고 야만스럽게 느껴질 수도 있고 불온한 존재들의 주장이 위험하고 위협적으로 느껴질 수 있으며 미천한 사람들의 행동이 짜증스럽고 경멸스러울 수 있다. '우리'가 오랫동안 살아온 동아시아의 미래가 이쯤 되면 혼란스러운 것으로 여겨질 수 있다. 미래의 동아시아에도 공동체 사회의 안정과 번영을 위해서는 국민국가의 철저한 규제와 단속이 불가피하다는 결론에 도달할 수 있다. 매우 현실주의적인 입장임을 강조하면서 말이다.

하지만 동아시아의 관문도시는 국민국가 영토의 관문으로서의 위상만 갖고 있는 곳이 아니다. 만약 동아시아의 관문도시들에 작용하는 국민국가의 통제와 규제가 사라진다면 사람들은 동아시아가 하나의 공동체가 되었음을 직감하게 될 것이다. 이렇게 된 세상에서 동아시아의 여러 관문도시들은 다양한 인종, 다양한 계급, 다양한 젠더, 다양한 신체의 사람들이 국민국가의 경계를 넘어 이동하고 교류할 수 있는 개방과 소통 그리고 통합의 장소가 된다.

이러한 점에서 보면 동아시아의 관문도시는 낯선 자들 혹은 불온한 존재들 그리고 미천한 사람들에 대한 동아시아 국가 대응의 진면목이 드러나는 장소이다. 동아시아의 국가는 관문도시에서부터 이러한 취약한 존재들을 철저하게 억압, 배제할 수도 있고 거꾸로 수용, 환영할 수도 있다.

II

이러한 존재들의 특성을 개념화한다면 '서발터니티(subalternity)' 개념으로 집약할 수 있다고 본다. '서발터니티'란 억압구조 속에서 배제되어 자신의 존재를 드러낼 수 없는 취약한 집단을 의미하는 '서발턴(subaltern)'에서 비롯된 개념으로 서발턴적 특성을 지칭하는 것인데, 서발턴이 아니라 서발터니티 개념에 주목한 것은 이러한 취약성은 특정한 집단만이 아니라 잠재적으로 혹은 부분적으로 일반 사람들도 이러한 속성을 갖게 되는 상황에 직면해 있음을 시사하기 위한 것이다. 즉, 우리가 사용하는 '동아시아의 서발터니티' 개념은 동아시아 각국에서 목소리를 내지 못하고 부재(不在)처리되거나, 저항의 목소리를 내도 차별받아 온 사회적 약자로서의 특성을 총칭하기 위해 만든 것이다.

예컨대, 동아시아 국민국가 체제하에서 한 국가의 시민이었다 하더라도 얼마든지 타국으로 이주한 이주민이 되거나 심지어 난민이 될 수도 있고, 자본주의 세계화 과정에서 낙오하여 빈민이나 심지어 부랑자가 될 수도 있으며, 병이 나거나 사고를 당하여 각종 질환자나 장애인이 될 수도 있다. 우리는 그러한 세상에 살고 있다. 그럼에도 우리는 신체 건강하고 여유 있는 일반 시민의 지위가 영속하리라 생각하며 이주민이나 난민, 빈민이나 부랑자 그리고 각종 신체 질환자나 장애인 등을 배제하는 현실의 억압적 구조에 동의하거나 모른 체 방관하곤 한다.

하지만 동아시아의 각 사회와 시민들이 지속적으로 현실의 억압적 구조에 동의하거나 방관하게 되면 그 억압이 비등점에 도달하는 순간 서발터니티 이슈는 폭발적으로 드러날 수밖에 없다. 실제로 최근 몇 해 동안 동아시아 각국에서는 침묵을 강요당해 온 취약한 존재들의 문제 즉, 서발터니티 이슈가 연쇄적으로 터져 나왔다. 국민국가 체제에서 여전히 배제되어 온 소수 종족이나 국제이주민 문제는 물론이고 난민 승인 문제도 점차 중요한 쟁점이 되고 있으며 사회적 차별을 받고 있는 비정규직 노동자 문제 특히 플랫폼 노동과 같이 안정된 직업 없이 저임금·저숙련 노동을 하며 힘

겹게 살아가는 계층을 가리키는 '프레카리아트(precariat)' 이슈는 동아시아 사회를 달구고 있는 서발터니티 이슈이다. 최근 동아시아에서 끊임없이 제기되어 온 미투 사건, 장애인 시위, 성소수자 이슈들도 모두 서발터니티의 시각으로 해석 가능한 이슈들이다.

이외에도 동아시아에는 근대로의 편입 과정에서 제국주의 피식민의 경험, 냉전 시기 정권의 이념에 반하는 존재들에 대한 학살과 적대적 처리 그리고 동아시아 개발독재 기간에도 침묵을 강요당한 취약한 존재들의 문제가 역사적으로 형성된 후 오늘날까지 해결되지 않은 서발터니티 이슈도 존재한다. 일본군 위안부 피해자 문제, 강제징용자 문제, 원폭 피해자 문제, 난징 대학살 피해자 문제와 같은 이슈들이 제국주의 시기 형성된 대표적인 서발터니티 이슈이다. 한국전쟁 시기의 남북한에서 벌어진 학살 사건이나 대만의 2·28 사건, 중국의 문화대혁명 등 냉전 시기 동아시아 각국에서 발생한 여러 사건에서 여전히 침묵 속에 남겨져 있는 서발터니티 이슈도 존재할 것이다.

Ⅲ

동아시아 서발터니티 연구의 최적의 장소가 바로 우리가 살고 있는 이 부산과 같이 '개방=환대/폐쇄=배제'라는 이중의 역학이 작동하는 동아시아의 관문도시들인 점을 생각한다면, '동아시아 관문도시(East Asian Gateway city)’ 연구와 ‘동아시아 서발터니티 (East Asian subalternity)’ 연구를 결합한 새로운 연구영역을 개척할 수 있지 않을까? 이것이 2022년 9월부터 동서대학교 동아시아 연구원 중국연구센터가 <동아시아 서발터니티와 시민성: 부산에서 중화권 관문도시로>라는 주제의 한국연구재단 인문사회연구소 사업단으로 선정되어 연구 과제를 시작한 기본 문제의식이다.

그동안 우리는 동아시아의 경계와 접경을 다루는 기존 연구들을 통해 많은 것을 배워왔다.

하지만 이러한 경계/접경 연구가 ‘개방/폐쇄’라는 이중의 역학이 작동하는 동아시아의 관문도시라는 장소성을 특정한 적은 없었다. 관문도시 연구는 주로 국제물류 분야에서 사용되어 관문도시를 글로벌 및 리저널의 교통물류 네트워크의 허브(hub)로만 간주해 왔을 뿐이다. 한편 1982년 구하(Ranajit Guha)의 인도 농민봉기 연구로 시작된 서발터니티 연구는 제3세계 페미니즘 차원에서 서발턴을 해석한 스피박(Gayatri Chakravorty Spivak) 이후, 서구의 지식권력에 대항하는 포스트식민주의 이론으로 정립됐다. 그러나 고도의 자본주의 사회에서도 국가권력의 미명하에 약자와 소수자들이 차별받는 상황에서 서발터니티 문제는 포스트식민주의 이론에 한정된 이슈가 아니며, 일국의 경계를 넘어 인류가 공동으로 대응해야 할 현실적 문제가 되었다. 현대 동아시아 사회도 형식적으론 모든 사람이 시민권을 쟁취한 듯하지만, 사회적 약자와 소수자들에게 침묵이 강요되거나 저항의 음성이 묵살되고 배제되는 서발터니티 이슈가 발생해왔다.

　물론 동아시아의 서발터니티 문제와 관련하여 유사한 연구는 적지 않다. 하지만 이러한 연구들은 다양한 개념으로 분산되어 있고 실체가 가려진 경우도 여전히 많아 아직 동아시아 차원의 체계적인 연구는 충분치 않은 상태이다. 마침 일본의 서발턴 혹은 서발터니티 연구는 다른 연구기관에서 진행하고 있는 만큼, 우리 인문사회연구소사업단이 부산의 중국연구기관으로서 중화권과 한국의 서발터니티 이슈 연구에 주력한다면 향후 동아시아 차원의 서발터니티 이슈를 종합적으로 볼 수 있는 하나의 이론적 틀을 확보할 수 있을 것으로 보았다.

　더욱이 기존의 서발턴이나 서발터니티 이슈를 주제로 다루는 관련 연구들이 추상성과 혼종성을 강조한 탓에 도시라는 장소성의 시각에서 연구 성과를 구체화하고 체계화하지 못했다. 이러한 점에서 관문도시라는 특정한 장소성을 전제한 우리의 서발터니티 연구는 '차별의 대상'인 서발터니티 연구와 '발생 장소'인 관문도시 연구를 결합한 새로운 연구 어젠다를 제시하고자 했다. 그래서 우리는 향후 이 연구가 동아시아 관문도시의 서발터니티를 소재로 역사적으로 형성된 동아시아의 다양한 차별 문제를 이론적으로 해석하는 데 기여할 수 있기를 기대하며 또한 동아시아의 성찰과 소통을 가져와 동아시아 시민권과 시민성 구현이라는 실천적 이슈를 제기하는 데도 기여하길 바란다.

Ⅳ

이 책은 상술한 문제의식하에서 동서대학교 동아시아연구원 중국연구센터의 인문사회연구소사업단이 발간하는 연구총서의 첫 번째 책이다. 우리가 2022년 9월부터 연구과제 <동아시아 서발터니티와 시민성: 부산에서 중화권 관문도시로>를 수행하여 생산한 첫 번째 연구서인 셈이다. 우리 연구의 결과는 앞으로 연구총서 시리즈의 형태로 계속 출간할 예정이지만 이 책은 그 연구총서의 출발점이 되는 첫 번째 책이니만큼 우리에겐 나름의 작은 의미가 있다. 우리 연구단의 기본적인 시각과 입론에 해당하는 글들로 구성되어 있기 때문이다. 무엇보다 우리 연구단의 6년 연구주제를 관통하는 주요한 키워드 즉, 동아시아, 부산, 중화권, 관문도시, 서발터니티, 시민성이라는 개념들을 연결하여 제시하고자 한 우리의 문제의식을 그대로 드러내고자 했다. 독자들의 애정어린 토론과 비판을 구하길 원했기 때문이다.

그래서 우리는 부산과 중화권 관문도시 사회의 과거와 현재를 분석하는 이러한 연구들을 통해서 서발터니티 이슈에 대한 동아시아 내부의 성찰과 소통이 더 많아지기를 진심으로 바란다. 이를 통해 동아시아 시민권과 시민성의 이슈가 본격적으로 논의되기를 희망하는 것이다. 이러한 차원에서 이 책의 본문은 다섯 편의 글로 구성되었다. 첫 번째 글은 이홍규와 김동규가 함께 쓴 '동아시아 서발터니티와 '방법으로서 관문도시"이다. 이 글은 우리 연구단의 문제의식과 관점을 명확히 보여주기 위한 글로서, 시민사회 중심으로 동아시아를 서구중심주의 근대성을 극복하는 대안적 지반으로 만들기 위해서는 '동아시아 서발터니티' 이슈의 제기가 중요하다고 주장한다. 저자들은 또한 이러한 '동아시아 서발터니티' 문제를 압축적으로 제기할 수 있는 '장소'가 서구적 근대 체제로 편입되어 제국주의, 냉전, 세계화 등을 경험해온 '동아시아 관문도시'임을 적시하고 이로부터 '방법으로서 관문도시'라는 시각을 도출해 '동아시아 서발터니티' 연구의 접근법으로 제안하고 있다.

두 번째 글은 김동규가 쓴 '서발터니티(subalternity) 개념들의 역학'으로 우리가 제시하는 '서발터니티' 개념의 도출 과정에 대한 논증과 설명이다. 이 글은 기존의 '서발턴' 개념과 그 유사개념들을 '서발터니티'라는 개념으로 종합하면서 이 개념 안에 다양한 힘들의 역학이 내재되어 있음을 논증한다. 특히 '서발터니티 개념이 자신을 생산한 폭력의 주체나 단위(지역, 국가, 아시아, 지구)의 정체를 폭로함으로써, 이를 비판적으로 전복할 '가능성'의 계기도 제공할 수 있다고 주장한다. 이는 곧 서발터니티라는 개념적 전략이 새로운 차이만이 아니라 새로운 보편성을 생산할 수 있음(가능성)을 의미한다.

세 번째는 '관문도시 부산의 '서발턴' 역사 연구의 필요성과 한계'로 전성현이 썼다. 이 글은 우리 연구단이 소재한 부산이 일본 제국주의, 해방 이후 열전과 냉전체제, 그리고 전후에도 다양한 이방인을 수용한 위계화된 관문도시였음을 설명한다. 특히 그 경계 공간에서 가장 활발하게 복무하는 '식민/냉전국가-가부장-자본주의 권력'의 위계 아래, 권력의 폭력에 순응하기도 하고 저항하기도 하는 한편, 가시화되기도 하고 비가시화되기도 하는 다양한 서발턴이 존재했음을 논증한다. 그런 의미에서 '장소'로서 부산과 '행위자'로서 서발턴 역사 연구는 로컬 차원의 지역과 민의 연구는 물론 리저널 차원의 지역과 민의 연구에 소중한 자양분이 될 수 있을 것으로 평가한다.

네 번째 글은 김봉준이 쓴 '대만의 서발턴과 대만사 연구'이다. 이 글은 우리 연구단의 주요한 연구대상인 중화권 관문도시의 서발터니티 문제와 관련하여, 우선 중화권의 중요 구성 부분 중 한 곳인 대만의 서발턴 문제를 대만의 역사인식의 관점에서 해석한 글이다. 김봉준에 따르면, 대만의 서발턴은 대만이라는 지리적 공간에서 당대 대만인이 역사적으로 공유하고 있는 복잡한 관계망 속에 얽혀 있는 존재이다. 즉, 대만으로의 이주, 경제 환경의 변화, 자연재해, 그리고 정치 주체의 변화와 권력의 확장 등 대만사 연구의 다양한 이슈에서 서발턴 문제와의 접점을 발견할 수 있다는 것이다.

마지막 다섯 번째 글은 장윤미가 쓴 '중국의 서발턴 연구: 개념, 주제, 쟁점'으로 중화권의 핵심인 중국 대륙 학계의 서발턴 문제에 관련한 기존 연구를 정리하고 그 특성과 한계를 평가한 글이다. 장윤미는 중국에서 서발턴 개념을 '저층'으로 번역하여 '저층연구'가

활성화됐고 서발턴적 관점이 들어오면서 중국 학계에서 구술이나 현장 조사와 같은 연구방법이 다양한 성과를 거두었다고 평가한다. 다만 중국의 '저층연구'가 구조화된 권력 비판을 이뤄내지 못하고 지배이데올로기의 순기능을 확산시키는 결과를 낳은 만큼 중국의 서발턴 연구에서 새로운 모색이 필요함을 시사하고 있다.

V

진정한 동아시아 리저널리즘 구현은 동아시아의 평화를 정착시키기 위한 중요한 방안 가운데 하나이다. 1000년에 가까운 오랜 시기에 끊임없이 전쟁이 발발했던 유럽 대륙이 2차 대전 이후 기본적으로 평화를 정착시킬 수 있었던 데에는 국민국가의 경계를 뛰어넘어 유럽연합(EU)이라는 공동체를 이뤄낼 수 있었기 때문이다. EU의 사례처럼 동아시아에 평화를 정착시키기 위해서는 동아시아 공동체 구현의 발걸음이 중요할 것인데, 그렇다면 동아시아 리저널 사회의 문(gate)에 해당하는 각 동아시아 관문도시가 앞으로 어떤 역학(dynamics)을 보이는지가 중요해질 것이다. 이러한 측면에서 미중 패권경쟁으로 다시 동아시아에 상호 대립과 혐오 그리고 적대적 분위기가 형성되고 있는 시점에서, '관문도시'라는 '방법'으로 동아시아를 접근하여 동아시아 서발터니티 문제를 제기하는 우리의 연구가 새로운 그리고 진정한 동아시아 리저널리즘

담론을 만드는 데도 기여하기를 바란다. 아직 크게 부족하고 한계도 많지만, 이 책은 우리 연구의 출발을 알리는 결과물이라는 점에서 작은 의미가 있다.

다만 이 책을 구성하는 다섯 편의 글은 모두 기존에 출간된 학술논문들을 수정한 것이다. 아래와 같이 그 출처를 명확히 밝혀 독자들의 양해를 구하고자 한다.

1. 이홍규·김동규. "새로운 동아시아 담론을 위한 서설(序說) - 방법으로서 관문도시와 동아시아 서발터니티", 『동아연구』 86권, 2024년 2월.

2. 김동규. "서발터니티(subalternity)라는 방법", 『인문사회과학연구』 24권 3호, 2023년 8월.

3. 전성현. "관문도시 부산과 '서발턴' 역사 연구의 필요성과 한계", 『석당논총』 87집, 2023년 11월.

4. 김봉준. "민진당 재집권 이후의 대만사 연구 경향", 『중앙사론』 60호, 2023년 12월.

5. 장윤미. "중국의 서발턴 연구 : 개념, 주제, 쟁점", 『중소연구』 47권 1호, 2023년 5월.

이 책이 나오기까지는 많은 분의 도움과 노고가 있었다. 우선, 동서대 동아시아연구원 중국연구센터 인문사회연구소사업단의 전임연구원으로 계시는 강병환, 김동규, 김지영, 장윤미 교수님의 노고가 있었기에 이 책을 포함하여 앞으로 나올 연구총서 시리즈가 기획, 출판될 수 있었다. 특히 장윤미 교수님은 필자와 함께 이 책의 공동 편자 역할을 해주셨다. 또한 공동연구원으로 참여해주고 계신 한성대 박우, 협성대 박자영, 절강해양대 연광석, 동아대 전성현 교수님에게도 감사의 인사를 드리고 싶다. 관련 국제회의 준비와 자료조사 등에 많은 실무 역할을 해준 김현진 책임연구원, 강해리 행정 담당 선생님과 여러 연구보조원 대학원생들에게도 감사한 마음이다. 항상 따뜻한 격려를 해주시며 우리 연구단을 지지해주시는 신정승 동서대 동아시아연구원 원장님과 장제국 동서대 총장님에게도 특별한 감사를 드리고 싶다.

마지막으로 이 책의 출판을 위해 애써 준 산지니 출판사의 노고에 진심으로 감사드린다. 특히 이 책의 편집을 맡은 이소영 편집자님은 필자의 게으름을 탓하지 않고 인내하며 좋은 책이 되도록 만들어 주셨다. 다만 혹 이 책의 부족한 부분이 있다면 모두 연구책임자인 제게 있는 것이다. 독자들의 따끔한 질정을 다시 한번 기대하면서 이 글을 마치고자 한다.

2024년 4월

이 홍 규

차례

동아시아 서발터니티와
'방법으로서 관문도시'

이홍규, 김동규

Ⅰ. 문제제기

탈냉전이 본격화된 1990년대 이래 동아시아를 하나의 단위로 사고하면서 공동체 건설을 상상하는 많은 담론이 동아시아에 존재했다. 특히 한국에서 이러한 논의가 활발하게 제시되었다는 점은 주목할 만한 일이다. 냉전 시기 미국 중심의 자본주의 진영과 소련 중심의 사회주의 진영의 대립 체제로 재편된 뒤, 동아시아에서 한반도는 양 진영의 힘이 격돌하는 대표적인 공간이었다. 1980년대 말 이래 냉전체제가 와해되면서 1990년대 초 한국은 중국 등 사회주의권과 수교하기 시작했고 이로 인해 지역의 분단 수준이 완화되면서, 동아시아 리저널(regional)[1] 전망이 가능해졌기에 동아

---

1   통상 리저널(regional)은 '지역'으로 많이 번역된다. 하지만, regional의 어원이 군사적 의미를 배경으로 하는 '통치(regime)'와 가까운 말이기 때문에 통상 사용되는 번

시아 담론이 형성되고 번성하는 결정적인 계기가 생겼다.[2] 더욱이 1990년대 이후 동아시아 역내 국가들 사이의 경제협력이 지속적으로 급증하고 사회문화적 교류도 활발히 진행되는 과정에서 한국의 동아시아 담론도 더욱 활성화될 수 있었다.

역어인 지역과는 다른 용어로 번역되어야 한다. 마루카와 데쓰시는 이러한 맥락에서 동아시아를 언급하면서 리저널이라는 용어를 사용하고 있다. 마루카와 데쓰시 지음, 백지운·윤여일 옮김, 『리저널리즘: 동아시아의 문화지정학』, 그린비, 2008, 8쪽. 그래서 이 글도 '동아시아 리저널(East-Asian regional)'이라는 용어를 사용하고자 한다. 이는 리저널 개념을 지역, 로컬, 국가, 글로벌이라는 단어와 구분하기 위함이다. 특히 리저널이라는 개념이 권력의 작용을 지시하는 개념이므로 동아시아를 어떤 불변하는 실체적 단위로 간주하지 않고, '방법'을 통해 매번 다르게 등장할 수 있는 단위로 간주할 수 있다. 덕분에 동아시아에 작동하는 다양한 힘의 '역학'을 통해 동아시아가 다르게 표상될 수 있다고 주장할 수 있게 된다. 이러한 개념 사용의 전략은 '방법'이라는 개념으로 활용하는 이 논문의 접근법을 위해서도 적합하다고 생각한다. 한 가지 아쉬운 것은 이론적, 개념사적 맥락을 추적하여 적당한 번역어를 찾아야 한다는 점이다. 이는 추후 연구과제로 남겨둔다.

2 윤여일, 『동아시아 담론: 1990-2000년대 한국사상계의 한 단면』, 돌베개, 2016, 26-27쪽. 윤여일은 1990년대 이후 형성되고 2000년대까지 번성한 동아시아 담론을 네 가지 계열로 분류한다. 즉 동아시아 문화정체성론, 동아시아 대안체제론, 동아시아 발전모델론, 동아시아 지역주의론이 그것이다. 동아시아 문화정체성론은 동아시아 역내의 국가, 민족과 같은 구성 단위들은 문화적 특성을 공유하며 그 특성은 서구문화와는 달리 독자적인 것이며 그로써 공동의 정체성을 형성할 수 있다는 입장으로 동아시아 한자문명권론, 유교문명권론, 동아시아문학론 등이 포함된다. 동아시아 대안체제론은 사회주의권의 몰락, 미국 주도의 자본주의 세계화라는 세계질서의 급변의 와중에서 서구중심적 근대체제를 대신할 대안적 사회원리를 모색하는 입론으로 동아시아 탈근대주의론, 동아시아 탈민족주의론, 동아시아 탈국민국가론 등을 포괄한다. 동아시아 발전모델론은 동아시아 국가, 특히 신흥발전국가들의 경제적 성공을 동아시아 국가들만의 사회적 특성으로부터 설명하려는 입론으로 유교자본주의론, 동아시아 발전국가론 등이 포함된다. 동아시아 지역주의론은 역내 국가들의 공조, 나아가 지역 통합의 추진을 통해 공동의 경제적·안보적 이익을 제고하려는 입론으로 여기에는 동아시아 안보공동체론, 동아시아 경제공동체론이 대표적이다. 윤여일, 앞의 책, 138-156, 230-261쪽.

그러나 최근 미·중관계가 패권경쟁의 형세로 돌변하자 동아시아 역내의 협력과 공동체 추구, 즉 동아시아 리저널리즘(East Asian Regionalism)에 대한 비관적 전망도 커졌다. 동시에 이를 지탱하던 동아시아 담론의 정당성도 의심받고 있다. 이는 국제관계의 변화에 따른 즉자적 반응이겠지만, 이처럼 즉자적 반응이 생기는 배경에 국가 중심적 사고가 도사리고 있다는 데 주목해야 한다. 국가 중심적 사고가 동아시아 공동체 비전을 형성하는 데 걸림돌이 되기 때문이다.

오늘날 미·중 패권경쟁 국면에서 동아시아 국가들은 미국이나 중국 사이의 어느 한쪽을 선택하도록 강요받고 있는 형국이다. 이런 상황에서 동아시아 문제를 국가 중심주의적으로 접근한다면, 동아시아 공동체를 지향하는 동아시아 리저널리즘이나 동아시아 담론은 그 효력을 상실하게 되는 반면, 동아시아 대결 국면을 지지하는 리저널리즘이나 담론은 우세하게 될 것이다. 국가 중심주의 논리가 국익을 우선시하기 마련이므로, 미·중 대결의 국면은 동아시아의 협력보다는 현실적인 국익을 위해 동아시아 국가 간 갈등을 유발할 것이다. 동아시아 각국이 어느 한쪽을 선택하도록 강요당할 것이기 때문이다. 이런 상황에서 동아시아 공동체의 비전 역시 미·중 사이의 치열한 패권경쟁 속에서 소멸될 것이다.

이러한 갈등 상황 속에서 동아시아 사람들의 인권 문제는 요원한 이슈가 된다. 따라서 동아시아 문제를 접근할 때 '국가 중심'이라는 무의식에서 벗어나야 한다. 특히 동아시아 사람들의 인권을 우선시하고, 동아시아 비(非)인간 존재들의 생명권을 보장하기 위한 포괄적 평화를 모색한다는 관점에 무게를 두고 동아시아 리저널리즘을 새롭게 조명해야 한다. 이러한 접근만이 현실의 대결 국면을 돌파할 수 있는 정당한 비전을 제시할 수 있다.

때마침 지난 몇 년 사이에 한국, 중국, 대만, 일본 등 동아시아 각국에서는 침묵을 강요당한 취약한 존재들의 문제가 동시대적인 사회 이슈로 터져 나왔다. 한국에서는 일본군 종군위안부나 노동자 강제연행 문제가 여전히 사회적 쟁점으로 남아 있는 가운데 전국장애인연대 시위, 변희수 하사 사건을 비롯한 성소수자 관련 사건, 난민 승인 문제나 새터민 수용 문제, 비정규직 노동자 김용균 사건, 지속적인 미투 운동 등이 발생했다. 중국에서도 이른바 싼허(三和)청년이라 불리던 일용직 신노동자(新工人) 문제, 도시 하층민을 의미하는 저단인구(低端人口) 퇴거 사건이 발생했고 펑솨이(彭帅)의 미투 사건과 같은 여성에 대한 성폭력 사건, 중국의 대표적 소수민족인 위구르족에 대한 강제 수용 문제 등이 폭로되었다. 대만에서도 외국인 이주노동자 문제, 일본군 위안부 피해자 문제, 원주민 이름 찾기 운동, 대만판 n번방 사건 등이 발생한 바 있다. 현대 일본에서도 피차별 부락민, 여성, 한센병 환자, 장애인, 아이누 민족, 재일코리안, 오키나와인 문제 등 차별받는 다양한 사람들이 존재한다. 환경과 생태문제만 하더라도, 동아시아적 연대를 필수적으로 요구한다. 원폭피해자 문제 해결 역시 그렇다.

이들은 동아시아 리저널 단위에서 권리를 가지지 못한 존재들이자, 치명적인 취약성에 노출된 존재, 심지어 시민으로도 인정받지 못하는 존재들이다.[3] 이들은 동아시아에 존재하는 서발터니티(East Asian Subalternity)이다. '동아시아 서발터니티'란 동아시아 리저널에 작동하는 다양한 권력 관계에서 배제된 존재들의 존재론적 특성을 종합한 개념이다.[4]

'동아시아'가 '탈냉전' 이후 평화라는 시대정신을 반영하며 자본주의/사회주의라는 이분법의 서구 근대성을 극복하기 위해 한국발(發) '탈서구중심주의' 담론의 어휘였다면(장세진 2023, 221-223), '서발터니티' 개념[5]은 인도를 포함, 아시아와 남미 그리고 아프리카 등 제3세계가 서구중심주의 및 오리엔탈리즘에서 벗어나려 했던 사고와 기획에서 비롯된 것이다. 서발터니티는 배제된 존재, 취약한 존재의 존재성을 지시한다. 이는 반대로 서발터니티가 배제한 존재와 취약하게 만든 존재의 폭력을 지시하는 것이기도 하다. 따라서 동아시아의 서발터니티를 조명한다는 것은 동아시아의 기존 폭력을 고발함과 동시에, 새롭고 대안적인 동아시아 공동체를

---

3   물론 취약성(vulnerability)이라는 개념은 매우 중층적이다. 왜냐하면, 취약성은 가장 독특한 개인에 관한 것(the sigular)이기도 하고, 특정 집단에 속한 개인(the individual)에 관한 것이기도 하며, 특정 집단 전체(the particualr)와 관계하는 것이기도 하며, 몸을 가진 모든 인간(the universal)을 지칭하는 말이기도 하다. 취약한 존재에게는 실로 많은 폭력들이 중층적으로 작동한다.

4   이에 대한 자세한 논의는 이 글의 II장을 참조하라.

5   서발터니티 개념에 대한 자세한 논의는 김동규, 「서발터니티라는 방법」, 『인문사회과학연구』 제24권 제3호, 부경대학교 인문사회과학연구소, 2023, 369-402쪽을 참고하라.

생산하기 위해 기존 동아시아 질서에 생산적 균열을 초래하는 것이다. 이를 통해 라틴아메리카나 아프리카 그리고 남아시아를 넘어 서구 중심주의의 한계도 비판하는 또 하나의 축을 마련할 수도 있다.

예컨대 동아시아 서발터니티를 내포한 다양한 존재들이 자기 목소리를 되찾고, 이들의 삶을 옥죄고 있는 다양한 억압 구조가 폭로된다면, 동아시아는 이들을 환대(hospitality)하는 새로운 제스처를 취해야 하며, 새로운 동아시아 리저널리즘 체제를 만들어야 한다는 요구 앞에 직면한다.[6] 동아시아에서 배제되고 차별받는 존재

---

6 환대로 번역되는 hospitality는 레비나스와 그에게 영향을 받은 데리다 사상의 주요개념이다. 환대는 단순한 환영(welcome)이 아니라, 주체의 자리를 통째로 의문시하는 이방인(타자)을 새로운 주인으로서 모시는 일이다. 이 개념에서 주체와 타자의 관계는 매우 복잡한데, 주체는 스스로 주인인 줄 알고 자신의 자리에서 이방인을 배제하고 추방하는 권력을 행사한다. 이 배제와 추방은 주로 '정당성'과 '정의'를 명분으로 진행된다. 타자는 기존 사회에서 불온하고, 공포스러워, 위험한 존재로 간주되어 배제되어야 하는 존재로 인식되기 때문이다. 하지만, 타자의 입장에서 본 주체의 행위는 자신들을 생사여탈의 상황에 빠뜨린 폭력에 불과하다. 이 연구의 서발터니티가 바로 이런 취약한 타자의 존재론적 특성을 지시한다. 여기서 배제된 '취약한(vulnerable)' 타자는 주체에게 '죽이지 말라!'는 거역할 수 없는 '윤리적 명령'을 내리는 존재로 주체 앞에 등장한다. 하지만 이 경우 타자는 취약하지만, 가장 막강한 윤리적 명령을 행사하는 '위력적 존재'가 될 수 있다. 이 경우 타자는 현실적으로는 주체보다는 약하지만 윤리적 차원에서 타자는 주체보다 강력한 위력을 발휘한다. 여기서 주체의 자리는 위협을 받는다. 이를 주체의 임계라고 표현할 수 있다. 그래서 주체가 이 명령에 제대로 반응하지 못하면, 주체는 스스로 정의라고 행했던 이전의 행위가 폭력에 불과함을 각성하지 못하게 된다. 반대로 이에 제대로 반응한다면, 주체는 자신의 자리를 모두 혁신하면서까지 타자를 맞이해야 한다. 이러한 타자의 힘을 임계적 공공성으로 표현한다. 타자는 이런 점에서 윤리적 존재이자, 주체를 각성하게 만드는 취약한 타자가 된다. 이런 각성의 상황에서 주체는 타자를 배제했던 행위를 사과하고, 주체를 **모셔 들일** 수밖에 없다. 이를 환대라고 한다. 이것이 취약한 타자 앞

들의 문제가 동아시아 공동의 쟁점으로 본격 부각될 때, 비로소 국가 중심의 동아시아 담론을 벗어날 수 있다. 이는 새로운 동아시아 담론을 위해서도 필수적이다.

이러한 차원에서 이 글은 다음과 같은 순서로 진행된다. 우선 서발터니티 개념을 설명하기에 앞서 그 모태인 서발턴(subaltern) 개념의 의미 변화 과정을 간단히 살펴본다. 이어서 서발턴 개념의 유사 개념들을 개괄한 뒤, 이 모든 개념을 '서발터니티'라는 추상명사로 종합할 것이다. 나아가 이에 근거하여 '동아시아 서발터니티'라는 개념이 갖는 독특한 의미도 설명한다. 특히 '동아시아'라는 맥락이 '서발터니티' 개념과 어떻게 결합되는지도 설명할 것이다.

이어서 '서발터니티'와 '시민성(Citizenship)' 연구의 새로운 출발점으로 '방법으로서 관문도시(the Gateway City as a Method)'라는 아젠다(agenda)를 제시할 것이다. '관문도시'라는 출발점은 주로 국제물류학에서 사용되어온 도시 개념이지만, 여기서 관문도시는 단순한 연구대상이 아니라 연구 방법론이자 접근법으로 상정

에서 주체가 행하는 책임 있는 행위다. 책임이 응답(response)할 수 있음(ability)의 결합어라는 점에서, 환대는 취약한 타자의 위력적 명령에 제대로 응답하는 책임의 윤리다. 이에 대한 자세한 내용은 에마뉘엘 레비나스 지음, 김도형·문성원·손영창 옮김, 『전체성과 무한: 외재성에 대한 에세이』, 그린비, 2018, 그리고 자크 데리다 지음, 남수인 옮김, 『환대에 대하여』, 동문선, 2004를 참고하라. 임계적 공공성에 대해서는 김동규, 「호러리즘과 임계적 공공성」, 『대동철학』 제79집, 2017; 김동규, 「트라우마와 연대: 상처받을 수 있음의 공공성」, 『대동철학』 제91권, 2020; 김동규, 「상처받을 수 있는 주체: 대칭성과 비대칭성 윤리 사이에서」, 『철학연구』 제128집, 2021을 참고하라.

된다. 관문도시는 개방/폐쇄, 이음/단절이라는 이중적 성격이 작동하는 권력의 공간이자, 인식론적인 공간이다. 아울러 특정 지역의 중심을 설정하자면, 관문도시는 그 지역의 물리적 최외곽이다. 반대로 외곽에서 보면, 특정 지역으로 진입하기 위해 가장 먼저 접근해야 하는 장소다. 낯선 것이 최초로 진입하는 장소이자, 불온한 것이 추방되는 장소이기도 하다. 그래서 이런 장소는 통상 배제/포용의 권력이 매우 민감하게 작동한다. 이런 장소와 서발터니티 이슈를 결합하면, '동아시아 리저널 단위'에서 취약한 존재들에게 가해지는 중층적 폭력의 문제를 '관문도시'를 방법 삼아 살펴볼 수 있다. 아울러 동아시아 리저널을 새롭게 보는 비판적이고 효율적인 인식틀도 확보할 수 있다.

계속해서 이 글은 근대 이후 동아시아 관문도시들의 형성 과정을 간단히 살펴본다. 동아시아 관문도시들이 근대도시로 형성되면서, 동아시아 리저널 내부의 다양한 권력 관계의 변화를 아로새겼다. 이 글은 이러한 권력 각인의 역사적 과정을 간단히 소개할 것이다. 이에 입각하여 '방법으로서 관문도시'라는 접근법을 소개하고 이러한 '방법'이 동아시아 서발터니티 연구에 효과적임을 논증한다.

결국 '서발터니티'라는 개념 전략과 '방법으로서 관문도시'라는 방법을 결합하면, 동아시아 문제를 근본적으로 재평가할 수 있다. 이는 최종적으로 새로운 동아시아 시민성과 공공성 비전을 제시할 수 있을 것으로 기대한다. 이는 미·중 대립으로 동아시아가 다시

편 가르며 서로를 혐오하는 위기 국면 앞에서, 국가 중심주의로 경도되어 그 대결 국면을 악화시키지 않으면서, 새롭고 평화로운 동아시아 리저널리즘을 구현하는 '실천적 시민' 담론과 비전을 만들 계기가 될 수 있다.

Ⅱ. 서발터니티 담론과 동아시아 서발터니티

1. 서발턴 담론의 성과와 한계 그리고 서발터니티

서발턴이라는 개념은 처음부터 그 지시 대상이 불분명했다. 감옥에서 은어로 사용되었으며, 종속된 존재를 일컫는 말이었지만 그 존재를 명시할 수는 없었다. 이 개념은 스위 소극적(negative) 정의로 출발했기 때문이다. 다시 말해 어떤 것을 빼고 난 '나머지'로 정의됨으로써, 서발턴은 종속된 존재이지만, 정확하게 종속되었다고 적극적(positive)으로 정의된 존재의 외곽에 위치한 존재이기 때문에, 구체적으로 그가 어떤 존재인지, 어떤 사람들이 종속된 사람인지를 명시할 수 없었다.[7]

---

7 'subaltern'의 어원에 관한 검색은 다음을 참조하라. 『Online Etymology Dictionary』 https://www.etymonline.com/word/subaltern#etymonline_v_22241. 'alter'의 어원 검색도 동일하다. https://www.etymonline.com/word/alter#etymonline_v_10924. 은어의 사용에 관해서는 다음을 참조하라. 최성희, 「끊임없이 귀 기울이길 요청하는 서발턴」, 『코기토』 75호, 2014, 245쪽.

서발턴이라는 개념이 처음에 마르크스주의 전통하에서 '은어'
로 활용되었을 때, 이 개념은 계급 '외부'의 존재, 즉 비계급을 의
미했다. 이후 이 개념이 남아시아에서 활용되면서 비유럽인이면
서 종속된 존재를 의미하게 된다. 이후 여기에 젠더적 의미가 부가
되면서 비유럽인이면서 비가부장인 존재를 지칭하기도 했고, 포
스트식민주의와 결부되어서는 의미를 명확히 할 수 없는, 그래서
의미가 아닌(비의미), 또는 아직 의미가 아닌(미의미이자, 의미화 가능
한) 존재를 지칭하기도 했다.[8]

존재의 의미를 명확히 할 수 없는 이런 존재를 현실에서 인식
하기란 쉽지 않다. 서발턴은 존재하지만 자신의 존재를 드러낼 수
없는 존재다. 서발턴이 재현 불가능하다는 스피박의 테제가 등장
한 것도 이런 맥락이다. 그럼에도 불구하고 서발턴을 규정할 수 있
는 몇 가지 추상적이고 형식적인 단서를 얻을 수 있었는데, '외부
성'이 그렇고, 재현될 수 있기를 기다리고 의미가 될 수 있기를 기
다린다는 점에서 '잠재성'이 그렇다. 구체적으로 설명하자면, 특정
사회에서 타자로도 포함되지 않는다는 점, 또는 내부에 존재하더
라도 존재하지 않는 것으로 치부된다는 점에서 서발턴은 '외부성'
이라는 존재형식을 가진다. 아울러 이들 존재가 추후 가시화될 경
우, 그 등장만으로 기존 사회의 문제와 폭력성이 폭로되며, 동시에

---

8   강옥초, 「그람시와 '서발턴' 개념」, 『역사교육』 제82집, 2002, 135쪽; 최성희, 앞의
     글, 247-249쪽; 가야트리 차크라보르티 스피박 외 지음, 태혜숙 옮김, 『서발턴은 말
     할 수 있는가?: 서발턴 개념의 역사에 관한 성찰들』, 그린비, 2013, 394쪽.

새로운 사회구조를 만들어야 한다는 혁신의 강제를 촉구한다는 점에서 서발턴은 새로운 공공성을 열 수 있는 잠재성을 갖는다. 그래서 이 외부성과 잠재성이 결합되면, 포함되지 '않은' 존재들의 귀환을 통해 기존 질서가 전복될 수 있다는 '전복성'을 획득할 수 있다. 끝으로 주목할 것은 바로 이 배제의 지식-권력이 작동한 지역의 특수성(locality)을 드러낼 수 있다. 서발턴을 통해 특정 지역에 특화된 그 사회적-역사적 모순을 드러낼 수 있다.[9] 즉, 서발턴은 자신의 종속성과 자신을 배제한 지역의 장소성 그리고 그 장소의 권력 구조를 드러낸다.

예컨대 기존 서발턴 연구는 이탈리아, 인도를 포함한 남아시아, 라틴아메리카의 리저널리티(regionality)를 드러냈다. 아울러 서발턴 문제에 젠더적 차이나 인종적 차이 등이 고려되면서, 서발턴을 생산한 지식-권력 단위의 문제, 그리고 이에 기반을 두어 서발턴을 투명하게 재현하고 복원하려던 지식-권력 엘리트 주체의 허위의식 등을 비판할 수 있었다. 이 때문에 서발턴은 자신을 명확히 규정하거나 스스로를 재현할 수 없음에도 불구하고, 기존 권력을 비판할 수 있는 새롭고 다양한 가능성을 지칭하는 이름이 될 수 있었다.[10]

---

9 존 베벌리 지음, 박정원 옮김, 『하위주체성과 재현: 라틴아메리카 문화이론 논쟁』, 그린비, 2013, 88-89쪽, 219쪽.

10 가야트리 차크라보르티 스피박 외 지음, 앞의 책. 408쪽, 410쪽; Gayatry Chakravorty Spivak, "Can the Subaltern Speak?", *Marxism and the Interpretation of Culture*, Macmillan, 1988, p275.

자신을 배제한 기존 사회의 구조를 비판하면서도, 정작 자신을 스스로 드러내지 못하는 서발턴의 모순 때문에, 서발턴 개념을 사용할 때 우리는 지속적으로 곤란을 겪을 수밖에 없다. 역설적으로 이 곤란이 존재한다는 이유로 서발턴을 생산하는 기존 권력을 비판할 수 있다. 이 비판이 전복 가능성과 결부되기 때문에, 서발턴은 실로 부정의한 '현실'을 전복시킬 수 있는 '비현실(유령)적' 존재라 할 수 있다. 이것이 서발턴 개념을 지속적으로 사용할 수밖에 없도록 하는 이율배반이다. 이런 서발턴의 이율배반을 우리는 불가능성의 가능성이라 부를 수 있다.[11]

서발턴 연구가 회자되면서 서발턴 개념과 유사한 다른 개념들도 많이 생산되었다. 예컨대 포스트모더니즘은 차이의 정치를 주장하면서 주체와 타자 간 변증법적 대립을 넘어서는 또 다른 객체의 특성을 드러냈고, 포스트식민주의는 유럽 내부의 타자만이 아니라, 유럽 외부의 타자를 강조하면서 새로운 종속적 객체의 특성을 드러냈다.[12]

대표적으로 '소수자' 개념이 그렇다. 여러 사상가들이 이 개념을 사용했다.[13] 크리스테바는 주체도 객체도 아닌 자리에서 자

11　Gyan Prakash, "The Impossibility of Subaltern History", *Nepantla: Views from South*, vol.1, issue2, 2000, p288.

12　베벌리 위의 책, 68쪽; 콰메 앤서니 애피야 지음, 실천철학연구회 옮김, 『세계시민주의: 이방인들의 세계를 위한 윤리학』, 바이북스, 2008, 31쪽.

13　들뢰즈와 가타리가 대표적이다. 이 개념은 정작 소수자가 양적으로는 많고, 다수자가 양적으로 소수라는 아이러니를 드러낸다. 이는 소수자 개념이 양적 단위가 아니라는 뜻이다. 오히려 이는 가치 척도와 관련된다. 그래서 소수자를 이해할 때는 비주

기 정체성을 드러내는 데 곤란을 겪는 혼종적 존재로서 '비체(非體: abject)'라는 개념을 제출했다.[14] 아감벤의 '호모사케르(Homo Sacer)'는 주로 주권 개념이나 법 개념과 연결되는데, 법적 예외상태에서 생사여탈의 치명적 상황에 노출된 존재를 말한다.[15] 랑시에르의 '몫이 없는 자'는 계급으로 동일화될 수 없는, 즉 계급 내 비계급적 요소가 갖는 취약성 문제와 관련이 있다. 그래서 이 개념은 계급을 지시하는 기존 의미와는 다른 타자(프롤레타리아와는 다른 존재)를 말한다. 몫이 없는 자는 한 사회에서 자신의 자리 또는 권리를 갖지 못하는 배제된 소수자들인 잉여계층을 일컫는 말이다. 하지만, 이 개념은 보편성과는 거리가 먼 소수자와 달리, 특정 사회에서 공통적인 것 또는 보편성에 참여할 수 있는 가능성을 내포

류로, 그 비주류 중에서도 주변인(marginals)으로 이해하는 것이 적합하다. 고병권, 「R을 쓴다」, 그린비+'연구공간 수유+너머'(편), 『소수성의 정치학』, 그린비, 2007, 6쪽.

14 비체는 혼종성만이 아니라 서발턴의 재현불가능성이라는 특징과 이어질 수 있는 여지도 갖는다. 이에 대해서는 다음을 참조하라. 줄리아 크리스테바, 『공포의 권력』, 동문선, 2001.

15 호모 사케르가 주권개념이나 법개념과 연결되는 이유는 "주권자란, 예외상태를 결정하는 자이다"라는 칼 슈미트의 정치 신학의 주장에 의지하여 '호모 사케르' 개념을 주장하는 아감벤의 입장에 따른다. 이에 대해서는 다음을 참조하라. 칼 슈미트 지음, 김항 옮김, 『정치신학: 주권론에 관한 네 개의 장』, 그린비, 2010, 16-28쪽을 참고하라. 조르조 아감벤 지음, 박진우 옮김, 『호모 사케르: 주권 권력과 벌거벗은 생명』, 새물결, 2008, 50쪽, 55-60쪽을 참고하라. 조르조 아감벤 지음, 김항 옮김, 『예외상태』, 새물결, 2009, 17-19쪽, 63-64쪽, 67-82쪽을 참고하라. 호모 사케르는 서발턴을 취약성으로 사고할 때 적용하기 가장 좋은 개념이다. 그런 점에서 『호모 사케르』에도 나오듯 난민이 이를 표상하는 가장 대표적인 사례가 될 수 있다. 그들은 예외 상태에서 생사여탈이라는 치명적 취약성에 노출된 존재며, 국가라는 정치 단위가 어떻게 인권의 보편성을 파괴하는지를 잘 보여주는 사례다.

하고 있다. 그래서 몫이 없는 자는 새로운 보편성을 제기하고, 이를 위한 공통성에 참여할 수 있는 역량을 가진 존재다.[16] '크레올성(Creole)', 즉 혼혈성은 라틴아메리카에서 서발턴과 관련된 대표적 개념이다. 미뇰로는 언어 사용의 측면으로 볼 때 라틴아메리카에서는 사람, 영토, 국적, 기억, 종교의 뒤섞임이 나타난다고 주장하며, 이러한 크레올성을 사고한다는 것은 다양한 언어의 경계를 통해 서발턴의 경계성을 인지하며 사고하는 것이라 보았다.[17]

서발턴과 그 유사 개념들이 등장한 이후, 우리는 사상적으로 테제와 안티테제라는 이항대립의 변증법적 논리를 탈피할 수 있었다. 서발턴 이전의 타자는 노예(헤겔) 아니면, 프롤레타리아(맑스)였다. 여기서 타자는 기존 체계를 전복시킴으로써 새로운 보편성으로 가는 계기가 되지만, 이항대립의 나머지를 고려하지 않는, 즉 제3항의 여지를 없애버리는 새로운 폭력의 담지자이기도 했다. 이

---

16   랑시에르의 언급에 대해서는 자크 랑시에르 지음, 양창렬 옮김, 『정치적인 것의 가장자리에서』, 길, 2013, 49쪽 각주 참고. 이런 특성은 서발턴의 부정성이나 전복성과 관련된다. 아울러 한 사회에서 통약불가능하고, 배제된 특정 계급으로 전형화되지도 않으며, 비가시적이어서 주체화될 수 있는 선 너머에 존재한다는 점에서 서발턴의 특징을 다분히 갖고 있다. 이에 대해서는 프롤레타리아 계급의 전형을 넘어선 프롤레타리아를 서술하고 있는 자크 랑시에르의 『프롤레타리아의 밤』을 참고, 몫이 없는 자들의 또 다른 특징에 대해서는 자크 랑시에르 지음, 진태원 옮김, 『불화: 정치와 철학』, 길, 2015, 6쪽, 43쪽, 114쪽, 182쪽을 참고하라.

17   미뇰로는 국가언어의 단일 원리적 순수성을 뛰어넘어야만 비로소 크레올성을 사고할 수 있다고 한다. 월터 미뇰로 지음, 이성훈 옮김, 『로컬 히스토리 글로벌 디자인』, 에코리브르, 2013, 401-402쪽. 한 가지 더 강조할 것은 크레올성을 통해 '경계성'이라는 개념이 동시에 부각된다는 점이다. 이는 이 연구가 사용하는 주된 개념인 서발터니티가 왜 관문도시라는 경계 장소와 결부될 수 있는지를 암시한다.

런 이유로 인해 노예의 주인 됨은 곧 새로운 '전체주의'로 넘어갈 수 있다는 비판의 여지도 제공하였다. 이는 이항대립이라는 방법론 자체가 가진 문제이기도 했다. 따라서 최근에는 변증법 대신, 제3항 이상을 허용하는 '역학'이라는 개념을 자주 활용한다.[18] 다시 말해 '변증법'이 테제와 안티-테제라는 이항대립을 기준으로, 한쪽이 다른 한쪽을 극복함으로써 새로운 통합(전체주의)을 생산한다면, '역학'은 다양하고 복잡한 힘의 관계를 전제하고 인정함으로써, 손쉽게 전체주의로 함몰되는 사유를 제공하지 않는다.[19] 다시 말해 변증법이 정(正)이 반(反)을 지양해서 새로운 합(合)으로 이르는 종합을 표방하기 때문에, 변증법은 흔히 새로운 전체주의로 가는 논리적 구조를 갖고 있다는 비판에 직면한다. 반면에 역학적 사유는 대립적 힘'들'의 관계가 쉽게 청산되지도 않으면서, 갈등이 해소되더라도 언제든 새로운 차이와 균열이 '야기'될 수 있음을 긍정한다. 이로써 역학적 사유는 전체주의로 함몰되지 않으면서도 새로운 보편성을 창안하려는 '과정'에 주목할 수 있다. 그래서 역학적 사유를 통해 생기는 차이와 균열은 차이와 균열에 그치지 않고, 새로운 보편적 질서를 생산하도록 촉구하는 잠재력도 갖는다.

앞서 서술한 서발턴과 유사한 개념들이 서발턴 개념과 유사하면서도 다른 종속성을 드러내는 개념이라면, 우리는 이러

---

18   슬라보예 지젝, 주디스 버틀러, 에르네스토 라클라우 지음, 박미선, 박대진 옮김, 『우연성, 헤게모니, 보편성: 좌파에 대한 현재적 대화들』, 도서출판 b, 2009, 30-40쪽.
19   한국 프랑스철학회, 『현대 프랑스 철학사』, 창비, 2018, 361쪽.

한 개념들이 주요하게 드러내는 주된 특징들을 종합하여 하나의 추상적 개념으로 만들어볼 수 있다. 그것이 바로 '서발터니티(Subalternity)'다. 서발터니티는 앞서 언급된 다양한 하부개념들의 '역학'을 내포하고 있는 일종의 레이더 차트(Radar Chart)라 할 수 있다. 그런 점에서 서발터니티라는 개념은 그 내부에 치명적인 취약성, 재현 불가능성, 불투명성과 오염성을 새겨두고 있다. 그래서 서발터니티를 통해 특정 사회에서 극도로 배제된 존재들이 겪는 다양하고 중층적인 폭력의 실체도 고발할 수 있다. 그런 점에서 서발터니티는 기존 질서에 대한 저항성과 전복성도 야기할 수 있다. 이처럼 서발터니티 개념은 종속된 존재와 그 종속성을 야기하는 사회 구조를 규명하기 위해 유용한 인식적-실천적 개념 전략이 될 수 있다.[20]

　서발턴이라는 개념에서 출발한 제3항'들'의 등장은 지역적으로 특수하고 특정한 상황의 부산물이지만, 객관적 진실을 담고 있다. 이를 줄리앙 고는 관점주의적 실재론(perspectival realism)이라고 표현했다. 따라서 서발터니티라는 개념은 서구 중심의 보편주의가 갖는 한계를 드러내면서 새로운 이론과 개념을 배양할 수 있는 단초가 될 수 있다.[21]

20　그렇다면 이 논문이 언급하는 관문도시는 서발터니티라는 존재를 생산하는 공간 또는 장소의 방법, 즉 '방법으로서 관문도시'라 할 수 있다. 이에 대해서는 III장에서 자세히 서술한다.

21　Julian Go, *Postcolonial Thought and Social Theory*, Oxford Univ. Press, 2000, p165; 채오병, 「비서구사회의 존재방식과 그 인식의 문제: 포스트식민주의 사

실제로 서발턴 개념의 등장 이후 포스트모더니즘은 위와 같은 유사 개념을 등장시킴으로써, 다양성과 차이의 전략을 구사했다. 아울러 포스트식민주의는 서구중심주의를 가짜 보편주의라고 폭로했다. 이후 이 입장들은 서발터니티를 통해 역사와 시대의 변화를 촉구하는 이론과 실천에 활력을 제공했다. 서발터니티를 역학이라는 개념과 결합하게 되면, 기존 체계의 분열과 새로운 통합이라는 순환구조를 생산할 수 있다.

2. 동아시아와 '동아시아 서발터니티'

동아시아는 서구 제국주의에 의해 근대로 강제로 편입된 지역이다. 일찍이 '탈아입구(脫亞入歐)'를 선언했던 일본을 제외하고는 동아시아 지역 국가들은 대부분 제국주의의 식민지, 반(半)식민지로 전락해 근대를 맞이했다. 이는 근대 세계질서에서 동아시아가 차별과 억압을 내면화한 지역임을 의미한다. 더욱이 근대 세계질서하에서 차별과 억압은 동아시아 내부로 더욱 다층적으로 위계화되어 일본과 같은 제국주의, 중국과 같은 반식민지 국가가 생겼고, 만주와 같은 괴뢰국가가 존재할 수 있었다. 그 외 한국, 대만 그리고 베트남 등 대부분의 동남아 국가들은 열강들의 지배를 받은 식민지 신세가 되었다.[22]

회이론의 가능성」, 『사회와 역사』 제124집, 2019, 328쪽.

22 '동아시아'의 모체는 근대 이전의 유교·한자 문화권이나 중국 왕조를 중심으로 하

식민지 가운데에서도 대만은 청일전쟁 패배로 일본의 식민지가 되어야 했으나 사실상 일본에도 중국에도 속하지 못했던 '아시아의 고아'[23] 신세였다. 필리핀은 오랫동안 스페인의 식민지였다가 다시 미국의 식민지가 되었고, 여타 동남아 국가들은 영국, 프랑스, 네덜란드 등 서구 열강의 식민 지배를 받다가 2차 세계대전 중 일본의 지배를 받았다.[24] 이처럼 다양한 억압을 경험한 동아시아는 다양한 인종적 차별과 혐오를 야기했다.

는 조공책봉체제 등에서 비롯된 측면도 있지만, 오늘날 '동아시아'의 국제질서는 서구 열강 세력에 의해 근대체제로 강제 편입되면서 형성되었다. 그래서 동아시아는 서구와 달리 연속적인 리저널 정체성을 형성할 수 없었다. 이러한 상황은 다른 제3세계 국가들도 마찬가지다. 하지만 또한 동아시아는 다른 제3세계 권역과는 다른 특징들도 갖고 있다. 이 점이 동아시아 리저널 정체성에 접근하기 위해 중요한 지점이다. 동아시아는 다른 제3세계와는 달리 압축적 근대화에 성공해 서구 식민/제국주의 열강의 일원이 된 일본이 존재했기 때문이다. 일본은 자국 근대화를 통해 다른 아시아 지역으로부터 스스로 타자화했다. 그 대표적인 테제가 바로 탈아입구(脫亞入歐)다. 이후 일본은 아시아 다른 국가들에 근대화를 선물한다는 명목으로 실질적인 역내 식민 지배를 자행했다. 마루카와 데쓰시 지음, 백지운·윤여일 옮김, 『리저널리즘: 동아시아의 문화지정학』, 그린비, 2008. 이 때문에 동아시아에는 제국주의 열강(일본), 괴뢰국가(만주), 반식민지(중국), 식민지(한국, 대만), 내지화(오키나와) 등 다양한 층위의 상태가 존재하게 되었다.

23 이러한 비감(悲感)은 일제 식민지 시기 대만의 작가 우쭤류(吳濁流)의 소설에 잘 나타나 있다. 이에 대해서는 다음을 참조하라. 우쭤류 지음, 송승석 옮김, 『아시아의 고아』, 도서출판 아시아, 2012.

24 동남아에서 유일한 독립국으로서 태국은 서구 제국주의 강국들의 식민화의 공포로부터 벗어난 몇 안 되는 나라로 소개되지만 실상은 영국과 프랑스가 식민지를 보유한 상황에서 양국 간 갈등을 피하기 위해 완충지대로서 일정한 주권을 허용받은 것에 불과하다. 이후 1950년대에서 80년대까지 태국은 미국의 영향력하에 있었다. 즉 당시 미국은 효과적으로 태국 왕국의 외교, 경제, 군사 정책을 통제했고, 대규모 군사력을 배치시켰다. 딘딩 지음, 홍명교 옮김, 「태국은 정말 식민지를 경험하지 않은 국가인가?」, 『플랫폼C』, 2022년 4월 22일, https://platformc.kr/2022/04/was-thailand-colonised/

냉전 시기 세계는 서구 제국주의의 후발 주자였던 미국과 소련이라는 양 진영으로 나뉘었고 제국주의에서 겨우 벗어난 동아시아 각국도 결국 두 세력권 속으로 재편되었다. 그 과정에서 남북한으로 분단된 한반도는 동아시아의 분단을 상징하는 곳이 되었고 베트남 역시 북베트남(월맹)과 남베트남(월남)으로 분단되었다. 북한, 중국, 몽골, 북베트남, 라오스, 캄보디아 등은 소련의 영향력하에 사회주의 국가가 되었으며, 한국, 일본, 대만, 남베트남, 태국, 필리핀 등은 미국의 영향력하에 자본주의 국가가 되었다. 분단이란 현실은 어쩌면 동아시아 리저널을 드러내는 알레고리일지 모른다.

냉전 시기 동아시아는 서로 대립적이었지만 세력 균형으로 인한 소극적 의미의 평화 상태를 유지했다고 말할 수 있을지 모르나, 정작 실제 동아시아는 긴장이 끊이지 않았다. 중국-대만의 양안 위기 등 분단의 위기가 고조되었고, 심지어 한국전쟁과 베트남전쟁 등과 같은 국지전이 발발하기도 했다. 이런 상황에서 동아시아는 증오와 혐오 그리고 차별과 갈등이라는 폭력의 악순환을 반복할 수밖에 없었다.

이러한 측면에서 보면 냉전이 해체되던 1990년대 이후 한국에서 '동아시아'에 대한 관심이 높아진 것은 동아시아를 서구 근대성을 극복하려는 반성적 주체의 거점이자 문명적 대안으로 간주하고 싶었기 때문일 것이다.[25] 그런데 이러한 공감대 내부에는 다음과 같은 두 가지 모순이 서로 결합되어 있었다.

첫째, 동아시아도 본래 제3세계의 일부였고 서구 또는 서구식 (일본) 제국주의를 경험했기 때문에, '동아시아'라는 개념에서 서구 중심주의가 갖는 한계를 드러낼 수 있다고 보았다. 제국/식민성에 대한 동아시아의 경험이 서구 근대에 대한 저항성과 전복성을 가질 수 있다고 보았던 것이다. 둘째, 반면 동아시아는 그 내부 국가들이 정치·경제적 강대국으로 성장했고 사회문화적으로도 발전해 왔다는 자부심이 고양되었다. 동아시아가 서구와 경합하는 또 다른 근대 세력으로 부상한 것이다. '동아시아'야말로 '근대적응과 근대극복의 이중과제'[26]를 달성할 수 있는 유일한 주체로 호명될 수 있었다.

물론, 시민사회가 주도하는 대안적 근대성을 찾는 이러한 '동아시아'에 대한 모색은 '비판적 동아시아론'이라고 할 수 있으며,[27] 이는 다른 동아시아 담론들과 달리 시민사회 중심으로 대안적 동

---

25 장세진, 「동아시아라는 이름 아래 변혁의 상상력은 아직 유효한가」, 백영서 편, 『동아시아 담론의 계보와 미래: 대안체제의 길』, 나남출판, 2022, 222쪽.

26 근대극복의 이상적 목표를 상정하면서도 근대적응이라는 현실적 목표도 제시하고 있는 이러한 관점은 일견 모순적으로 보일 수 있다. 하지만 동아시아의 현실에서 출발해야 한다는 점에서 이중과제론의 고뇌를 부정할 수는 없다. 이에 대해서 다음 책을 참고하라. 이남주 편, 『이중과제론: 근대적응과 근대극복의 이중과제』, 창비, 2009.

27 김비환, 배항섭, 박소현, 박이진 편, 「동아시아공동체 담론의 현황과 새로운 이론 모색」, 『동아시아 연구, 어떻게 할 것인가』, 성균관대출판부, 2016, 146-148쪽.

아시아 체제를 모색하는 논의인바, 미·중 경쟁의 구도를 돌파해야 하는 오늘날에도 매우 중요한 의미가 있다.[28] 다만 동아시아를 대안체제로 상상했던 기존 '비판적 동아시아론'은 상술한 것처럼 근대극복과 근대적응의 이중과제를 상정하고 있기에 그로부터 비롯된 문제들이 발생한다.

우선 기존 '비판적 동아시아론'은 근대에 적응하여 근대를 극복한다는 모순을 내포하고 있다. 심지어 그 속에 동아시아의 이슈를 '국가' 단위에서 조명해야 한다는 무의식도 가지고 있었다. 동아시아의 초국성(超國性)을 이야기할 때조차 그 기본 단위를 국가로 당연시하고 있다. 따라서 기존 '비판적 동아시아론'이 상상하는 대안적 동아시아공동체는 그 속에 근대성에 대한 모순적 태도

---

28 '비판적 동아시아론'은 국가 중심의 논의, 패권적 국제질서를 추수하는 논의와 달리 시민사회적 자율성을 내포하고 있고, 그 자율성에 입각한 동아시아 공동체의 규범을 내장하고 있기에, 더 나은 민주적 정당성을 제시할 수 있다. 동아시아의 비전은 여기서 출발해야 한다. 1,000년에 가까운 기간 동안 전쟁터였던 유럽은 민주적 공동체가 된 이후에야 평화가 정착되었다. 이는 민주적 동아시아 리저널리즘의 형성이 동아시아 리저널 단위의 평화 구축을 위한 필수조건임을 시사하는 것이다. 이러한 측면에서 오늘날 미/중 패권경쟁 구도를 추종하는 사고하에서 민주적 동아시아 리저널리즘의 실현은 기대하기가 어려운 상황이다. 미국은 민주주의 규범을 명분으로 동아시아의 동맹국들을 견인하여 對중국 대립 구도를 구축하면서 미국의 개입이 배제된 동아시아 리저널리즘에 반대하고 있고, 중국은 미국의 동아시아 개입을 비난하면서 중국공산당의 일당 체제를 정당화하고 동아시아의 민주주의 형성과 공고화에 부정적 영향을 끼치고 있기 때문이다. 따라서 미국과 중국 어느 한쪽을 선택해야 한다는 신냉전적 사고에서 벗어나 민주적 동아시아 리저널리즘을 상상하고 그 구현을 위해 노력해야 한다. 이는 미국이 명분으로 내세우는 보편적 가치로서의 민주주의 구현에 부응하는 동시에 역외 세력의 개입을 배제하고 시민사회 중심의 대안적 동아시아 리저널리즘을 구현할 수 있는, 어렵지만 가장 효과적인 유일한 경로이다. 이홍규, 「동아시아 지역주의와 평화: 역사, 구조, 함의」, 『아시아연구』 제23권 4호, 2020.

를 배태하고 있으면서, 동아시아 '국민'만을 극복의 주체로 호명하는 모순적-배타적 담론으로 한정되기 쉽다. 예컨대, 난민이나 외국인 신분의 소수민족 등 국가 구성원으로 인정받지 못하여 '비(非)국민'으로 존재하는 다양한 동아시아의 경계인들은 이러한 논의에서 배제될 수밖에 없다.

'비판적 동아시아론'은 시민사회 내부의 엘리트주의를 보인다는 한계도 갖고 있다. 그동안 제출된 대안적인 '비판적 동아시아론'은 동아시아 지식인과 엘리트 그룹 내부에서만 맴돌았을 뿐, 실상 모든 동아시아인의 자발적인 참여, 특히 경제·사회적으로 소외된 취약한 존재들의 참여와 요구는 배제되었다. 특히 동아시아에서 탈냉전과 함께 형성된 신자유주의적 '세계화(globalization)'의 과정에서 많은 경제·사회적 패자와 약자가 등장했는데, 이들이 저항했던 목소리는 사실상 무시되었다. '비판적 동아시아론'도 이러한 문제에 대한 명확한 비판을 제기하지는 않았다. 경제성장을 통한 동아시아의 발전과 부상이라는 근대성의 성과를 중시했기 때문이다.

오늘날에도 국가권력, 자본권력, 정상성 담론권력 등 여러 권력에 의해 침묵을 강요당한 다양한 서발턴의 목소리가 동아시아 각국에서 동시대적인 쟁점으로 대두된 상태이지만, '비판적 동아시아론'을 비롯한 기존 '동아시아 담론'은 이를 대변하지 않았다. 결국 동아시아에는 권력 작용에서 배제된 다양한 사회적 약자들이 끊임없이 나타났지만, 기존 '동아시아론'은 '근대 극복과 근대 적응의 이중과제' 가운데 사실상 '근대 적응', 즉 근대성의 달성에 더 치중했다.

따라서 동아시아를 서구중심주의적 근대성을 극복하는 대안적 지반으로 만들고자 한다면 그 시발점을 좀 더 명확히 할 필요가 있다. '동아시아 서발터니티(East-Asian Subalternity)'의 중요성을 획득하는 부분이 바로 여기다. '동아시아 서발터니티'란 동아시아 리저널에서 목소리를 내지 못하고 부재(不在) 처리되거나, 저항의 목소리를 내도 차별받아 온 취약한 사회적 존재들의 특성을 총칭하는 개념이다.[29] '서발터니티' 개념이 서발턴의 종속성과, 자신을 배제한 지역의 장소성, 그리고 그 장소의 권력 구조를 드러내는 만큼, '동아시아 서발터니티'론은 서구 중심의 보편주의가 갖는 한계를 지적하면서 동아시아라는 장소의 권력 구조와 리저널리티(regionality)를 명확히 드러낼 수 있다. 이 때문에 '동아시아 서발터니티'론은 동아시아에서 작동했던 다양한 권력을 비판할 수 있는 새롭고 다양한 가능성을 갖는다.

한편 '동아시아 서발터니티'론은 동아시아 리저널의 공공성 구현이라는 근대적 목표를 구현하는 데도 기여한다. 형식적으론 모든 사람이 동아시아에서 시민권을 쟁취한 듯하지만, 사회적으로 취약한 약자와 소수자들은 실질적인 시민 대우를 받지 못했다. 이들 가운데에는 폭력적으로 제압되거나 배제되고, 침묵을 강요당

---

29 이는 상술했던 서발터니티라는 개념을 동아시아라는 리저널 맥락에서 강조하여 호명한 것이다.

하는 등 자신들의 목소리를 낼 수조차 없는 존재들도 적지 않았다. 동아시아에서 취약한 존재들이 당하는 폭력적 차별의 문제, 즉 서발터니티 이슈를 외면한 채 동아시아 리저널의 공공성 구현을 말할 수 없다. 여기에서야 비로소 서구적 근대성을 극복한 대안체제를 구축할 수 있을 것이다.

더 주목해야 할 것은 동아시아 서발터니티가 동아시아만의 복잡한 리저널 역사 과정을 통해 형성되었다는 사실이다. 상술한 것처럼 동아시아라는 실체는 식민/제국주의, 그리고 이와 결부된 서구화로서 근대화, 나아가 국제적인 냉전질서라는 거대한 단절을 여러 차례 겪었다. 그래서 동아시아 서발터니티 문제에는 동아시아만의 복잡한 역사 구조가 반영된 다층적인 차별과 혐오가 내재해 있다.

예컨대 동아시아 서발터니티는 서구 제국주의뿐 아니라 일본 제국주의 지배라는 폭력의 결을 동시에 새기고 있다. 여기서 식민지, 반식민지 민족과 이방인에 대한 차별이 등장했다. 이에 더하여 근대화 과정을 거치면서 문명과 야만의 경계가 그어졌고, 야만으로 간주된 존재들을 향한 새로운 폭력이 생산되었다. 아울러 동아시아 근대국가를 수립하는 과정에서 이주민, 난민, 원주민 혹은 소수민족 등에 대한 탄압도 작동했다.

근대화는 곧 개발의 문제와도 연결되었다. 동아시아의 압축적인 자본주의 발전 과정은 일반적으로 빈곤한 노동자, 농민 계층의 목소리를 묵살하는 경우가 많았다. 동아시아에서 보편화된 개발

독재 체제는 동시에 철거민, 무직, 노숙 상태의 도시 빈민의 목소리를 묵살하였다. 동아시아 서발터니티 문제는 동아시아 외부의 충격 이상으로 동아시아 내부 특히 동아시아 각국 내부의 폭력 체제 구축을 통해 빈번하게 발생하였다. 이러한 동아시아 내부의 폭력 체제는 동아시아가 냉전 구조 안으로 휘말려드는 과정에서도 다양한 억압과 차별을 발생시켰다. 이데올로기 문제로 사상범 및 관련 가족에 대한 연좌제 같은 탄압도 발생했다.

냉전이 해체되고 동아시아 각국이 자본주의적 급성장을 이룬 이후에도 근대화된 동아시아에는 여전히 다양한 갈등과 차별이 존재했다. 그 과정에서 새로운 서발터니티 이슈들도 다수 등장했다. 종군위안부 여성이나 원폭 피해자들과 같이 일본 제국주의 시기에서 형성된 문제들도 여전히 존재하는데, 탈북자, 난민, 이주노동자, 결혼 이주여성이나 다문화 가족 등 이주민과 관련된 문제들도 더욱 심화되었다. 유교적 전통이 강한 동아시아에서 젠더 문제는 여전히 해결되지 않은 이슈로 남아 있으며, 한센인과 장애인에 대한 차별뿐 아니라, 성병과 에이즈(AIDS), 사스와 코로나 등 다양한 질병과 전염병으로 인한 차별도 발생했다.

그러므로 동아시아 서발터니티를 생산하고, 이들에게 침묵을 강요하는 거대한 권력 구조에 문제를 제기하는 것이 필요하며 동시에, 서발턴에게 자신의 목소리를 돌려주려는 시도는 매우 중요하다.[30] 나아가 동아시아의 서발터니티 문제를 제기함으로써 근대 적응의 목표이자 아시아적 공공성에 대한 근대적 재해석으로서 민주적인 동아시아 공공성의 구현을 모색하고, 근대 극복의 과제로서 자본주의/사회주의의 근대적 이분법을 뛰어넘은 대안적인 동아시아를 구축해야 한다. 이는 새로운 동아시아 담론을 자극할 뿐만 아니라, 동아시아의 새로운 정체성 구축에 기여할 것이다.

III. 동아시아의 관문도시와 '방법으로서 관문도시'

1. 근대 이후 동아시아의 관문도시

서구에서 시작된 근대 모더니즘은 바다를 낀 해항 관문도시(gateway city)를 중심으로 번성했다. 런던과 뉴욕이 대표적이다. 이는 근대가 피동적으로 이입된 동아시아의 식민지, 반(半)식민지 지역에서도 마찬가지였는데 상하이(上海), 홍콩, 타이베이, 가오슝(高雄), 부산 등의 도시들이 그렇다. 이러한 측면에서 보면, 동아시아 관문도시는 근대 동아시아 사회체제의 기원이 시작된 역사적 '장소'다.

좀 더 구체적으로 보면, 근대 이후 동아시아에서 관문도시는 한

---

30 그린비+'연구공간 수유+너머' 편, 『소수성의 정치학』, 그린비, 2007; 그린비+'연구공간 수유+너머' 편, 『목소리 없는 자들의 목소리: 대중의 소수화』, 그린비, 2008.

편으로는 근대 문명과 문화를 처음으로 향유하는 장소였다. 이곳은 대량생산된 상품, 서양문물과 사조가 유입되는 세계 자본주의 체제의 투입구였으며, 이곳으로부터 근대 자본주의 경제와 서구 사조가 동아시아 전 지역으로 전파되었다. 근대 초기 동아시아의 관문도시였던 개항장이 가장 먼저 근대화되었고, 전기, 철도, 도로, 하수도, 우체국, 공회당 등의 도시기반 시설이 구비되었다.

다른 한편으로는 동아시아 관문도시에는 외부를 향한 강제 개방과 내부의 차별적 분절화를 관철시키는 권력이 작동했다. 불평등조약의 결과 설치되었던 개항장이 동아시아 관문도시의 시작이라고 한다면, 동아시아의 개항장들은 제국주의 권력에 의해 강제 개방된 곳이었고, 이곳에서 생성된 근대성은 제국주의의 지배를 강제로 수용한 뒤 얻어진 것이었다. 그래서 제국주의가 강제한 근대성은 전통사회의 정치·경제제도를 균열시키고 사회체제를 해체시키는 단서로도 작용했다. 결국 개항장, 즉 제국주의 시기 동아시아 관문도시는 서양 문물을 가장 먼저 접할 수 있는 곳이기도 했지만, 또한 제국/식민주의에 의한 폭력을 일상적으로 체득하던 곳이었다.[31]

한편, 동아시아 근대 권력은 공간을 분절하고 공간을 차별화했는데 동아시아의 관문도시들은 그 전형적인 특징이 나타났던 곳이다. 관문도시의 강제 개방 이후 식민지 혹은 반(半)식민지 사람들

---

31   오미일, 『제국의 관문: 개항장 도시의 식민지 근대』, 선인, 2017, 26-27쪽.

가운데 근대성을 스스로 향유하려는 근대화된 이들이 늘어났다 하더라도, 그 향유는 차별적인 것이었으며 그 차별의 힘이 공간적으로 구현되기 일쑤였다. 예컨대 개항장으로 대표되는 근대 초기 동아시아의 피식민 지역의 관문도시에서 근대 문화의 향유는 식민자들의 거주 공간에서 구현되었고, 피식민자의 공간은 여전히 열악하여 상대적 박탈감을 낳았다.[32]

아편전쟁 이후 서구 열강에 의해 강제로 개항된 중국의 대표적인 관문도시 상하이는 외국인 중심의 조계 지역과 내국인만 사는 비(非)조계 지역으로 나누어졌다. 외국인 거주지역인 상하이 조계는 전차와 가스등, 수도 등의 도시 인프라가 잘 구축되어 있었고, 외국인 자치조직에 의해 독자적으로 관리되었다.[33] 상하이 조계지에서 일하던 중국인들의 경우 영국 클럽이나 특정 공원 출입이 제한된 반면, 상하이 조계지의 외국인들은 중국의 다른 지역과는 달리 언론의 자유도 누렸다. 미래의 기회를 잡으려는 많은 중국인이 상하이로 이주했지만 이들은 자기 나라에서 오히려 이민자 같은

---

32   앞의 책, 27쪽.
33   상하이 공공조계는 1863년 미국 조차지가 영국 조차지에 합쳐지면서 만들어졌다. 이
     지역을 관장한 상하이 시정위원회는 영국의 금융업자와 기업가들로 이뤄졌는데, 이
     조직이 상하이 공공조계의 도로 건설, 쓰레기 수거, 납세를 관장하고 치안을 감독했
     다. 상하이 조계에는 현대적인 시설과 낮은 세금, 규제 없는 기업 친화적 환경에 이끌
     린 외국인 투자자들이 몰려들어 1920년대에 상하이 조계지에는 4만 명의 외국인이
     조계지에 거주했고 외국인과 관련된 중국인 100만 명도 거주하였다. 상하이는 세계
     적 수준의 교통망과 가스 공급망을 구축했고 1930년대 대공황 시기에도 호황을 누
     렸다.

신세였다. 많은 중국인이 상하이의 빈민가에 밀집해 살면서 부유한 외국인 밑에서 일했다.[34]

부산의 경우, 개항 이전까지 일본인의 출입은 부산포의 왜관으로 제한되어 있었으나 조선이 일본에 의해 강제로 개항된 이후에는 점차 일본인들이 통행할 수 있는 공간이 되었고, 이후 인근 지역으로 그 활동 범위가 확대되었다.[35] 일본인 거류지가 점차 확장되어 이 지역에 신시가지가 형성되었고, 남포동, 광복동, 충무동, 초량동과 그 인근 지역이 근대 부산의 중심지가 되었다.[36] 관문도시 부산의 근대화는 이처럼 일본 제국주의 권력에 의해 일본인의 편리를 도모하기 위해 형성되었다. 가오슝은 청나라 말기인 1863년 개항을 했지만 관문도시로 본격 개발된 것은 청일전쟁 패배 이후인 일제 통치 시기다. 이때 가오슝의 근대적 도시화도 진행되었다. 일제 통치 초기부터 가오슝은 동남아시아로 식민지를 확장하

---

34 조너선 카우프만 지음, 최파일 옮김, 『상하이의 유대인 제국: 유대 기업은 현대중국의 탄생에 어떻게 기여했나』, 생각의 힘, 2023, 137-140쪽.
35 송정숙, 「개항장으로서의 부산항과 기록」, 『한국기록관리학회지』 11권 1호, 2011. 1876년 조일수호조규 체결 후 부산이 조선 최초의 개항장이 된 이래 1883년 부산항 인근에 근대 무역을 위한 해관(海關)과 감리서(監理署) 등의 관청이 들어섰고, 초량 왜관은 일본이 자치권을 가진 전관거류지(專管居留地)로 바뀌었다. 이후 부산항은 일본인은 물론 외교관, 상인, 선교사 등 서구인들이 왕래하며 근대 문화와 문물을 소개하는 근대적 장소가 되었다. 1902년 북빈 매축 공사를 시작으로 바다가 메워지고 일본인 거류지와 부두·부산역 등 수탈 물자 운송 시설이 만들어지며 부산은 침략의 그늘이 드리운 근대 도시로의 모습을 갖추게 되었다. 부산박물관, 『부산, 관문 그리고 사람』, 부산박물관, 2021, 16쪽.
36 송은영, 「부산: 가난이 상품화되는 시대의 관광 도시」, 도시사학회·연구모임 공간담화 지음, 『동아시아 도시이야기』, 서해문집, 2022, 181쪽.

기 위한 체계를 갖추었던 것이다.[37]

동아시아가 제국주의에서 벗어난 이후에도 동아시아 관문도시는 동아시아 국가의 발전주의 전략의 최일선에 위치하여 대외개방의 창구 역할을 지속적으로 수행했다. 동아시아 국가들은 대부분 2차대전 이후 제국주의 식민지 혹은 반식민지 상태에서 벗어난 신생 개발도상국들이었는데, 이들 국가는 국내 자본축적이 부족한 상태였으므로 해외자본을 유치하고 수출주도형 경제체제를 구축하여 산업화를 진척시켜야 했다. 특히 한국, 대만, 싱가포르, 홍콩 등 이른바 '아시아의 네 마리 용' 그리고 중국 등 동아시아의 일부 국가들은 수출주도형 경제를 구축하여 경제성장을 했다. 이러한 수출주도형 경제 체제에서 핵심적인 역할을 한 지역이 동아시아 연해의 관문도시다. 이 도시들은 대부분 가공 수출지역과 연결된 해항물류 도시들이었다.

예컨대 1950년대부터 부산은 군수물자 및 외국 원조의 도입으로 항구의 기능이 크게 증대하여 대외무역의 창구 역할을 했다. 1960년대에 수출주도형 경제개발 계획이 채택된 이후 부산 경제는 더욱 크게 성장했는데, 이는 1960년대 한국의 수출주도산업인 합판, 섬유, 신발 등 노동집약적인 산업이 부산을 중심으로 발전하

37　1908년부터 가오슝항은 근대적인 항구로 활발하게 재건되었으며, 간척지 개발을 통해 신도시 지역이 형성되었다. 철도, 항만, 도로 등이 정비되었으며 인구도 계속 증가하였다. 1936년 일본 식민지 정부는 가오슝의 도시 계획을 다시 확장했고 가오슝은 산업도시로도 발전하여 가오슝은 산업 항구 도시의 모습을 갖추게 되었다.

였고, 수출상품의 대부분이 부산항을 통해 수출되고, 수입 원자재와 자본재도 부산항으로 수입되었기 때문이다.[38] 수출주도 경제개발 초기에 있어서 노동집약적인 경공업 품목이 주요한 수출 주력 제품이 되고, 해항 관문도시가 그 이점을 활용하여 경제성장의 중심 역할을 한 것은 수출주도 경제 시기 타이완의 가오슝이나 개혁개방 초기 중국의 선전(深圳), 상하이 등도 모두 마찬가지였다.[39]

따라서 동아시아 관문도시의 개발은 국민국가(national state) 내 다른 지역보다 빨리 이루어질 수밖에 없었다. 이와 나란히 권력에 의한 공간의 분절과 차별화도 등장했다. 급박한 도시 개발 탓에 도심 내 취약지역과 도시 외곽 변두리 지역은 차별과 추방의 장소가 될 수밖에 없었다. 부산의 경우 산지가 많고 평지가 좁은 특성 때

---

38 1973년에 이르면 부산의 수출액은 7억 9천만 달러로, 전국 32억 3천만 달러의 24.5%에 달했다. 그러나 그 이후 중화학공업 육성정책으로 인해 울산·창원·거제 등 동남공업 벨트를 중심으로 석유·화학·기계 및 조선 산업이 발전하게 되면서 부산의 성장률은 점차 둔화하였다. 경공업에서 중화학 중심의 산업이 전국적으로 정착하면서 지역 산업이 점차 정체되기 시작했다. 1989년 이후 매년 100여 개의 중소업체가 부산에서 다른 지역으로 이전하여 1997년 말 부산의 수출액은 전국의 4.4%에 불과하였다. 부산의 주요 수출국이라 할 수 있는 중국이 경공업 제품보다 중공업 제품에 대한 수요가 증가하면서 부산 산업의 기반인 경공업의 가동률이 저하된 것이 그 원인이었다. "부산의 역사", <부산광역시 홈페이지>, https://www.busan.go.kr/bhmohistory04. 하지만 부산항은 태평양으로의 관문인 국제 관문도시로서의 지정학적 위치를 이용하여 동남 임해공업 벨트의 물류중심지 역할을 계속 수행하고 있다.

39 예컨대 선전은 개혁개방과 함께 경제특구로 지정되면서 위탁가공 방식의 외자기업들이 대거 유입되어 신발, 봉제공장등 전통적인 제조업 분야는 물론이고 각종 전자제품, 기계부품 제조 등의 분야가 크게 발전한다. 인구 3만 명 수준의 작은 어촌이었던 선전은 외지 인구가 몰려들어 이민도시의 성격도 갖게 되었고, 홍콩과 인접한 덕분에 유통 물류 중심지 역할도 하게 된다. 이로써 선전은 자유무역지구와 수출가공지역으로 변모하여 중국의 수출주도 경제의 중심지가 된다.

문에 한국전쟁 시기 피란민들이 부산항과 부산역 가까운 산비탈에 판잣집을 짓고 모여 살면서 마을을 형성했는데, 피란민이 떠난 공간은 도시 빈민이나 산업화로 부산에 들어온 농민들의 거처가 되었다.[40] 즉 부산 도심의 개발과정에서 밀려난 부산의 빈민들은 주로 산비탈 위에 모여 살게 되었는데, 부산의 감천마을이나 수정동 일대의 산복도로는 그 대표적인 상징적 장소다.[41]

홍콩의 대표적 슬럼가였던 구룡채성(九龍寨城)의 형성은 또 다른 차원에서 공간의 분절과 차별화가 발생한 대표적 사례다. 이곳은 이미 중일전쟁 및 제2차 세계대전 때부터 부랑민이 몰리기 시작해, 1950년대 이후 줄곧 중국 대륙에서 몰려온 난민들이 살았던 지역이다. 특히 이 지역은 복잡한 역사적 연유 때문에 영국, 중국, 홍콩 정부 모두 관할을 포기한 만큼 개발되지 않은 상태로 방치되었고,[42] 대약진 운동 시기 굶주림을 피하기 위해 홍콩에 밀입국하

---

40 부산박물관, 위의 책, 57쪽, 93쪽.

41 송은영, 「부산: 가난이 상품화되는 시대의 관광 도시」, 도시사학회 연구모임 공간담화 지음, 『동아시아 도시이야기』, 서해문집, 2022, 186-192쪽.

42 구룡채성의 경우 원래 평범한 성벽 마을이었으나 1941년 홍콩을 점령한 일본군이 성벽을 헐어버렸고, 1945년 일본 제국주의의 패퇴로 일본군이 쫓겨나자 다시 영국 땅이 된 이곳은 중국 남부 부랑민들의 집거지가 되었다. 이후 중화민국은 이 지역의 소유권을 주장하면서 1948년에 영국인 관리와 홍콩 경찰의 진입 시도를 막아서 영국령 홍콩 식민지 정부의 관리가 불가능해졌다. 그러나 소유권을 주장하는 중국 국민당 정부도 실제 관리를 거부하여 완전한 무법지대가 되었는데, 1949년 국공내전으로 중국 대륙을 차지한 중화인민공화국 정부도 홍콩 깊숙이 들어가 있는 이 지대에 대한 관리를 포기했고, 이러한 상황에서 결국 구룡채성의 행정 관리 문제는 누구도 손 쓸 수 없는 상황이 된다. https://namu.wiki/w/%EA%B5%AC%EB%A3%A1%EC%B1%84%EC%84%B1

려는 중국 본토의 피난민들이 모여 살면서 슬럼가를 이루었다.[43]

이처럼 동아시아 관문도시는 외부적으로는 유입/유출의 권력이 작동했고, 내부적으로는 중심/주변을 둘러싼 추방과 차별의 권력이 작동했다. 이에 따라 도시의 인적 구성도 달라졌고, 거주민들 사이의 권력 관계도 달라졌다. 오늘날에도 국민국가가 사람들의 삶을 제도화하는 기본 단위인 만큼, 동아시아의 관문도시 역시 이방인의 이동을 통제하고 허용하는 국민국가의 권력을 대표하곤 한다. 그래서 경계를 넘는 이주민들은 출입국 관리의 통제 대상이며, 국경과 같은 경계 내에서 떠돌아다니는 주소 불명자들 또한 여전히 사회적 성원권 부여의 심사대상이다.[44]

오늘날 지구화의 대세로 인해 '이주의 시대'가 열렸고, 이에 발맞춰 국가는 한편으로 '다문화주의'를 새로운 시대정신으로 독려한다. 하지만 다른 한편으로 국가는 이주민들을 불온한 세력으로 간주하여 출입을 통제하며, 심지어 국민국가 혹은 민족국가의 정체성을 명목으로 배타적 민족주의나 배외주의 감정을 조장하기도 한다. 이런 경우 이민족 혐오나 폭력이 조장된다. 이에 따라 지구

---

43 이곳에 살았던 중국 본토의 피난민들은 홍콩 경제의 도약기에 홍콩의 저임금 노동자가 되었으며 일부는 홍콩의 폭력조직 삼합회의 일원이 되기도 했다. 이 지역은 위에서 언급한 관할 문제로 홍콩 경찰이 치안유지 활동을 못하니 온갖 범죄 행위들이 벌어지는 무법지대가 되었다.

44 지그문트 바우만 지음, 김동택 옮김, 『지구화, 야누스의 두 얼굴』, 한길사, 2003; 조경희, 「도쿄 우에노의 로컬리티 형성과 이동하는 하층민들: 공원과 시장을 중심으로」, 윤영도·이정은·조경희 편, 『아시아의 접촉지대: 교차하는 경계와 장소들』, 그린비, 2013, 218쪽.

적 이주의 시대에도 국가권력에 의한 통제는 그대로 관철된다. 관문도시도 마찬가지인데, 현재 동아시아의 관문도시 역시 이러한 권력의 메커니즘을 가장 잘 드러내는 장소다.

중국과 같이 거대한 규모의 동아시아 개발도상국의 경우는 좀 더 특수하다. 통제와 허용의 권력 역학은 국외 이주자들에게만 해당되는 것은 아니고 국내 이주자들에게도 적용된다. 중국에서는 상당수의 국내 이주자들이 해당 지역의 호구(戶口)가 없다는 이유로 각종 차별과 배제를 당해왔다. 이들은 같은 중국 국민이지만 국제이주노동자와 유사한 '2등 시민(second citizen)'의 지위에 처하면서, 수많은 사회적 불만과 불평등을 감내했다.[45] 중국의 국가권력은 이들의 이주를 허용하지만, 차별도 당연시한다. 이들이 권력에 저항할 경우 강력한 통제가 가해진다. 사회주의 중국의 개혁개방이 동부 연해의 관문도시들에서 시작되었기 때문에, 중국의 관문도시들은 이러한 도시 내/외의 권력 관철이 매우 적나라하게 작동하는 곳이다.

2. '방법으로서 관문도시'

상술한 것처럼 근대 이후 동아시아의 관문도시들의 형성 과정을 이해하다 보면, 동아시아 관문도시의 여러 특징들을 발견할 수

---

45 윤종석, 「중국의 거대한 인구이동과 새로운 도시화의 실험: '사람의 도시화'를 중심으로」, 『다양성+Asia』 20호, 2023.

있다. 그 가운데 가장 핵심적인 요소는 동아시아 관문도시가 '경계' 역할을 수행한 곳이라는 점이다.

> "경계는 살기에 안락한 장소는 아니다. …… 경계는 배제하는 데 탁월한 기능을 하는 장치인 동시에 사람들을 선별하고 거르는 포섭의 장치이며 상이한 순환의 형식이기도 하다."[46]

위 인용문에서 보듯, 경계지는 권력의 작동을 쉽게 살펴볼 수 있는 장소다. '경계'는 단순히 연구대상만이 아니라 인식론적인 관점으로 유용하다. 다시 말해 일종의 인식론적 '방법'으로 활용될 수 있다. 나아가 경계지는 권력 비판을 위한 실천적 '방법'으로 활용될 수도 있다. 포함/배제라는 권력 작동의 메커니즘과 체제에 대한 비판적 연구가 '경계'를 통해 가능하기 때문이다. 경계는 지배와 강탈, 착취의 관계들이 어떻게 현재에 이르러 재정의되고 있는지에 대한 분석뿐 아니라, 이처럼 변하는 관계들을 둘러싸고 형태를 갖춰가는 투쟁들을 비판적으로 분석하게 돕는다.[47] 이는 경계를 하나의 방법으로 삼을 수 있음을 의미한다. 이것이 '방법으로서 경계'라는 접근법이다.

물론 '방법으로서~'라는 수사는 단순한 방법론 이상을 나타낸

---

46 산드로 메자드라, 브렛 닐슨 지음, 남청수 옮김, 『방법으로서의 경계: 전지구화 시대 새로운 착취와 저항 공간의 창출』, 갈무리, 2021, 29-30쪽.
47 산드로 메자드라, 브렛 닐슨 지음, 남청수 옮김, 앞의 책, 46쪽.

다. '방법으로서~'라는 접근법은 해명이 필요한 대상을 직접 해명하는 것이 아닌, 해명 대상을 새롭고 다양한 모습으로 해석할 수 있는 계기를 제공한다. 다시 말해 '방법으로서'라는 접근법은 기존 것에 다르게 접근하기를 촉구하고, 다른 접근을 통해 기존 권위와 권력에 균열을 내도록 요구하는 정치적 실천이다. 그래서 '방법으로서~'라는 수사는 세계를 이해하는 것이면서, 동시에 세계에 대해 행동하고 세계를 생산하는 행동이다. 이처럼 '방법으로서~'라는 수사는 진리에 입각한 본질주의를 피하면서 대상을 바라볼 수 있는 새롭고 다양한 시선을 허용한다. 사물과 사태를 바라보는 새로운 관점을 생산하는 것이다.[48]

그렇다면 특정 장소의 정체와 권력 작동, 그리고 다양한 장소 간의 권력 역학을 비판적으로 보기 위해서는 구체적인 '경계'의 장소를 하나의 '방법'으로 삼는 것도 좋겠다.[49] 동아시아의 대표적인 '경계' 장소 중 하나인 '관문도시'가 그렇다. '방법으로서 관문도시'라는 아젠다는 이런 맥락에서 등장했다. 근대화 과정에서 동아시아 관문도시가 '경계' 역할을 수행했고, 이러한 경계지에서 동아시

---

48 앞의 책, 45-46쪽; 김동규, 2023, 위의 글, 395쪽을 참고하라.

49 여기서 말한 '방법(方法)'이란 일본의 근대사상사 연구에서 사용되어 유행된 개념이다. 중국학 연구자였던 다케우치 요시미(竹内好)가 제시한 '방법으로서의 아시아'는 서구의 근대화 모델을 추종해온 일본 사회를 새롭게 보기 위해 아시아를 하나의 방법으로 삼은 것이다. 구체적으로 말해, 아시아 특히 중국의 역사 경험과 사상 자원을 '방법'으로 삼아 아시아와 일본을 비판적으로 성찰하려던 시도였다. 다케우치 요시미 지음, 서광덕·백지운 옮김, 「방법으로서의 아시아」, 『일본과 아시아』, 소명출판, 2004, 140-169쪽.

아의 서발터니티가 어떻게 생산되었는지, 어떻게 포함/배제되었는지를 살펴보면, 동아시아 권력의 정체와 권력 작동의 역학을 비판적으로 볼 수 있다.

전통적인 의미에서 관문도시란 급속한 근대화가 이뤄지던 시기에 서로 다른 두 지역이 만나는 접점(接點)에 만들어진 도시를 말한다.[50] 관문도시의 기능은 이중적이다. 우선, 관문도시는 항만, 철도, 도로 및 항공 교통의 주요 결절에서 지역과 지역을 연결해 주는 기능을 수행한다. 다른 한편, '관문'이라는 개념에서 알 수 있듯이 관문도시는 산맥, 하천, 해안선과 같은 자연적 장애, 혹은 국경과 같은 인문적 장애가 지리적으로 어떤 지역 간의 물적, 인적 출입을 차단하고 있다는 점을 전제로 하고 있다.[51]

따라서 관문도시는 이음과 단절의 이중성이 작동하는 장소이다. 관문도시는 국민국가 혹은 동아시아 리지널 단위의 문(gate)에 해당한다. 게오르그 짐멜의 말을 조금 응용하면, '문'은 열면 길이 되고 닫으면 벽이 되는 권력의 장치다.[52] 국민국가 혹은 동아시아 리저널의 '문'에 해당하는 관문도시는 이음과 단절의 권력이 작용한다. 예를 들면 중국과 북한의 국경에 위치한 관문도시인 단둥(丹

---

50 일찍이 20세기 초부터 여러 공간연구자들에 의해 제기된 관문(또는 관문도시) 이론은 오랫동안 지역 및 도시 관련 연구에서 널리 활용되었다. 그러나 관문도시 연구는 관문도시를 글로벌 및 동아시아 리저널 단위의 교통물류 네트워크의 '허브(hub)'로만 간주되어 온 것이 사실이다.

51 박경환, 「관문도시의 이론적 기초와 인천의 발전방향」, 인천발전연구원 편, 『동아시아 관문도시, 인천!』, 인천발전연구원, 2006, 53-54쪽.

52 게오르크 짐멜 지음, 김덕영 옮김, 『짐멜의 모더니티 읽기』, 새물결, 2005, 266-270쪽.

東)은 압록강 대교라는 물리적 연결고리를 통해 이음과 단절이 반복되었다. 주로 전면적 개방을 원하지 않았던 북한 권력 당국의 태도에 따라 이음과 단절 여부가 결정되곤 했다. 단둥과 같은 관문도시는 동북아시아 관계의 결절에 해당되는 만큼 북한과 중국 양국 관계만이 아니라, 동아시아 전체에 큰 영향을 미친다.[53]

얼마 전까지만 해도 코로나19의 확산으로 중국의 권력 당국이 대표적 관문도시 상하이를 봉쇄했을 때 공포를 느낀 것은 상하이 사람들뿐만이 아니었다. 세계 사람들, 특히 상하이를 자주 왕래했던 동아시아인들은 모종의 폐쇄공포증 같은 감정을 느꼈다. 동아시아의 대표적인 관문도시 중 하나인 상하이가 많은 이들에게 큰 장벽으로 느껴지는 순간이었다.

국민국가의 입장에서 보면 관문도시는 일종의 전초기지이자, 새로운 충격을 실험하는 실험지다. 사회주의 중국이 경제발전을 위해 시도한 개혁개방, 시장화의 실험이 선전, 주하이(珠海), 샤먼(厦门) 등 중국 동부 연해지역의 관문도시들에서 처음으로 도입된 것은 결코 우연이 아니다. 일본에 대한 적대적 민족주의 감정이 서슬 푸르던 시절에도 일본 문화가 일찍부터 유입되어 유통되던 곳이 한국의 해양 관문도시 부산이었다.

---

[53] 단둥은 북-중 양국 관계만이 아닌 한국, 북한, 중국, 일본, 미국, 러시아가 얽혀 있는 동북아시아 관계 전반을 상징하는 관문도시이다. 이는 중국이라는 통로를 이용해 타국과 관계를 맺고 있는 북한의 특수성 때문이지만, 이뿐만 아니라 단둥의 위치가 내륙과 동북아시아 각지를 잇는 해륙의 결절에 해당하기 때문이다. 이러한 내용은 다음을 참조하라. 권경선, 최낙민 지음, 『단둥, 단절과 이음의 해항도시』, 선인, 2018.

관문도시가 일단 국가권력에 의해 폐쇄적으로 운용되면 국수적인 국가주의(nationalism)를 구현한 장으로 기능한다. 특히 이에 반발하는 시민들을 억압하면서 국가주의 구현을 위한 구체적 실험 공간으로 변모한다. 이러한 상황에서는 모든 경계를 초월하여 하나의 동일된 공간을 상상하는 글로벌리즘(globalism)은 물론이고, 초국적인 동아시아, 유럽, 남아메리카, 아프리카 등의 리저널리즘(regionalism)은 아예 소원한 일이 된다. 반면, 관문도시가 개방적으로 운용되면 그 공간은 세계시민주의(cosmopolitanism) 혹은 리저널한 시민성을 구현할 수 있는 포용적 실험의 장으로 변한다. 이로써 그동안 국가로부터 배제된 다양한 존재들이 자신의 권리를 실질적으로 보장받을 수 있다. 이후 이러한 성과들이 축적되면 국가 중심이 아닌 시민 중심의 새로운 동아시아 리저널리즘도 창출할 수 있다.

동아시아의 관문도시를 '경계 장소'[54]라는 개념으로 접근하면, 관문도시가 생산한 다양한 서발터니티 이슈에 대한 (국가권력이든 자본권력이든 아니면 사회적 권력에 의한 것이든) 배제와 포함의 역학을 구체적으로 살펴볼 수 있다. 이를 통해 동아시아 리저널 차원의 시민성과 공공성의 향방도 전망해 볼 수 있다.[55] 따라서 '방법으로서

---

54 물리적 범위를 의미하는 '공간'과 달리 '장소'는 역사-사회-문화적 의미와 같은 질적 의미를 가진 생활세계를 말한다. 렐프에 따르면 이러한 '장소'는 인간 실존의 근본적 토대다. 에드워드 렐프 지음, 김덕현, 김현주, 심승희 옮김, 『장소와 장소상실』, 논형, 2005.
55 이홍규, 「동아시아 시민성을 향한 모색: 부산형 민주시민교육의 지향점」, 동서대 중

〈그림1〉 동아시아 관문도시의 장소성-부산과 중화권 관문도시

관문도시'라는 인식틀은 동아시아에서 새로운 시민성과 공공성 구축을 위한 새로운 계기를 제공한다.

한편, 관문도시의 사회사를 연구하게 되면, 이는 단순히 한 도시의 지역사(local history) 연구에 그치는 것이 아니라, 동아시아라는 리저널 역사(regional history) 혹은 글로컬사(glocal history)를 연구하는 시작점이 될 수 있다. 부산의 경우, 제국과 식민지의 경계 공간으로 형성되었을 뿐만 아니라 민족/인종적·계급/계층적·도농적·젠더적 위계가 강고한 다중의 경계 공간, 즉 끊임없이 분리,

---

국연구센터 편, 『동아시아 시민성을 향하여: 부산형 민주시민교육의 모색과 전망』, 소요-You, 2021, 123-158쪽.

배제하면서도 결합, 포함하는 관문도시였다.[56] 따라서 관문도시 부산의 사회사는 동아시아의 '식민/냉전/탈냉전 국가-가부장-자본주의 권력'의 작동을 드러낼 것이고, 그 위계 아래 권력의 폭력에 저항 혹은 순응했던 서발턴들의 역사를 드러낼 것이다. 이는 부산의 지역사로서만이 아니라 동아시아 리저널의 역사인 동시에 글로컬사로서 매우 중요한 의미를 가질 것이다.

이러한 측면에서 보면, <그림1>에서 보듯 동아시아 관문도시들의 역사는 서로 연결되어 있다. 동아시아 관문도시의 개별 지역사를 연계하여 근대 이후 동아시아의 권력과 서발터니티 문제를 이해한다면, 동아시아 관문도시는 동아시아 리저널 문제를 새롭게 바라볼 수 있는 전형적인 장소가 될 수 있다. '방법으로서 관문도시'를 통해 동아시아를 새롭게 인식하는 창(窓)이 열리는 셈이다.

Ⅳ. 맺음말

본래 '동아시아' 담론은 서구적 근대가 만들어온 세계사 즉, 제국/식민주의와 냉전적 체제 대결, 나아가 탈냉전 이후 자본주의의 문제들을 벗어나는 새로운 대안적 공간을 상상했다. 그러나 이러한 '탈'국민적인 상상은 어떤 사람들에겐 비현실적인 것으로 들릴

---

56 전성현, 「관문도시 부산과 '서발턴' 역사 연구의 필요성과 한계」, 『석당논총』 제87권, 2023, 157쪽.

지 모른다. 동아시아에는 여전히 근대국가 체제가 공고히 자리 잡고 있으며, 제국주의적 잔재들도 남아 있을 뿐 아니라, 냉전 체제 대결의 관성도 남아 있기 때문이다. 탈냉전에도 불구하고 신자유주의 양극화까지 나타나면서 서로 다른 국민들끼리 혐오하는 일도 심각하다. 심지어 오늘날 미/중 신냉전의 조짐으로 동아시아 내 국가 간 대립이 다시 극심해질 가능성이 커졌고, 상호 혐오와 적대의 정치도 나타나고 있다.

심지어 오늘날 동아시아 사람들에게 소환되는 동아시아 내부의 여러 비전은 제국 혹은 제국주의의 불길한 귀환을 예감케 한다. 한쪽에서는 근대 이전 사대(事大)를 강요하던 제국의 재현을 상상하고 있는 듯하며, 다른 한쪽에서는 근대 제국주의 시절의 그림자가 여전히 드리워져 있다. 특히 과거 1930년대 초국민적, 혹은 탈민족적 공간으로서 서구적 근대를 초극하는 대안적 담론으로 호명되었던 '동아(시아)'가 사실은 당시 '식민지 인민'의 목소리를 배제한 채 일본 제국주의를 합리화하는 논리로 작동한 바 있다는 사실을 기억한다면,[57] 오늘날 '동아시아' 담론에 대해서도 근본적 회의(懷疑)가 존재할 수 있다. 이에 더하여 민족주의적 반감도 강렬하게 존재한다.[58] 이런 이유로 동아시아 담론이 시민사회에서 확산되는

---

57 이진경, 『역사의 공간: 소수성, 타자성, 외부성의 사건적 사유』, 휴머니스트, 2010, 368-393쪽.

58 제국주의는 국민국가의 범위를 넘어서는 '제국적' 영토를 만들어낸다는 점에서 탈(脫)국민적 내지 초(超)국민적 사유와 활동의 장을 창출한다. 그러나 그것은 한 국민국가가 다른 국민국가를 일방적으로 침략하여 포섭하는 방식으로 진행된다는 점에

데 여전히 한계가 있다.

예컨대, 오늘날 중국이 초강대국으로 부상하면서 동아시아 주변국들은 중화제국의 재현을 우려하고 있다. 서구의 오리엔탈리즘을 비판하며 탈근대의 근대성을 주창했던 중국의 비판적 지식인의 새로운 아시아 구상[59] 역시 예전 중화제국의 현대판 이데올로기로 비판을 받고 있다. 무한경쟁의 신자유주의 시대로 진입한 이후, 국가이익을 최우선시하며 타국에게 자신의 국익을 강요하는 강대국들의 모습에서 과거의 제국주의적 그림자에 대한 우려도 스며 있다.[60]

그렇다면, 이처럼 어두운 현실과 전망을 돌파하면서, 서구중심성에 투항하지 않는 동아시아의 길은 무엇일까? '동아시아 서발터니티'를 출발점으로, 여기서 생산된 담론의 확산을 통해 동아시아만의 새로운 공공성을 정립하고 구현해야 하지 않을까. 동아시아

서 국민 간의 대립을 야기하고 그 대립을 통해서 민족을 만들어내며, 모든 사유와 활동을 민족 간 대립관계 속으로 밀어 넣는다. 식민지에서 민족이 탄생하는 것은 정확하게 국민적 경계를 넘어서려는 제국주의적 침략과 지배에 의한 것이다. 즉 식민지 인민을 하나의 '민족'으로 만들어내는 것은 '민족'의 경계를 지우고자 했던 제국주의라는 것이다. 이진경, 앞의 책, 364-365쪽.

59 이에 대해서는 다음 책을 참조하라. 왕후이 지음, 송인재 옮김, 『아시아는 세계다』, 글항아리, 2011.

60 동아시아의 다양한 위기는 그동안 국가와 자본이 주도해온 것으로 기존의 국익 중심의 동아시아 지역주의로는 해결되기는커녕 더욱 악화될 가능성이 높다. 동아시아 국가들은 이러한 위기들을 공동으로 해결하려는 공익이나 공공선 추구의 차원에서라기보다는 자신의 국가이익을 극대화하기 위해, 동아시아의 자본들은 자신의 자본이익을 극대화하기 위해 동아시아지역주의를 추구해왔기 때문이다. 이홍규, 2021, 앞의 글, 137-138쪽.

각국에서 부재(不在) 처리되거나, 목소리를 내지 못하던 존재, 심지어 저항의 목소리를 내어도 차별받았던 취약한 존재들의 문제를 동아시아 지역 전체의 이슈로 드러낼 때, 동아시아 시민의 공공성혹은 동아시아의 민주적 공공성은 기존 공공성의 폭력을 드러내고, 이에 대한 쇄신을 촉구하면서, 그 공공성의 발판을 '매번' 새로만들어나갈 것이다.[61]

동아시아 서발터니티 문제를 통해 동아시아 공공성 문제를 진단하기 가장 적합한 장소가 동아시아의 관문도시다. 상술한 것처럼, 동아시아 관문도시는 제국주의에 의해 만들어진 근대의 창구로서 이산(離散)과 월경(越境)이 나타난 접촉지대다. 관문도시는국내 이주와 외국인 이민이 함께 나타나고, 근대화의 과정에 배제되고 취약한 존재들이 생산된 혼성의 장소이다. 동아시아의 관문도시라는 '경계'의 '장소'에서 작동하는 각종 권력의 역학, 그로인해 발생하는 서발터니티 이슈를 분석하면 동아시아 리저널 차

61　서발터니티에서 출발하는 연구는 상향식(bottom-up)의 연구일 수밖에 없으며, 그렇기 때문에 서발터니티를 통한 공공성 구현은 동아시아의 모든 사람이 누리고 공유하는 가치가 될 것이다. 이는 도달할 목표나 이데올로기가 아니라, 지속적 '과정'이자 '방법'일 수밖에 없다. 서발터니티는 일종의 역학적 방법을 활용한 개념 전략이고, 이 전략을 구사함으로써 동아시아의 역사를 매번 새로 써나가게 될 것이다. 그래야만 지속적 공공성 형성을 통해 부단히 새로운 시민들도 탄생할 수 있다. 동아시아의 새로운 공공성은 매번 새로운 동아시아의 시민들이 귀환할 수 있는 역학적 장이어야지, 완수되어야 할 이상이나 이데올로기일 수는 없다. 따라서 국가 중심적 동아시아 기획이나 담론과는 다른 결을 형성할 수밖에 없다. 이에 대해서는 다음을 참조하라. 이홍규, 「동아시아 공공성은 가능한가?: 새로운 동아시아지역주의의 사상적 기반」, 『아시아연구』 제25권 2호, 2022.

원에서 새로운 시민성과 공공성 구현을 위한 단초를 찾아낼 수 있을 것이다.

따라서 동아시아 서발터니티 연구와 동아시아 관문도시 연구를 결합한 동아시아 관문도시의 서발터니티 연구가 진행되고[62] 이로부터 동아시아 공공성 구축을 위한 시민사회의 실천과정이 진전되기를 기대한다. 예컨대, 향후 연구에서는 부산, 가오슝, 상하이, 홍콩 등 동아시아의 대표적인 관문도시들이 겪은 복잡한 권력 작동의 역학을 연구하면서, 각 장소에서 생산된 다양한 서발터니티 이슈를 포착하여 분석할 것이다.[63] 실천의 영역에서는, 부산 등 동아시아의 관문도시들에서 이방인이나 소수자들을 적극적으로 환대하는 정책이 필요하다. 이러한 연구와 실천을 잘 결합하여 나간다면 동아시아 관문도시를 중심으로 하는 서발터니티 연구가 새로운 동아시아 담론으로 진전될 수 있을 것이다. 이는 동아시아 시민성과 공공성 구축을 위한 정당한 토대를 제공할 수 있을 것이다.

62　동아시아 서발터니티 연구가 동아시아 시민성과 공공성 연구를 위한 존재론적 층위의 개념 전략이라고 한다면, 동아시아 관문도시 연구는 동아시아 시민성과 공공성 연구를 위한 장소적 층위의 방법론이라 할 수 있다. 이 둘은 동아시아를 바라보는 두 가지 인식론적 방법이기도 하다.

63　예컨대 1차적으로 동아시아 관문도시 중 한 곳인 부산에서 이방인에 대한 사회적 처우 및 그 변화 여부를 추적하고, 그 여파가 동아시아의 다른 관문도시에 어떤 영향을 미치는지를 살펴본다. 이어서 부산만이 아닌 다른 동아시아 관문도시 입장에서 그 역학관계를 살펴본 후 이를 상호 검증해본다. 끝으로 이러한 상호 검증과정을 다양한 관문도시에 적용한 후, 이를 통해 향후 동아시아의 시민성이나 공공성이 어떻게 열릴 수 있을지에 대한 단초를 추적하는 것이다.

서발터니티(subalternity): 개념들의 역학

김동규

I. 머리말

이 연구는 새로운 동아시아 담론 생산의 발판을 마련하려는 작업이다. 그 첫 번째 과정으로 동아시아 담론 생산을 위한 주요 개념을 검토한다. 그 개념이 '서발터니티'인데, 이 연구는 우선 서발턴 개념과 그 유사개념들을 검토하면서, 이를 '서발터니티'라는 개념으로 종합한다. 이 개념에서 출발하면, 서구중심적 사유나 유럽중심적 사유로부터 벗어날 수 있다. 아울러 식민/제국의 힘을 의식하면서 이 힘이 서로 다르게 작동했던 지역적 차이도 고려할 수 있다. 이는 서발터니티라는 개념을 통해 동아시아 맥락에서의 특징을 도출할 수 있다는 뜻이다.

이처럼 다양한 힘의 관계를 검토하기 위해, 이 연구는 '변증법적' 이항대립의 사유실천을 넘어, '역학'이라는 개념 전략을 도입한다. 서발터니티라는 개념 안에 이러한 힘들의 역학이 내재되어 있다. 서발터니티라는 개념은 외부적으로는 서발터니티를 생산한 폭력의 다양한 정체를 폭로하고, 내부적으로는 서발터니티의 다양성과 차이도 사유할 수 있다. 특히 서발터니티는 자신을 생산한 폭력의 주체나 단위(지역, 국가, 아시아, 지구)의 정체를 폭로함으로써, 이를 비판적으로 전복할 '가능성'의 계기도 제공한다. 이는 곧 서발터니티라는 개념적 전략이 새로운 차이만이 아니라 새로운 보편성을 생산할 수 있음(가능성)을 의미한다. 여기서 중요한 것은 이 모든 것이 취약성에 대한 사유에서 출발한다는 점이다.

서발터니티가 배제된 존재의 존재론적 의미를 규명하는 개념 전략이자, 사회 권력의 문제를 다루는 인간학이라고 한다면, 이러한 존재가 자리하고 있는 장소와 사회의 정체를 가늠하기 좋은 지정학적 방법이 있을 수 있다. 그것이 바로 '방법으로서 관문도시'라는 연구다. 대개 관문도시에서 낯설고, 새롭지만, 취약한 존재를 다루는 포함/배제의 권력이 실험되고 정착된다. 관문도시에서 서발터니티는 배제를 겪고, 그 배제 생산의 구조를 온몸에 새긴다. 관문도시는 이러한 서발터니티가 생산되는 정치 역학을 살펴보기에 효과적인 지정학적 장소다. 따라서 서발터니티라는 개념과 관문도시라는 방법의 결합은 장기적으로 새로운 동아시아 담론을 제안할 수 있는 개념적, 방법적 기반이 될 것이다. 이 글은 이러한 연구 과정의 첫 단계라 할 수 있다.

이 글의 진행을 간단히 요약하자면, II장에서는 서발턴의 어원을 추적하고, 그 어원에 새겨진 뜻이 지시대상이 불분명한 종속적 존재를 지시하는 말임을 보여준다. 그람시 이후 서발턴 개념이 서로 다르게 사용되었지만, 가장 특수한 고통을 통해 새로운 보편성을 도입하는 긴장이자, 해방의 가능성이라는 의미만은 연속되고 있음을 보여준다. 동시에 처음부터 지역과 장소성을 각인한 개념이라는 것도 보여준다.

이어서 III장은 변증법의 한계를 드러내면서 새로운 사유의 전략을 도입하는 내용이다. 흔히 변증법은 새로운 것의 등장을 '갈등'과 '긴장'을 통해 설명하는 전통적 사유방식이다. 하지만, 변증법의 이항대립적 사유 방식은 반대 항의 모순을 극복(지양)하는 방식을 중요하게 생각하는데, 이것이 한편으로는 새로운 의미의 생산이기도 하지만, 다른 한편으로는 새로운 전체주의의 등장으로 읽힐 수 있다. 이는 다양성과 차이를 사유하는 데 치명적이다. 예컨대 변증법은 주체/객체 어느 편에도 포함되지 않는, 그래서 극단적으로 취약한 존재를 사유할 수 없는 한계를 지닌다. 이를 대신하기 위해 이 연구는 다양한 차이의 길항 관계를 사유하는 '역학적 사유'를 제안한다.

IV장은 서발턴의 영향하에서 발생한 유사한 개념들의 의미를 추적한다. 이를 위해 차이에 대한 사유를 철학에 도입한 포스트모더니즘의 기여를 먼저 논한다. 아울러 포스트모더니즘이 유럽 중심주의의 문제를 사유하지 못했다는 한계도 지적한다. 포스트콜로니얼리즘은 바로 이 문제를 지적하면서 차이 내부의 차이를 고려하기 시작했다. 이후 주체/객체에 포함되지도 않으면서, 극단적 폭력과 차별에 노출되는 다양한 존재들의 이름이 등장했다. IV장에서는 이 개념들의 특징을 서술하면서, 이 개념들을 서발터니티라는 추상명사로 종합하기를 제안한다.

V장은 그렇게 종합된 서발터니티의 의미를 설명한다. 서발터니티는 의미론적으로는 혼종성(잡종성) 또는 무의미로 처리된다. 아울러 신체적으로는 취약한 존재이며, 사회-정치적 의미로는 종속되고 배제된 소수자를 의미한다. 그래서 존재론적으로는 그 사회에서는 부재 처리된 존재를 지시한다. 서발터니티는 이런 의미를 종합한 개념이다. 그럼에도 불구하고 이것이 결코 추상적이지 않은 이유는 서발터니티가 자신을 생산한 지역의 지정학적 특징을 새기고 있기 때문이다. 바로 이러한 특징이 서발터니티가 관문도시와 결부될 플랫폼으로 귀결될 것이다.

동아시아 관문도시에서 서발터니티가 어떻게 생산되었는지, 그리고 서발터니티를 생산한 관문도시 간 역학관계를 유사성과 차이를 통해 살펴본다면, 동아시아만의 지정학적 특성을 도출할 수 있을 것이다. 그리고 이 지정학적 특징이 새로운 동아시아 담론 생산을 위한 발판이 될 것이다. 이 긴 여정을 시작하기 위해 먼저 서발턴의 어원을 추적한다.

II. 서발턴의 어원과 개념사

1. 서발턴 개념의 어원과 맑스

서발턴의 라틴어원을 살피면, 섭(sub)과 알(al) 또는 알터누스
(alternus)의 결합임을 알 수 있다. 우선 섭(sub)은 위치로는 '아래'
를 의미하고, 시간으로는 '진행 과정'(~내에, ~동안)을 의미하며, 사
회적 관계로는 '아래' 또는 '복종'을 의미한다. 알(al)은 '너머'를 의
미하며, 알터누스(alternus)는 다른 모든 것들, 즉 포함된 것 너머
(beyond)의 '잉여' 또는 '나머지'를 의미한다.[1] 특히 너머를 의미하
는 알(al)에 '다른'을 의미하는 '터(ter)'가 결합한 '알터(alter)'는 다
르게 되었다는 자동사의 의미를 갖는데, 이 용례는 1580년에 최초
로 발견된다.[2]

그렇다면 서발턴(subaltern)은 아래, 종속, 배제, 잉여, 동일한
질서와는 다른 것이라는 의미가 결합하여 '복종하게 된 나머지'를
의미한다. 이런 의미가 확장되어 서발턴은 1600년대 일반적으로
열등한 계급(inferior rank)을 지칭하게 되었고, 1680년대에는 하
급장교를 지칭하는 개념으로 활용되기도 했다. 그럼에도 불구하

---

1   subaltern의 어원을 검색: https://www.etymonline.com/word/
subaltern#etymonline_v_22241 군대의 하급장교와 관련된 의미에 대해서는 김헌
기, 2019, 63쪽을 참고.

2   alter의 어원을 검색: https://www.etymonline.com/word/alter#etymonline_
v_10924

고 서발턴이라는 개념에는 여전히 '복종'과 '종속'이라는 의미가 내포되어 있었다.[3]

오늘날 사회과학이나 사회이론에서 사용되는 서발턴 개념의 기원은 그람시에게 찾아볼 수 있는데, 그에게 서발턴은 은어로 사용되었다. 수감 중이던 그가 감옥에서 자주 검열에 노출되었기 때문에, 자기 글에 언급되는 대상이 누구를 지칭하는지 알 수 없도록 하기 위해 '서발턴'이라는 은어를 사용했다는 것이다. 그래서 문맥상 프롤레타리아트와 농민이라고 써야 할 대목에 '서발턴 계급', '서발턴 집단'이라고 '대체' 표기했다. 이것이 이후 한 사회의 헤게모니 집단을 제외한 종속집단이라는 포괄적인 의미로 사용되었다.[4]

그래서 초기 서발턴은 문자 그대로 '서발터니'(Lat. subalterni, Eng. subordinate), 다시 말해 '종속적'이라는 의미 그대로 인식될 수 있었다.[5] 은어로 출발하긴 했지만, 이 용어는 처음 의미 그대로 **지시대상을 분명히 할 수 없는 종속적 존재**를 일컫는 말로 사용되었던 것이다. 이는 이 개념이 앞으로 어떻게 사용될 것인지에 관한 운명을 예견했다고 봐도 과언은 아니다.

3　subaltern의 어원을 검색, 위 사이트 참고. 군대의 하급장교와 관련된 의미에 대해서는 김헌기, 2019, 63쪽을 참고.

4　이에 대해서는 최성희, 2014, 245쪽 참고. 대체라는 의미 역시 서발턴의 alter의 의미 안에 포함되는 것은 묘한 일체감을 준다.

5　이에 대해서는 김헌기, 2019, 52쪽 참고.

2. 그람시와 서발턴

1) 경제결정론 비판

배고픔에서 해방되었다고 인간이 해방된 것일까?[6] 마르크스 사후 등장한 다양한 마르크스주의 비판 중 마르크스주의의 경제결정론에 대한 비판이 많았다. 루카치 역시 그 계열에 속하는데, 루카치는 계급 '의식'을 주장함으로써, 마르크스의 경제 중심적 해석과 유물론적 해석에 거리를 두었다. 루카치는 토대보다는 상부구조의 중요성을 언급함으로써 그렇게 한 셈이다. 마찬가지로 그람시도 인간의 의지와 관념의 중요성을 언급했다. 빌헬름 라이히 같은 사람이 말하듯, 배고프다고 인간이 곧 혁명을 하는 것도 아니다. 그런 점에서 상부구조가 토대에 의해 일방적으로 결정된다는 말도 성립되지 않는다. 오히려 그람시는 이런 식의 이해가 마르크스주의와 적대적이라고 생각했다. 상부구조도 일정한 자율성을 가지며, 토대와 상부구조 사이의 결합 양상의 차이가 그 사회의 특수성을 드러내는 요인이 된다는 것이다.[7] 상/하부구조를 경제와 국가로 단순화시키면, 이후 하버마스의 비판이론이나 루만의 사회체계이론의 전통으로도 이어진다. 이 두 이론에 따르면, 국가(행정)체계와 자본(시장)체계는 서로 다른 논리로 운영되는 것이어서 어느

---

6   이에 대해서는 Habermas, 1967, S. 46 참고, Habermas, 1981, S. 172 참고, 김동규, 2010, 25쪽 참고.
7   이에 대해서는 김헌기, 2019, 55쪽, 57-58쪽을 참고.

하나로 환원될 수 없다.[8]

2) 이탈리아의 특수성과 헤게모니

그람시가 살던 시대 이탈리아는 북부 공업지대와 남부 농업지대(지주-소작 관계)의 성격이 서로 달랐으며, 이탈리아 농민의 이데올로기적 후진성에 더하여 상층 노동계급의 자본가 편향성과 조합주의적 성격으로 현실 변혁이 용이하지 않았다.[9] 이런 이탈리아 사회 계급은 세 층위로 나뉘어 있었다. 1) 지배계급과 밀접한 국회의원과 지식인으로 구성된 얇은 상층부, 2) 당원 대중 또는 당의 영향력 안에 있는 노동자와 농민 그리고 도시 부르주아 하층, 3) 매개층(strato intermedio)이 그것이다. 그람시는 이 매개층에 주목했다. 농민 계급과 연대하기 위해 이 매개층이 중요한 역할을 담당할 것이기 때문이다.[10] 그람시의 헤게모니 개념도 이런 맥락에서 등장했다. 농민의 자발적 동의에 의한 지도 요청이 중요했던 것이다.

여기에 그람시는 종속집단의 동의에 의해 현존 체제를 지속시키는 국가 기능에 주목할 수밖에 없었다. 그리고 이에 대항하는 헤게모니 획득을 위해 시민사회의 역할을 강조하게 되었다. 그람시

---

8   이에 대해서는 Habermas, 1980, S. 229-293을 참고하거나 하버마스, 2006, 244-301을 참고.
9   김헌기, 2019, 59-60쪽을 참고.
10 Antonio Gramsci(Marco Gervasoni, ed.), "Un esame della situazione italiana," *Scrittiscelti*, Rizzoli, 2007, pp. 284-285의 내용을 김헌기, 2019, 61-62쪽에서 재인용.

가 이렇게 주장했던 것은 기존 마르크스주의의 계급적 사유로는 해소할 수 없는, 새로운 정치적인 것이 존재했기 때문이다.[11]

여기서 헤게모니는 특수성을 보편성과 연결시켜 줄 수 있는 매개가 된다. 이는 마르크스의 다음과 같은 언급, 그리고 이 언급을 수용한 그람시의 헤게모니 개념으로 발전되는데, 이 입장은 최종적으로 라클라우의 다음과 같은 인용으로까지 이어진다.[12]

> 시민사회의 일부가 스스로를 해방시키고 일반적 지배를 획득한다는 사실에, 자신의 특수한 상황에서 시작한 일정한 계급이 사회의 일반적 해방의 과업을 맡는다는 사실에 기초한다. …… 한 민족의 혁명이 시민사회의 특수한 계급의 해방과 일치하기 위해서는, 하나의 계층이 전체 사회의 상태로 인식되기 위해서는, 사회의 모든 결함이 거꾸로 다른 계급에 집중되어야 하고, 하나의 특수한 계층이 사회 전체의 악명 높은 범죄로 여겨져 그 영역으로부터의 해방이 일반적 자기 해방으로 나타나야 한다. 하나의 계층이 탁월한 해방의 계층이기 위해서는 역으로 또 다른 계층이 명백한 억압의 계층이어야 한다.[13]

인간 해방의 과정에서 기존 사회는 급격한 해체를 겪게 되지만, 이것을 추동하는 주체는 특수한 자신의 위치에서 일반적 지배를

---

11 김헌기, 2019, 62-63쪽을 참고.
12 라클라우(슬라보예 지젝 외 저), 2009, 75-77쪽 참고.
13 Marx, 1975, pp. 184-185 또는 맑스, 1994, 11-12쪽.

성취하게 된다. 그래서 사회 해방의 의무를 맡은 특수자는 자신의 특수성을 용해시키면서 보편화 효과를 창출한다. 그런 점에서 자신의 특수성이 용해되어 해방으로 가는 과정은 보편성 창출의 '조건'이다.[14]

그람시에게 서발턴은 일정한 자율성을 가지고는 있지만 지배 집단에 종속된 사회집단을 말한다.[15] 그런 점에서 서발턴은 헤게모니를 장악함으로써 해방(새로운 보편성)을 초래하는 새로운 잠재력이 될 수 있다. 마르크스는 1853년 「영국의 인도 지배」라는 기사를 통해 이탈리아와 인도의 유사성을 언급한 바 있다. 특히 통일된 정치 영역이 부재했으며, 조직된 프롤레타리아트의 힘이 미약했던 점은 식민지 인도에서 그람시의 서발턴 개념을 도입하기 용이한 배경이 되었을 것이다.[16] 실제로 그람시 역시 이탈리아와 인도만이 아니라, 라틴 아메리카까지 관심의 폭을 넓혔다. 이 과정에서 그람시는 프롤레타리아와 농민의 동맹에 더욱 집중했다.[17] 우리는 여기서 서발턴 개념 안에 특수성과 보편성을 아우르는 쟁점과 이를 통한 해방 '가능성'이 포함되어 있음에 주목해야 한다.

---

14 라클라우(슬라보예 지젝 외 저), 2009, 75쪽 참고.
15 김헌기, 2019, 52쪽을 참고.
16 김헌기, 2019, 68쪽을 참고.
17 로버트 영, 2005, 620-621쪽을 참고.

3. 구하와 서발턴

인도 서발턴 연구집단의 연구는 그런 점에서 1) 마르크스주의를 기계적으로 해석하지 않고, 지역의 다양한 조건을 반영하여 이를 수정하였다. 이를 통해 이들의 연구는 2) 마르크스의 계급투쟁 개념을 넘어설 수 있었고, 3) 새로운 형태의 해방 투쟁을 이론적으로 통합할 수 있었다. 이 과정에서 서발턴 연구집단은 농민의 '모순적 의식'을 읽어내기 위해 '서발턴' 개념을 사용했고,[18] 인도 민중을 역사적 변화를 만들어온 '주체'로 '복원'하려고 했다.[19] 이런 맥락에서 구하는 서발턴을 "남아시아 사회에서 종속의 일반적 속성을 가리키는 한 이름"이라고 규정한다.[20] 이는 서발턴 연구가 4) 장소성(로컬리티 또는 리저널리티)과 결부될 수 있는 여지를 주었다.

구하의 연구가 식민지 인도의 이중성을 부각할 수 있었던 것도 이런 개념적 여운 때문이었다. 식민지 인도의 이중성이란 이랬다. 1) 전근대적 인도의 전통을 버리고 서구(근대)를 따라잡아 아시아의 종속성을 탈피해야 한다(자기 부정)는 강박, 2) 서구(근대)에 입각하여 자기 문화를 정당화해야 한다(자기 긍정)는 강박(식민 권력과 과학의 제휴)이 그것이다.[21] 이런 이중의 강박 속에서 지배계급이나

---

18 김헌기, 2019, 70-71쪽을 참고.
19 김택현, 2009, 153쪽을 참고.
20 강옥수, 2002, 135쪽을 참고.
21 김헌기, 2019, 71-72쪽을 참고.

엘리트 집단은 그 권력 외부에 서발턴을 생산해냈고, 자신들의 필요에 따라 서발턴을 재단했다.

서구 엘리트와 토착 엘리트 등에 의한 서발턴의 '중층적' 박탈과 배제의 상황으로 인해, 서발턴이 자신의 활동을 문서로 남길 가능성은 조직화된 프롤레타리아보다 적었고, 그들의 활동도 기록될 리 만무했다. 이런 상황에서 그 사회의 지배적 언어나 담론으로는 서발턴을 제대로 재현해낼 수 없었다.[22] 그람시 역시 알레산드로 만초니의 소설을 비평하면서, 서발턴의 이러한 '파편성'이나 '에피소드적' 특징, 그런 점에서 '흔적'으로 남을 수밖에 없는 존재론적 특성에 대해 다음과 같이 언급한 바 있다. "서발턴 계급의 일원들에게는 역사가 없는데, 즉 그들의 역사는 과거의 역사 문헌에 흔적을 남기지 않는다."[23]

이런 맥락에서 구하는 식민 혹은 토착 엘리트를 제외한 '나머지' 인도 민중 전체를 서발턴으로 규정했고, 마르크스의 생산양식 개념을 권력 양식으로 확장시키면서, 계급, 카스트, 연령, 젠더의 층위를 비롯한 모든 층위의 권력 관계에 종속된 상태를 가리키는 이름으로 서발턴이라는 개념을 사용했다.[24] 여기서 서발턴은 특정 사회에서 다수자의 시선으로는 해독 불가능한 '소수자'가 된다. 서발턴 개념은 여전히 '지시대상의 불분명성'이라는 의미를 그대로

22　김헌기, 2019, 71쪽을 참고. Gyan Prakash, 2000, p. 287을 참고.
23　Gramsci, IV, 1975, p. 1696.
24　Guha, 1982, p. 8을 참고.

유지하고 있다. 서발턴은 기록과 기억에서 배제됨과 동시에 재현도 불가능한 존재를 지시한다. 서발턴의 극단적 종속성을 생각한다면, 어쩌면 이는 자연스러운 수순일 것이다.

4. 스피박과 서발턴 그리고 포스트모더니즘

이후 스피박에 이르러 서발턴 개념이 갖는 종속성의 의미는 더욱 급진화된다. 스피박은 데리다의 영향 아래에서 서발턴의 해독 불가능성, 재현 불가능성을 주장한다. 스피박은 인도의 순사(殉死) 제도로서 '사티'의 사례와, 자기 이모할머니였던 부바네스와리의 자살 사건을 다루었다. 사티를 금지해야 한다는 기존 주장은 주로 다음과 같은 두 가지 입장이었다. 1) 황인종 남성으로부터 황인종 여성을 구원하는 백인 가부장주의, 2) 인도만의 고유한 전통을 따르는 자발적 인도 여성의 영웅적 행위를 칭송하는 인도 가부장주의가 그것이다. 그러나 사티 금지 사례에서 여성의 목소리는 결코 등장하지 않는다. 따라서 "1986년 사티로 자살한 여자는 어머니의 미소를 지었다"라는 문장은 1)의 관점과 2)의 관점을 통해서 제대로 해독될 수 없었다. 여기서 스피박은 제1세계가 제3세계를 인식하는 데서 생기는 이해방식의 어긋남을 드러내고, 그리고 인도 가부장적 민족주의와 식민지 제국주의적 가부장주의 사이의 불일

치와 공모도 드러낸다.[25]

생리 중 자살한 스피박의 이모할머니 부바네스와리의 사례를 보자. 부바네스와리의 자살에 대한 해석에는 두 가지 주장이 있었다. 1) 자살의 원인을 혼외임신으로 보지 않도록 하기 위해 생리 때 자살했다는 것, 2) 독립운동을 위한 테러에 가담하도록 약속되어 있었는데, 이 약속을 피하기 위한 전략으로 자살을 선택했다는 것이다. 부바네스와리를 서발턴이라고 말하기에는 정작 계급적으로 중산층이었음에도, 그녀의 행위는 1)과 2)로도 모두 해석되지 않는 행위, 곧 독해를 요구하는 행위였다. 스피박의 서발턴은 마르크스주의의 계급 논리와는 달리 나름의 독특한 궤적을 설정했다.

스피박이 서발턴 개념으로 말하고자 하는 바는 다음과 같다.

1) 서발턴은 소수 집단의 구성원을 지칭하기보다, 탈식민화된 공간의 순전한 이질성을 위해 '남겨진' 존재다(서발턴은 하나의 정체성으로 고정되지 않는다).

2) 서발턴 집단의 구성원과 시민권 혹은 제도성의 회로들 사이에 의사소통의 가능성이 발생할 때, 그 서발턴은 헤게모니로 가는 장구한 도정에 투입된다(서발턴이 새로운 보편성을 산출할 잠재성을 가지고 있기에, 그들이 말할 수 있도록 적극적, 지속적으로 노력해야 한다. 이로써 서발턴은 모종의 실천을 상정한다).

---

25 최성희, 2014, 247-249쪽, 인용은 스피박, 2013, 394쪽을 참고.

3) 흔적-구조로서 서발턴은 심층에서 우러나오는 정치적 활동
가의 비극적 또는 비관적 감정 등을 통해 표면화된다(그럼에
도 불구하고 서발턴은 지워지며, 또한 읽히기를 기다린다).[26]

이를 1) 서발턴의 존재론적 부재성, 2) 서발턴의 이론적-실천적
'잠재성', 3) 서발턴의 의미론적 잠재성으로 정리할 수 있을 것인
데, 나는 앞으로 서발터니티라는 개념을 체계화하기 위해 이 속성
들을 활용할 것이다.[27]

III. 서발턴, 이항대립을 넘어서

서발턴 개념 이전에 종속성을 지시하는 개념은 타자, 즉 노예였
다. 헤겔의 주/노 변증법에서 노예로서 타자가 대표적이다. 이러한
타자는 주체에 의해 생산된 존재, 그런 점에서 이미 주체 개념으로
인해 그 의미가 확정된 존재였다. 이는 역으로 주체 역시 타자에게
자신의 존립 근거를 맡겨둔 셈이라고 말할 수 있다. 이런 구조에서
억압된 타자는 새로운 보편성이라는 '잠재적' 계기를 담지한 안티

---

26 스피박, 2013, 138쪽을 참고. 그리고 최성희, 2014, 250쪽을 참고.
27 서발터니티의 존재론에 대해서는 다른 논문에서 논의된 바 있고, 서발터니티의 의미
   론, 실천론(윤리학), 나아가 미학 이론에 대해서는 앞으로 더 체계적으로 논의할 예정
   이다.

테제가 될 수 있다.

이런 이항대립 구조에서 객체이자 타자인 노예는 새로운 보편성으로 가는 계기가 될 수 있었다. 헤겔의 주/노 변증법에서 노예의 존재론적 변화(새로운 주체로 등극하기)는 자기 안에 구원되지 못한 의미의 잔여를 일체 남기지 않으며, 새롭고 보편적인 구조를 창출하는 역사의 주역이 된다. 여기서 남겨진 의미 없이 모두 '복원'된다는 것은 노예의 해방이 곧 새로운 '전체주의' 등장에 빌미를 제공할 수 있음을 의미하는 것이다. 헤겔이나 마르크스식 변증법이 이항대립을 통한 전체주의적 종합이라는 혐의를 받게 되는 것도 이 때문이다. 최근 서양 철학의 흐름은 이항대립의 이런 문제점을 의식하면서 '변증법'이 아니라, '역학적' 사유를 통해 차이와 다양성을 사유하기 시작했다. 그리고 역학 개념에 입각하여 공통적인 것이 생산되거나 보편성이 생산될 수 있다는 언급으로, 동시에 이 과정 속에서 특수성과 특이성도 생산·보존된다는 언급으로 이어졌다.[28]

이처럼 어떤 상황을 변증법이 아니라 역학으로 본다는 것은 중요한 차이를 드러낸다. 테제와 안티-테제라는 이항대립을 기준으로, 한쪽이 한쪽을 극복하여 새로운 통합(전체주의)을 생산하는 논리가 변증법이라면, '역학'은 다양하고 복잡한 힘의 관계를 전제하면서, 이를 통해 기존 세계에 새로운 차이와 균열(종합으로서 보편성

---

28   이에 대해서는 주디스 버틀러 외 저, 2009, 30-40쪽을 참고.

이 아니다)을 '야기'하는 것을 정당화하고, 여기서 새로운 보편성을 '예비'할 수 있다. 물론 이런 보편성에 포섭되지 않는 다양한 '잔여'에 대해서도 논의할 여지를 남길 수 있다.[29] 바로 이 잔여가 서발턴이었다.

이처럼 이항대립을 넘어서 사유하게 됨으로써 생겨난 또 다른 이점은 유럽(서구) 중심주의를 비판할 수 있는 가교가 놓였다는 점이다. 주체와 타자 사이에 서발턴이라는 제3항의 잉여가 자리하게 됨으로써, 유럽 내부의 종속된 타자만이 아니라 비유럽의 종속된 타자들도 사유할 수 있게 되었다. 그래서 유럽 내부의 주/객 이항대립만이 아니라, 유럽/비유럽이라는 이항대립도 넘어설 수 있었다. 심지어 이 비유럽도 단일하지 않고, 다양한 권역(region)이 존재한다는 것을 생각하면, 다양한 비유럽의 목소리가 등장할 수 있는 계기가 '서발턴' 개념으로 발생했다고 해도 과언이 아니다. 이로 인해 포스트식민주의적 사유도 탄생했다.

대표적으로 알-아즈메흐 같은 학자는 차이를 차이로 보지 않고 안티 테제로 보는 동일성의 문화주의적 수사학을 문제시한다. 알-아즈메흐는 식민성에 대항하는 민족주의의 문제점을 지적하면서 이렇게 주장한다. "일부 제3세계 지식인들이 다른 수단을 강구해 민족주의를 연장하는 것이야말로 구세주가 될 거라는 주장 역시 동일한 보복심에 입각해 있다고 할 수 있을 것이다."[30] 이러한 비

---

29   이에 관하여 한국 프랑스철학회, 2018, 361쪽 참고.
30   미뇰로, 2013, 140-141쪽 참고, 인용은 141쪽.

판에 기반을 두고 유럽중심주의를 통한 것도 아닌, 식민지의 가부장주의를 통한 것도 아닌, 새로운 형태의 보편성 생산에 대한 요구도 생겼다.

서발턴 개념 덕분에 변증법의 이항대립에서 볼 수 있는 타자나, 객체와 달리, 또 다른 의미의 취약한(vulnerable) 나머지를 다룰 수 있게 되었다. 아울러 이항대립과 달리, 역학 개념을 통해 서발턴의 중층적 취약성도 다룰 수 있게 되었다. 서발턴의 재현 불가능성은 곧 서발턴의 중층적 상처와 연결되고, 복잡하고 모순된 권력의 착종이 그 안에 도사리고 있다는 사실로 이어진다. 이를 거슬러 올라가면 서발턴을 생산했던 사회의 복잡하고 모순된 권력 관계도 추적할 수 있다.

그람시에게 '농민'이 최초로 서발턴으로 호명된 것도 이와 관련이 있다. 예컨대 부르주아 대 프롤레타리아라는 계급 사이의 갈등에 끼어 자신의 존재감을 상실하거나, 그 존재감조차 인정받지 못했던 존재가 그람시와 구하에게 각기 다른 의미로 서발턴이었다. 이러한 '농민'의 문제를 다루려면, 프롤레타리아 계급과는 다른 개념을 사용할 수밖에 없었다. 기존의 논리에 따르면 농민은 전근대적 생산양식에 머물러 있거나, 부르주아의 자리에 기생하는 존재로 간주되기 십상이지만, 그들의 취약성과 종속성을 고려하면 농민을 그런 식으로만 이해할 수는 없었다.

그람시에게 서발턴은 일차적으로 보편성을 담지하기보다는 그들이 존재하는 '지역'(이탈리아의 상황)의 '특수성'을 담고 있는 존재

(잠재적 주체)였다. 구하가 바라본 농민 역시 계급성을 넘어 인도 고유의 식민성 그리고 카스트제도라는 신분의 문제를 겹겹이 겪고 있던 특수하고 취약한 존재였다. 스피박에 이르러 서발턴 개념은 '계급적 함의'를 벗어나 '젠더적 함의'로, 다양한 배제 폭력을 겪으면서도 도무지 그 존재의 의미 자체를 파악할 수 없는 존재로 전이된다.

그럼에도 불구하고 서발턴 개념은 서발턴을 생산하는 권력의 폭력성과 허위의식을 드러내는 데 뛰어나다. 동시에 자신을 배제한 폭력이 스스로 보편성을 자처할 수 없도록 한다. 서발턴은 보편성을 자처하는 기존 힘에 균열을 내면서 그 보편성의 위선과 허위의식을 드러내는 날선 파편이 되었다. 이런 개념이 농민과 연결되어 유럽 너머로 확장 적용되면서, 식민/제국주의를 비판하는 핵심 개념으로 자리 잡는다.

IV. 서발턴 개념의 영향사

서발턴 개념을 연구함으로써, 세계화 과정에서 헤게모니를 가진 쪽에 반대하기 위한 차이들의 절합(articulation)을 고려할 수 있다. 포스트모더니즘이 대표적 사례다. 포스트모더니즘의 차이 정치는 기존 세계의 보편성을 근본적으로 위협하는 인식론적 단절을 추구할 수 있다. 그런 점에서 포스트모더니즘의 차이 정치는 저항적 실천과도 관련이 있다.[31] 이런 차이의 정치에서 등장한 새로운 문화개념이 다문화주의다. 하지만 포스트모더니즘과 다문화주의는 '차이'와 '다양성'의 생성 그리고 그것의 이론적-실천적 의미에 대해 강조하는 데는 성공했으나, 유럽 외부의 차이를 고려하지 못하거나, 문화적 차이들 사이의 분쟁 문제를 해결하지 못했다. 특히 유럽중심주의(eurocentrism) 또는 서구중심주의(occidentalism)를 전제한 차이의 정치는 제국/식민성에 맹목이었다.[32]

콰메 앤터니 애피아가 다문화주의의 장점으로 차이를 부각시킨 점을 들었지만, 이 차이를 해소하지 못한 점을 지적하면서, 보편성과 연결된 새로운 개념을 제안한다. 그것이 지역에 연고를 둔 세계시민주의(rooted cosmopolitanism)였다.[33] 여기서 장소성이 중요한 이슈로 등장한다는 것에도 주목해야 한다. 이후 서발턴의 취약성이 장소의 지정학과 결부될 것이기 때문이다.

이와 유사하게 포스트모더니즘이나 다문화주의가 표방하는 차이 정치 이면에 유럽중심주의 또는 서구중심주의가 도사리고 있음을 지적하면서, 그것이 제국/식민 권력의 잔재임을 고발한 입장도 있다. 그것이 포스트식민주의다. 포스트식민주의는 기존 서구 보편성과 그 보편성의 담지자인 주체의 견고함을 파열시켰고, 새로

---

31 베벌리, 2013, 68쪽 참고.
32 미뇰로는 데리다, 푸코, 하버마스 등 서구의 비판적 지성들이 정작 자신들의 서구중심적 시각에 대해서는 맹목이라는 점을 비판한다. 이에 대해서는 미뇰로, 2013, 55쪽, 127-128쪽, 139쪽, 147-149쪽, 199쪽, 206쪽, 245-246쪽을 참고.
33 콰메 앤터니 애피아, 2008, 19쪽, 24쪽, 207쪽 참고.

운 지역적-지구적 담론 생산과 그에 맞는 권력 생산을 촉구했다.[34]

하지만 포스트식민주의 연구에서 서발턴은 포스트식민주의 연구의 부분집합이지만 그와 언제나 일치했던 것은 아니었다. 서발턴 연구가 포스트식민주의 세계에만 국한되지 않기 때문이다.[35] 서발턴은 제1세계에 존재하는 배제된 성 소수자가 될 수도 있고, 제3세계에 존재하는 배제된 빈민 소수민족 남성일 수도 있다. 이는 본 연구가 서발터니티라는 포괄적인 개념을 활용하게 될 이유와 맞닿아 있다. 서발턴이 아니더라도, 서발턴이 배제된 사회에 사는 다수자인 나는, 혹시 존재할 수도 있는 자기 내면의 서발터니티의 흔적을 말소시키며 살아가야 한다. 그런 점에서 서발턴과 달리 서발터니티는 다수자 또는 주체 안에도 내재하는 종속성 그러나 말 못 하는 종속성을 지시할 수 있다.

예컨대 가부장제 사회 속에서 가부장으로 살아야 하는 사람이 행여 자기 안의 남자답지 못한 모습이 드러날까 두려워 스스로 남자다움을 반복적으로 훈련하고 강제하는 경우, 그는 그 사회의 주류적 지위를 차지할 수 있을지 모르지만, 자기 안에 있는 또 다른 자기 모습, 특히 서발턴으로 배제될 수 있는 자신의 모습을 철저히 지워나가야 하는 모습을 쉽게 상상할 수 있다. 동시에 주변의 서발

---

34 대표적으로 미뇰로의 전략이 그렇다. 특히 『로컬 히스토리와 글로벌 디자인』에 등장하는 '다양보편성'이라는 개념이 그에 해당한다. 이 개념은 미뇰로, 2013, 58쪽, 367쪽, 402쪽, 450쪽 등을 참고.

35 베벌리, 2013, 69쪽 참고.

턴에게 극도로 공격적이다. 이러한 주체는 주류에 포섭되기 위한 강박신경증을 내재한 병리적 주체다. 서발터니티라는 개념을 통해서야 비로소, 주체의 병리도 밝힐 수 있고, 서발턴의 구제를 주체의 구제와 연결할 수 있으며, 최종적으로 새로운 보편성으로 나아가는 계기도 마련할 수 있다.

서발터니티 개념을 설명하기 위해, 서발턴 개념과 유사한 개념들을 간단히 살펴보자. 서발턴 개념의 등장 이후, 기존 주체나 객체 개념으로 충분히 다룰 수 없는 다양한 억압과 배제의 대상을 다룰 수 있었다. 포스트모던이 차이를 강조하면서, 그리고 포스트 식민주의가 유럽 외부의 식민성 문제를 거론하면서, 억압과 배제의 대상이 되는 존재를 일컫는 다양한 개념이 생겨났던 것이다. 예컨대 소수자(들뢰즈 외, 2001), 비체(크리스테바, 2001), 호모 사케르(아감벤, 2008), 몫이 없는 자(랑시에르, 2013), 크레올성(미뇰로, 2013) 등이 대표적이다.

'소수자(the minor)'는 주체에게 억압받는, 그러면서 그 사회의 전형적 피해자인 객체도 아닌 존재를 지시하는 데 활용되었다. 소수자는 다수자와 대립 개념으로 활용되면서 이항대립의 구도를 취하는 듯하지만, 다양성의 자리를 차지함으로써 단순한 이항대립을 벗어난다. 예컨대 양성평등이라는 개념이 성 소수자를 평등에서 배제하는 결과를 낳는다는 지적으로 인해, 양성평등 개념을 새롭게 재구성해야 한다는 요구를 할 수 있다. 이때 양성평등을 성평등으로 바꾸고, 성 다수자를 남성으로, 성 소수자를 비남성으로 간주하면, 성 소수자에 해당하는 '비남성'은 결코 단일하지 않다. 여기에는 여성을 포함하여 다양한 성 소수성이 포함된다. 성 소수성을 이렇게 표기함으로써, 성 소수자를 생산하는 하나의 거대한 힘도 명시할 수 있다. 따라서 소수자 개념은 단순한 주/객 이분법이라는 이항대립을 벗어난다.

크리스테바의 '비체(the abject)'도 이와 유사하게 단순한 이항대립 구조를 벗어난다. 비체는 선명한 대립구조 내에서 나름 확실한 입지나 의미를 차지하는 주체(subject)와 객체(object)와는 다른 존재다. 서로를 규정하는 의미와 권력 구조에서 어긋나 있는 비체는 주체로 포착될 수도, 객체로 포착될 수도 없는 의미의 혼종성(잡종성)을 내포하고 있다. 이 혼란스러운 의미는 주체와 객체에게 알 수 없는 공포로 등장할 수도 있다. 그런 점에서 비체라는 개념 역시 서발턴의 '재현 불가능성' 테제와 연결된다.[36]

어떤 존재를 포함/배제라는 선명한 권력 구도에서 파악한다는 것은 이를 주/객 구도로 파악한다는 것을 의미한다. 하지만 이 경계(/)에 애매하게 위치하는 존재가 있다. 그런 점에서 아감벤의 '호모 사케르(homo sacer)'는 포함된(되지 않은) 존재이면서 배제된(되지 않은), 구별 불가능한 지점에 거하는 존재다. 특히 이 개념이 주권 및 법 개념과 연결됨으로써, 호모 사케르는 법 적용을 중지한 '예외상태'의 영역에 거하는 존재다. 개인의 권리를 보호하는 법이

---

36 크리스테바, 2001 참고.

중단된 영역, 곧 예외상태의 영역에 거주한다는 것은, 그가 죽여도 되는 '생사여탈'의 상황에 존재한다는 것을 의미한다. 난민이 가장 대표적인 사례다. 우리는 여기서 호모 사케르의 극단적인 취약성을 생각할 수 있다. 배제의 폭력이 극심하여 생/사의 경계에 존재한다는 것은 자신의 목소리를 전달할 수 있는 수단이 없어서 소리 없이 사라지는 서발턴의 취약성과 연결될 수 있다. 서발턴을 취약성으로 사고한다면 우리는 호모 사케르라는 아감벤의 개념을 소환하게 될 것이다.

랑시에르의 '몫이 없는 자(sans-parts)' 역시 한 사회에서 자신의 자리 또는 권리를 갖지 못한 자를 의미한다. 소위 그 사회에서 배제된 소수자들인 잉여 계층을 일컫는 말이지만, 이 개념은 소수자와는 좀 다르다. 양창렬은 랑시에르의 몫이 없는 자가 그 사회에서 셈해지지 않은 존재들을 말하는 것이지만, 이들이 곧 소수자로만 간주될 수 없는 것은 몫이 없는 자가 공통적인 것 또는 보편성에 참여할 수 없음을 의미하는 소수자와 달리, 그래서 수혜의 대상이 되는 소수자와 달리, 새로운 보편성을 제기하고, 이를 위한 공통성에 참여할 수 있는 역량을 가진 존재라고 한다. 몫이 없는 자를 정치적 주체화를 성취할 수 있는 존재로 보는 것이다.[37] 이런 점에서 몫이 없는 자는 앞선 타자 개념과 서발턴 개념을 아우르는 개념으로 볼 수 있다. 그럼에도 한 사회에서 통약불가능하고, 배제된 특

37　랑시에르의 언급에 대해서는 랑시에르(양창렬 역), 2013, 49쪽 각주 참고.

정 계급으로 전형화되지도 않으며, 비가시적이어서 주체화될 수 있는 선 너머에 존재한다는 점에서 서발턴의 특징을 다분히 갖고 있다.[38]

라틴 아메리카의 경우 서발턴과 관련되어 종종 만날 수 있는 '크레올성'이라는 개념이 있다. 라틴 아메리카에서 크레올의 의미는 매우 다양하게 사용된다. 그럼에도 불구하고 크레올이라는 말은 서발턴을 언어 사용의 측면으로 볼 때 드러나는 말이다. 사람, 영토, 국적, 기억, 종교의 뒤섞임이 모두 크레올성의 기본요소인 언어로 고찰될 수 있다. 미뇰로는 국가 언어의 단일 원리적 순수성을 뛰어넘어야만 비로소 크레올성을 사고할 수 있다고 했다. 크레올성을 사고한다는 것은 다양한 언어의 경계를 통해 서발턴의 경계성을 인지하며 사고하는 것이다. 월터 미뇰로는 여기서 비로소 보편성과 다양성을 동시에 사고할 수 있다고 했다.[39]

V. 서발터니티: 개념들의 역학

앞서 언급된 서발턴과 그 유사 개념들의 내용을 모두 종합하면,

---

38 이에 대해서는 프롤레타리아 계급의 전형을 넘어선 프롤레타리아를 서술하고 있는 랑시에르, 『프롤레타리아의 밤』(2021)을 참고, 몫이 없는 자들의 또 다른 특징에 대해서는 랑시에르, 2015, 36쪽, 43쪽, 114쪽, 182쪽을 참고.
39 미뇰로, 2013, 401-402쪽 참고.

그 속에는 다음과 같은 의미가 포함되어 있다. 사회적 '배제'의 산물, 그래서 그 사회의 '소수자', 의미론적으로는 '혼종성', 계급적으로는 '종속'되어 있고, 신체적으로는 '취약'하다는 것이다. 이 모든 개념들을 종합하면, 서발터니티라는 추상명사를 만들 수 있을 것이다. 서발터니티는 그 속에서 다양한 유사 개념이 역학관계를 맺는다. 서발터니티는 한 사회의 소수를 차지하며, 의미를 제대로 읽어낼 수 없도록 복잡(혼종)하지만, 정작 자신의 목소리를 낼 수 없어서 극도의 폭력에 직면한 취약한 존재 모두를 지칭하는 개념이다.

그런 점에서 서발터니티라는 개념을 통해 얻을 수 있는 이점은 다음과 같다. 1) 포스트모더니즘과 포스트식민주의가 거론했던 배제된 존재 모두를 포괄적으로 다룰 수 있다는 사실이다. 이들 존재를 포괄적으로 다룬다는 것이 반드시 그 존재들을 '획일적으로' 다룬다는 것을 의미하는 것은 아니다. 서발터니티라는 개념 자체가 역학이라면, 그 극도의 취약한 양상을 바라볼 수 있는 통로와 관점 역시 다양하다는 것을 의미한다. 이는 2) 개념들 간의 역학관계를 통해 배제된 자를 보는 관점의 차이와 다양성도 충분히 감안할 수 있다는 것을 의미한다. 여기서 서발터니티한 존재의 취약성이 '중층적'이라는 것 역시 보존된다. 3) 서발터니티라는 개념을 사용하면 기존 민족/엘리트 중심의 역사 서사의 문제점을 비판하는 새로운 관점을 얻을 수 있다. 4) 서발터니티가 해당 지역과 장소에서 작동하는 권력의 모순을 배태한 존재인 만큼, 동아시아 서발터니

티 연구는 새로운 동아시아 공동체 창출이라는 출발점을 마련할
수 있다.

1. 마르크스주의 및 서구중심주의 극복

서발턴이라는 개념은 마르크스주의 사상의 한계(경제결정론)와
프롤레타리아 계급에 대한 견해가 갖는 한계를 넘어서기 위해 등
장한 개념이었다. 이는 '배제된 존재'들을 하나의 '단일한 관점'으
로 보려는 기존 계급 개념을 넘어서려는 시도였다. 서발턴과 그 유
사 개념을 종합한 서발터니티는 마르크스주의만이 아니라 서구중
심주의를 넘어서려는 의도를 갖고 있다. 이는 유럽 대 비유럽, 문
명 대 야만이라는 단순 이항대립을 넘어서 오른편 항의 다양성을
살리면서 왼편 항의 단일성(획일성)을 고발하려는 의도도 갖고 있
다. 아울러 특정 사회에서 주/객 관계를 넘어서 있는 존재의 의미
를 되찾으려는 시도다.

2. 외부 또는 잉여

서발터니티 연구는 '서구-근대성-국가-자본'의 바깥 또는 잉여
에 주목한다. 존 베벌리는 서발턴이 국가의 '바깥'에 위치하고, 그
들이 국가에 '반대'하는 과정에서 구성된 것으로 본다. 다시 말해
서발턴은 포스트식민주의 민족-국가의 근대화와 세속화 기획에

의해 제외되거나 부분적으로만 통합된 이들로서, "의사결정 과정
으로부터 배제"되었고, 자본의 논리에서도 배제되어 "자본의 논리
를 역전하려는 시도"를 통하여 새로운 사회를 형성하도록 촉구하
는 촉매였다. 서발턴의 행위는 주로 반국가주의적이면서, 반근대
적인 것으로 간주된다.[40] 서발턴의 이런 지위는 비단 서발턴 개념
만의 성격은 아니었다. 앞서 살펴보았던 서발턴 유사 개념들 역시
서발턴과 유사한 맥락에서 배제를 통한 '잉여' 또는 '나머지'라는
의미를 갖고 있었다. 따라서 서발터니티 연구는 국가와 주류 정치
학의 패러다임 바깥에서 기능하는 '사회운동'을 특권화하는 데 충
분히 활용될 수 있으며, 그렇기 때문에 특정 사회의 모순을 더 잘
드러내고 폭로할 수 있다.[41]

3. 무의미, 부재, 취약성

서발터니티의 외곽성은 물리적인 의미이기도 하지만, 의미론적
인 것이기도 하다. 서발터니티는 의미론적으로 그 사회의 의미와
상징 그리고 질서와 규칙으로는 도무지 해석될 수 없다. 다시 말해
서발터니티를 가진 존재는 그가 의미 없는 존재, 무의미한 존재라
는 뜻이다. 이런 존재는 특정 사회에서 자기 존재를 정당화해줄 의
미나 자원을 발견할 수 없다. 이는 사회-정치학적 의미로 그가 한

---

40   베벌리, 2013, 8쪽 참고.
41   베벌리, 2013, 8쪽 참고.

사회 속에서 자신의 자리를 갖지 못한다는 것을 의미한다. 이는 곧 권력과 권리(결정권)의 부재로 귀결된다. 그래서 서발터니티는 그 사회의 권력-지식의 '외곽'에 있는 존재를 지시하고, 동시에 그 사회 내부에서는 그가 '부재 처리'되었다는 존재론적 속성으로 귀결된다.[42]

서발터니티는 의미론-권력론-존재론과 체계적으로 연결되어 있다. 서발터니티는 그 사회에서 무의미한 존재로 간주되면서(무의미성), 사회적 배제와 추방을 당하는 존재, 그래서 권리가 박탈되어 있는 존재임이 드러난다. 이는 그들의 '종속성'과 '피억압성'으로 연결된다. 심지어 이런 존재를 생산한 특정 사회는 자신의 폭력성을 은폐해야 하므로, 사회의 폭력성을 증언할 수 있는 이들을 '부재' 처리해야만 한다. 이런 존재는 특정 사회에서 부재하는 존재로 간주된다.[43]

이러한 결합 양상은 서발터니티한 존재를 극도로 취약하게 만든다. 취약성이라는 개념이 몸을 전제로 한 개념이기 때문에, 서발터니티한 존재의 복권은 사회적 권리와 의미의 회복만이 아니라, 그의 구체적이고 실질적인 상처의 회복을 의미할 수 있다. 동시에 모든 존재가 몸을 가졌다는 이 '보편적인 조건' 때문에, 취약한 존재의 회복은 그만의 독특한(singular) 상처를 넘어, 그런 집단이 갖는 특수한(particular) 상처, 그리고 모든 인간이 가질 수 있는 보편

---

42 베벌리, 2013, 44쪽 참고.
43 베벌리, 2013, 44쪽 참고.

적(universal) 상처 모두를 고려하게 만든다. 서발터니티의 취약성 덕분에, 우리는 독특성에서 출발하여 보편성을 아우르는 폭넓은 사유-실천을 할 수 있다. 인권 개념 역시 이처럼 포괄적 스펙트럼을 갖고 있는데, 덕분에 서발터니티로 인권과 같은 독특하고도 포괄적인 이슈를 다룰 수 있다.

4. 불연속성, 파편성, 오염과 공포

특정 사회에 자기 자리가 없다는 것은 그 존재의 의미가 아직 없거나(미(未)의미), 아예 없는 존재 취급을 당하기 때문에 그 자신을 정당화할 의미나 언어가 없다(무의미)는 뜻이다. 이처럼 종잡을 수 없어서 의미를 읽어낼 수 없는 존재, 없는 존재로 취급되어 한없이 취약한 존재는, 흔히 그 사회의 주류 담론으로부터 배제되었기에, 분열되고 불연속적 존재로 간주된다. 이는 그가 자신이 속한 사회 속에서 인정된 주류 서사(예컨대 역사)로 다룰 수 없는 에피소드(이야기의 파편이나 비서사)라는 사실을 의미한다. 이처럼 파편화된 존재들은 지배 집단의 주도권에 의해 자기 존재의 통일성과 연속성을 형성할 수 없도록 지속적으로 방해받는다. 심지어 이들이 반란을 일으키고 봉기할 때조차 그렇다. 그래서 이런 존재들에 대해 다음과 같은 표현이 가능하다. "실제로 이기고 있는 것으로 보일 때

조차, 서발턴 집단들은 단지 근심 어린 방어 상태에 놓여 있다.[44]

프라카쉬(Gyan Prakash)는 서발턴을 지배 도식으로는 취급이 곤란한 존재, 지배가 포함시킬 수 없는 존재들의 '흔적'이라고 말한다.[45] 이는 구하의 서발턴 개념에 대한 스피박의 비판을 수용한 규정으로, 서발턴 개념을 재규정한 것이다.[46] 서발터니티에 이러한 특성이 포함되는 것은 당연하다. 프라카쉬 같은 사람은 이런 이유로 서발턴을 지배 담론의 바깥으로 보거나, 그 바깥에서 자율적인 존재로 보기보다는, 지배 담론의 규정이 '모순'되는 곳으로 보아야 한다고 주장하는데, 이를 반대로 해석하면 서발턴을 지배 담론의 모순을 드러내는 존재로 독해할 수도 있다. 서발턴이 지배 담론에 균열을 낼 수 있는 파괴력을 발휘할 수 있는 것도 이 때문이다. 그러나 이런 체제 전복 '가능성'이 당장의 전복이나 혁명으로 이어지지 않는 것은 서발터니티에 포함된 의미가 아직은 제대로 정당화되지 않았고, 그것을 정당화할 수 있는 지식-권력조차 존재하지 않기 때문이다.

앞서 보았듯, 서발터니티의 의미론은 이처럼 '무의미'나 '미의미'뿐만 아니라, '혼종성'도 포함하고 있다. 서발터니티가 기존 사회의 의미체계로는 해석될 수 없기 때문이거나, 서발터니티에 담

44　김헌기, 2019, 63쪽 참고. 인용은 Gramsci, III, 1975, p. 2283-2284. 이를 김헌기, 2019, 63쪽에서 재인용.
45　Prakash, 2000, p. 288 참고.
46　김택현, 2009, 161쪽 참고.

겨 있는 의미가 지배적 담론에 의해 이미 왜곡되고 오염되어 있기 때문이다. 이때 서발터니티는 앞서 언급된 '비체'와 유사성을 보인다. 그래서 서발터니티한 존재는 기존 사회체계에서 오염원으로 간주되어 배제(격리, 추방)의 폭력을 겪기 십상이다. 이러한 폭력이 작동되는 것은 서발턴과 같이 불온한 존재가 그 사회를 위협할 '것 같은' '공포' 때문이다. 따라서 **서발터니티한 존재는 더럽고 무서운 존재로 간주되어 그 사회에서 추방되는 취약한 존재다.**[47]

서발터니티의 경제적 박탈과 권리와 권력의 박탈이라는 문제는 의미론적 문제와 밀접한 관련이 있다. 서발터니티에게는 기존 문화마저 자기편이 아니므로, 자신을 정당화할 수 있는 그 어떤 자원도 구할 수 없다. 이런 상황에서 서발터니티한 존재가 나름의 주장을 펼친다거나, 그 주장을 관철시켜 새로운 동의를 얻어낼 수 있는 상황을 연출한다는 것은 불가능하다.[48] 자본-권력-문화의 박탈과 배제를 겪기 때문에, 서발터니티한 존재는 특정 사회에서 항상 야만적이고 병리적인 존재로 간주된다. 그는 그 사회에 이탈된 이단아이자, 범죄자 같은 불온하고 공포스러운 존재가 된다.[49] 기존 의미로는 해석될 수 없으므로 배제되었고, 배제되어 있으므로 기존 의미체계를 활용할 수 없는 서발터니티는 배제 폭력의 악순환에

---

47 "~할 것 같은" 공포의 허구적 특성 그리고 사회 내부의 주류가 겪는 불안과 공포의 결탁으로 인한 폭력의 생산에 대해서는 사카이 다카시, 2007, 113쪽-123쪽과 145-148쪽을 참고.
48 김현기, 2019, 64쪽 참고.
49 김현기, 2019, 65쪽 참고. Gramsci, III, 1975, p. 2279 참고.

빠진다.

5. 불가능성의 가능성: 서발터니티와 번역

앞서 언급된 야만성, 혼종성, 파편성, 무의미성 등이 서발터니티한 존재의 정체를 파악하기 어렵게 만든다. 이러한 독해 불가능성은 재현 불가능성과 결부되고, 나아가 서발터니티한 존재가 부정성과 저항성을 갖고 있지만, 그 부정성과 저항성을 직접적 실천으로 연결할 수 없다는 불가능성으로 귀결된다. 스피박이 서발턴을 재현 불가능하다고 말할 때, 이는 부수적으로 두 가지 문제를 더 지적하는 것이다. 재현 불가능한 존재를 재현해 낼 때, 1) 성급한 재현을 통해 성급한 실천을 유도할 수 있다는 문제가 생긴다. 이런 성급한 실천은 도리어 서발턴에게 폭력이 될 수 있다. 이어서 2) 재현하는 주체는 과연 서발턴을 완벽하게 재현할 수 있는가와 같은 '투명성'에 대한 의문이 생긴다. 스피박에 따르면 서발턴을 투명하게 재현할 수 있는 주체는 이상화된 주체임과 동시에,[50] 서발턴을 완벽히 대상화할 수 있다는 점에서 지배자이기도 하다.[51] 여기서 서발턴은 주체의 구제에 의존하는 새로운 종속성에 빠짐으로써, '주체의 전리품'으로 전락한다.

서발턴이 재현 불가능하다는 것은 기존 사회의 구조나 의미로

---

50   스피박, 2013, 408쪽, 410쪽 참고.
51   김택현, 2009, 159쪽 참고.

구제할 수 없는 존재가 있다는 것이고, 이는 역으로 서발턴이 기존 주체가 구성한 세계 구조와 권력을 비판할 수 있다는 가능성을 암시한다. 동시에 서발턴은 자신을 서발턴으로 재현할 수 있다고 자부하는 존재(주체)의 힘과 지위도 부정할 수 있다. 이는 서발턴의 근본적인 부정성이다. 그렇다고 서발턴을 재현할 수 없다는 사실이 곧 서발턴을 독해하지 말라거나, 근본적으로 독해할 수 없는 부정성을 의미하는 것도 아니다. 오히려 이는 서발턴이 더 적극적이고 지속적인 독해의 대상이 된다는 것을 의미한다. 심지어 단 하나의 의미로만 읽어낼 수도 없다는 의미도 포함한다. 이처럼 극도로 취약한 존재는 단번에 회복되는 것이 아니라, 지속적인 경청을 요구한다. 우리는 여기서 새로운 의미를 만들어내는 번역의 중요성에 주목하게 된다.[52]

번역은 서로 '대등한' 두 명 이상의 존재 사이의 (상호 번역) 관계일 수도 있지만, 독해를 불가능하게 하는 취약한 타자와 맺는 비대칭적 관계 방식(환대)이기도 하다. 후자의 번역은 언제나 번역 실패 또는 불가능성이라는 숙명 앞에서 작동한다. 달리 말해 **번역은 번역 불가능성에 침잠되어 있는 희미한 가능성**이다. 이런 점에서 번역은 새로운 사건을 기존 사회질서 전복을 감수하면서까지 받아들이는 행위다. 비록 서발턴을 완역할 수는 없겠지만, 바로 이 번역 가능성을 통해 생산된 새로운 의미를 통해 새로운 해방의 가능성

---

52 미뇰로, 2013, 340쪽 참고, 베벌리, 2013, 218쪽 참고. 사카이, 2012, 16쪽, 18-19쪽, 45쪽 참고. 번역의 의미에 대한 연구는 지면 관계상 추후 연구과제로 미룬다.

을 모색할 수 있다.

따라서 서발턴이 처한 다층적 모순성과 취약성을 반대로 번역하면, 배제되고 억압된 서발턴이 그를 배제한 사회의 상징질서와 지식 그리고 권력을 무너뜨릴 수 있는 '가능성'을 가지고 있다는 것으로 읽어낼 수 있다. 앞서 살펴보았듯, 서발턴은 기존 지식-권력과 간극을 보이는 존재로서 기존 사회의 존립 조건들을 무너뜨릴 수 있는 전복성을 가진 '가능성'의 존재다.[53] 그러므로 서발턴의 번역 가능성은 서발턴의 저항(실천) 가능성과 연결되고, 이는 서발턴이 가진 독특한 취약성을 넘어 그가 처한 '특수한' 취약성에 대한 대안을 요구하는 것으로 이어진다. 물론, 취약성의 근본적 보편성 때문에 새로운 '보편성' 형성을 촉구하는 변화도 요구할 수 있다. 서발턴의 이 모든 특성이 바로 서발터니티라는 개념의 역학 안에 포함된다.

6. 부정성과 장소성

서발턴의 취약성이 그를 배제한 특정 사회에서 생산된 것이므로, 우리는 서발턴을 사유하면서 그를 배제한 사회의 특수한 정체를 파악할 수 있다. 이는 그가 속한 사회의 '지역성' 또는 '장소성'을 동시에 사유하는 것이다. 서발터니티는 그 사회의 부정적 특성

---

53 베벌리, 2013, 44쪽 참고.

을 드러내기 때문에, 불온한 존재이자 저항적 특성을 가지지만, 정작 서발터니티의 부정성이 혼종성이나 재현 불가능성과 결합하기 때문에, 서발터니티한 존재의 행위는 애매성(ambiguity)과 모호성(vagueness)을 가질 수밖에 없다.[54] 이는 서발터니티의 부정성이 곧장 전복적 저항이나 혁명으로 이어지지 않는 이유였다.

특정 사회에서 서발턴의 저항은 혁명이라는 '대의'로 귀결되기보다는 지극히 사적인 범죄거나, 공적 봉기라는 애매성으로 드러난다. 이런 애매성에도 불구하고 서발턴의 봉기는 특정 사회의 모순을 담고 있다. 이 모순은 그 사회의 영토성(territoriality) 또는 장소성(placeness)을 각인하고 있다. 서발턴 연구가 흔히 지역(local)과 권역(regional) 연구로 이어지는 것도 이 때문이다. 그래서 서발터니티는 특정 사회의 카스트, 종교, 에스니시티, 계급, 공동체 등의 계기들을 반영할 수 있다.[55]

베벌리 역시 다음과 같이 말한다. "하위주체(서발턴) 연구는 '지역'이라는 사고가 자체적으로 중심부 학계에서 하위주체화(서발턴화)된 공간과 그에 상응하여 '타자에 대한 앎'이라는 인식론적 문제를 제기하면서 지역연구와 맞물리게 된다."[56] 그런데, 이런 서발터니티가 가장 잘 드러나는 장소가 관문도시와 같은 경계지대

---

54 여기서 애매하다는 말은 개념의 내포, 즉 개념의 정의가 불분명하다는 뜻이고, 모호하다는 말은 그 개념의 지시대상이 불분명하다는 의미다.
55 김택현, 2009, 157쪽 참고.
56 베벌리, 2013, 45쪽.

다.[57] 경계지대는 불온한 것들, 공포스러운 것들, 새로운 것들이 들고 나는 장소이며, 그런 것들이 아직 정체성을 획득하지 못하며 부유하고 유보되어 있는 곳이기 때문이다. 이는 서발턴 연구가 주로 주변화된 장소, 종속된 장소, 경계성을 문제 삼게 되는 이유다.

7. 기존 폭력 고발의 잠재성

앞서 살펴보았듯, 서발턴은 재현 불가능성을 대표할 뿐만 아니라, 서발턴을 재현하는 주체의 투명성이라는 허상을 고발하는 존재다. 스피박은 서발턴이 지배 담론에 종속되어 있는 존재이므로, 그래서 엘리트 사유 없이는 출현할 수 없으므로, 그들의 목소리나 의식이 늘 기존 이데올로기적 언어-담론 체계들 안에서 굴절될 수밖에 없다고 했다. 스피박이 재현 주체의 투명성 문제를 지적함으로써, 조사자의 위치도 의문시했던 이유이기도 하다. 그래서 서발턴은 말할 수 없고 재현 불가능하다. 하지만 서발턴이 재현 불가능하다는 것은 오히려 능동적이고 적극적인 의미를 가질 수 있다. 차이와 이질성을 통한 생산적 '잠재력'이 그것이다. 서발터니티의 '부정

---

57 관문도시와 같은 경계지대에서 서발턴이 종종 출몰하게 되고, 불온한 서발턴을 관리 및 통제한다는 명목으로 그 지역사회는 취약한 서발턴을 생산하는 배제의 폭력을 행사한다. 심지어 관문도시는 그 도시의 권력만이 아니라, 국가의 권력을 대리하는 경우도 많다. 관문도시에서 이러한 폭력이 행사될 때, 우리는 서발턴을 통해 그러한 폭력을 행사하는 지역 사회, 국가 또는 아시아라는 권역, 심지어 지구적 실체를 폭로할 수 있다. 따라서 관문도시는 서발터니티 연구를 위한 지정학적 방법론이 될 수 있다. 이는 추후 연구과제로 남긴다.

성'은 대항 헤게모니 생산 '가능성'과 연결되며, 이런 헤게모니가 등장할 수밖에 없는 장소의 지정학적 한계도 드러낼 수 있다.[58]

서발터니티는 특정 사회와 세계의 특수한 가치와 보편적 가치에 교란과 균열을 일으켜 새로운 생산성을 도출하는 잠재력이다. 우리가 서발턴을 어떻게 재현할 수 있는가 하는 문제에서는 불가능성으로 귀착할지는 모르나, 누가 또는 무엇이 어떤 이유로 서발턴을 생산하느냐에 대해서, 그리고 그런 생산적 힘의 실체에 대해서는 충분히 폭로할 수 있다. 스피박의 사례에서 부바네스와리의 자살과 어느 인도 여성의 순사(殉死)를 해석하는 서양 남성(백인종+젠더적 관점)의 관점과 인도 남성(인도민족+젠더)의 관점, 그리고 그 관점이 갖고 있는 폭력성과 모순만큼은 확실히 드러낼 수 있었던 것처럼 말이다.

서발터니티가 새로운 차이를 만들 '가능성'을 내포한 개념이며, 그런 점에서 기존 가치에 교란을 야기한다는 점도 중요하지만, 새로운 차이(특수성)를 만들면서 새로운 보편성을 촉구하는 저력도 있다는 점을 기억해야 한다. 그래서 서발터니티에는 포스트모더니즘의 차이 정치, 특수성과 독특성의 정치를 넘어서는 보편성을 향한 저력이 있다. 이것이 장소성과 결합되면, 지구적 보편성 생산을 겨냥한 포스트식민주의와 연결된다.[59] 아울러 로컬을 글로벌과

58　김택현, 2009, 159-161쪽 참고. Prakash, 2000, p. 288 참고.
59　미뇰로의 『로컬 히스토리와 글로벌 디자인』에 등장하는 주요 논지 그리고 거기에 등장하는 다양보편성이라는 개념은 그 사례 중 하나다.

성급히 연결시키려는 글로컬 전략의 비약도 피할 수 있다.[60]

8. 서발터니티와 보편성의 역학

서발터니티의 저 다양한 속성은 앞서 언급한 서발턴과 유사한 개념들의 속성을 종합한 결과물이다. 한 사회에서 배제된 존재들의 다양한 이름(소수자, 비체, 호모 사케르, 몫이 없는자, 크레올 등)과 그 특수성이 서발터니티라는 추상적 개념 안에서 길항 관계를 맺고 있다. 부바네스와리가 계급적으로는 중산층이었지만, 젠더적으로는 소수자이자 비체였으며, 테러하지 않기로 결정하면서 호모 사케르가 되었다. 서발터니티를 종속된 존재를 규정하는 다양한 개념의 역학으로 보면서, 종속된 존재들의 다양성이 드러날 수 있게 되었다. 이로써 서발터니티한 존재들이 특정 사회의 폭력을 중층적으로 새겨두고 있다는 의미를 살려낼 수 있다. 물론 이들이 겪는 취약성 역시 다양하다는 점도 살려낼 수 있다. 저 다양한 개념들이 서발터니티 개념 안에서 역학적 긴장을 연출함으로써 새로운 사실을 드러내도록 할 수도 있다.

서발터니티 안에 내포되어 있는 중층적인 힘의 역학을 통해 새로운 가능성이 생산된다면, 그 가능성 역시 독특성, 특수성, 보편

---

60 최근 포스트식민주의의 연장선에서 아프리카, 라틴-아메리카, 남아시아, 동아시아 권역주의(리저널리즘)가 등장하는 것도 이 비약에 문제를 제기한다. 자세한 내용은 마루카와 데쓰시의 『리저널리즘』(그린비, 2008)을 참고하라.

성이라는 다양한 결로 해독할 수 있다. 예컨대 중증 장애인이 특정 사회에서 겪는 폭력은 그가 갖고 있는 장애의 '독특한' 취약성을 통해 드러낼 수도 있고, 장애인이라는 집단이 갖는 '특수한' 취약성을 통해 드러낼 수도 있다. 심지어 몸을 가진 우리 모두가 장애인이 될 수 있는 가능성을 가지고 있다는 점을 드러내면서, 장애에 대한 '보편적' 관심을 유발할 수도 있다. 이는 모든 인류의 취약성을 해결하는 데 대한 인권적 처우를 촉구할 수도 있으며, 나아가 비인간 존재들과의 공생을 주장하는 것(보편적 생명권)으로도 확장될 수 있다. 아울러 장애인들 '간'의 차이의 역학도 드러낼 수 있다. 이처럼 억압의 중층성과 다양성의 역학, 지배 엘리트와 피지배 엘리트 안의 히스테리와 강박을 서발터니티 개념으로 해석할 수도 있어서, 매우 포괄적인 지배 분석의 도구가 될 수 있다. 물론 이러한 전략 자체가 새롭고 복잡한 개념적 혼란을 낳을 수도 있지만, 이 혼란 역시 새로운 의미 생산을 촉구할 잠재력이 될 수 있다.

VI. 맺음말

취약한 서발터니티의 특징을 종합하자면, 개인적 차원의 취약성과 사회 구조적 차원 또는 정치적 차원의 취약성으로 나누어볼 수 있다. 먼저 개인적 차원의 서발터니티의 특성을 살펴보면, 서발터니티는 1) 의미론적으로는 '무의미'나, '미의미' 또는 비의미를

넘어서 의미를 종잡을 수 없을 정도로 혼란스러운 '혼종성'과 '잡
종성'을 근간으로 한다. 그런 점에서 거대한 이야기(서사)로 해소될
수 없는 비이야기(비서사 또는 에피소드)로서 의미의 '파편성'을 갖
고 있다. 서발터니티는 2) 인식론적으로는 인식의 '잔여'라는 '부
정성'이다. 그래서 비계급, 비젠더와 같은 소극적(negative) 방식으
로 의미가 확정되고, 사회적으로는 포함된 존재의 '나머지'로 인식
된다. 이는 기존 인식으로 포착될 수 없는 존재의 속성과 연결되
므로, 인식 불가능성과 연결된다. 그런 점에서 서발터니티는 3) 존
재론적으로는 '부재성'과 '비존재성'을 근간으로 한다. 존재하지만
존재하지 않는 것으로 처리된다거나, 의미를 알 수 없으므로 존재
하지 않는 것으로 감지되는 존재라 할 수 있다.

이런 존재가 4) 사회적으로는 보편적인 '무시'와 혐오의 대상,
기존 질서를 교란하는 '무질서'한 존재, '혼돈'의 존재, 그래서 기
존 사회에 위협과 공포를 주는 '반사회적 존재'로 간주된다. 이것
이 정치-권력적으로는 지속적인 '배제와 추방'의 대상으로 전락하
는 것이다. 혹, 기존 권력에 포함되더라도 자신의 의미를 인정받기
보다는 기존 권력의 필요에 의해 동원되는 '수단'으로 취급되기 십
상이다. 따라서 그가 처한 취약성 때문에 서발터니티는 사회적으
로도 '취약한 존재(the vulnerable)'가 될 수밖에 없다. 이는 반대로
서발터니티한 존재가 취약성 회복을 위한 정치적 '저항의 정당성'
을 가짐을 의미한다. 이 정당성은 몸을 가진 '모든 존재'의 회복이
라는 점에서 '보편성'을 가지며, 그가 처한 고유한 취약성 때문에

특수성(particularity)과 독특성(singularity)도 갖는다. 이는 5) 서발터니티의 사회적 의미에서 회복을 위한 '중층적 정당성'이라는 특징과 연결된다. 이 정당성은 외부적으로는 자신을 배제한 사회에 대한 보편적 저항 '가능성'이다. 이러한 저항의 역학 내부에서 서발터니티한 존재들 사이의 차이 역학은 여전히 유지된다. 그리고 이 차이의 역학에서 발생할 것으로 예상되는 분쟁 역시 새로운 대안 제시를 위한 가능성으로 남는다. 그런 점에서 6) 서발터니티는 '가능성'의 존재인 셈이다. 이런 특성 때문에, 서발터니티는 늘 그 사회의 경계선에서 기존 질서의 문제를 드러낼 수 있는 불온한 잠재력을 지시한다. 하지만 동시에 서발터니티는 기존 인식에 균열을 가져올 수 있는 모순과 저항성을 지시하기도 한다. 기존 사회 문제를 쇄신하도록 요구하는 '임계'의 속성 말이다. 이처럼 서발터니티한 존재는 새로운 가능성(잠재성)의 저력이다.

아울러 서발터니티가 애매성(ambiguity)과 모순성을 갖는다는 것은 서발터니티가 '경계'의 '지정학'과 연결되어 있기 때문이었다. 서발터니티 역시 경계의 특성과 결부되어 있었는데, 주체와 객체 어디에도 속하지 않던 비체 개념, 포함/배제 사이의 예외상태에서 생사여탈의 치명적인 폭력을 겪는 호모 사케르와 예외상태라는 개념 등이 그랬다. 아직은 의미가 아닌 것들, 그래서 부재하는 것으로 취급된 존재들이 다양한 경계지대에서 종종 출/몰한다. 그리고 이 역동성을 통해 새로운 의미와 사건이 출현하기도, 억압되기도 한다. 이런 서발터니티의 속성 자체가 지정학적 경계의 속성과도 밀접한 관련이 있는 것이다.

요약하자면, 서발터니티는 1) 주체와 타자 모두에게서 비껴간 개념의 전통을 계승하고 있다. 그럼으로써 서발터니티는 2) 그 개념 안에 비주체이자 비타자인 존재의 다양성과 차이를 보존하고 있다. 이는 '취약한 존재'를 보는 관점 차이를 보존할 수 있다는 뜻이다. 아울러 서발터니티가 지시대상의 불분명성과 재현 불가능성의 전통을 각인하고 있기에 3) 서발터니티를 통해 장소적 차이를 드러낼 수 있으며(구하 이후), 정체성의 정치라는 전통 역시 계승할 수 있다. 그 와중에 서발터니티는 4) 서발턴 개념의 전통 및 유사 개념의 전통을 보존하면서 여전히 지시대상이 불분명하고, 재현 불가능한 종속적 존재라는 일관된 의미를 보존할 수 있다. 이로써 서발터니티는 5) 주체의 폭력과 혁명적 타자의 폭력을 동시에 드러낼 수 있다. 동시에 6) '몸을 가진 모든 존재는 상처받을 수 있다'라는 '보편적 조건'이라는 출발점을 유지한 상태에서 독특성과 특수성을 아우르는 취약성과 종속성을 조명할 수 있다. 따라서 **서발터니티는 주체도 타자도 될 수 없기에 지시대상을 규정할 수 없고 재현될 수도 없는 존재, 그래서 극도로 취약한 종속적 존재를 보는 관점의 역학**을 말한다.

아렌트는 진리가 독재라고 생각했다. 그런 점에서 진리는 다양성을 허용하지 않는다. 그래서 아렌트는 다양성이 수용될 수 있는 '의견의 정치'를 주장했다. 의견은 관점 간의 경계와 임계를 생산하고 정치에 새로움을 초래한다.[61] 이런 정치는 다양성과 이를 종합하는 공공성을 작동시킴과 동시에, 새로움을 초래하는 임계를 통해 기존 공공성을 전복시키기도 한다. 진리나 본질과 같은 묵직한 단어가 차이와 다양성을 중시하는 오늘날 그리 각광받지 못하는 이유도 이 때문이다.[62] 서발턴을 '투명'하게 '복원'하려는 엘리트 주체의 진리 정치는 여기서도 비판의 대상이 될 수 있다. 서발터니티를 통제(재현)하려는 주체의 지배 전략이 여기서 등장하기 때문이다. 번역(불)가능성은 서발터니티에 대한 관점의 차이를 보존하면서, 서발터니티에 대한 다양한 의견의 정치가 작동할 수 있도록 한다.

의견의 정치가 지정학과 연결된다면 어떨까. 최근 '방법으로서 ~'라는 수사를 달고 있는 다양한 연구들이 장소와 결부되는 양상을 보게 된다. '방법으로서 아시아'가 대표적이다. 일찍이 '방법으로서~'라는 접근법을 제안한 사람은 중국학 연구자였던 다케우치 요시미(竹內好)였다. 그가 제시한 '방법으로서의 아시아'는 서구의 근대화 모델을 추종해온 일본 사회를 아시아, 특히 중국의 역사 경험과 사상 자원을 '방법' 삼아 비판적으로 사고하는 것이었다.[63] 그의 이러한 접근법에 영향을 받은 사람들이 각종 '방법으로서~'라

---

61 '인식론적 측면'에서 경계와 임계의 개념 차이에 대해서는 김동규, 2023, 26-27쪽 참고.
62 Arendt, 2004, pp. 431-438 참고.
63 다케우치, 2004, 140-169쪽 참고.

는 수사를 통해 사물과 사태에 접근하고자 했다.[64]

하지만 '방법으로서~'라는 수사는 단순한 방법론 이상이다. '방법으로서~'라는 접근법은 해명이 필요한 대상을 직접 해명하는 것이 아닌, 해명 대상을 새롭고 다양한 모습으로 해석할 수 있는 계기를 제공한다. 다시 말해 '방법으로서'라는 접근법은 기존 것에 다르게 접근하기를 촉구하고, 다른 접근을 통해 기존 권위와 권력에 균열을 내도록 요구하는 정치인 실천이다. 그래서 '방법으로서~'라는 수사는 세계를 이해하는 것이면서, 동시에 세계에 대해 행동하고 세계를 생산하는 행동이다.[65]

이처럼 '방법으로서~'라는 수사는 진리에 입각한 본질주의를 피하면서 대상을 바라볼 수 있는 새롭고 다양한 시선을 허용한다. 사물과 사태를 바라보는 새로운 관점을 생산하는 것이다. 이는 동시에 새로우면서 현장에 적합한 의미를 생산하는 데 유용하다. 종속된 존재의 상황을 보는 '새롭고 구체적인' '의견'을 생산하는 것이다. 이는 더 설득력 있거나, 더 시의적절한 의견을 생산하는 방법이 될 수 있다. 이를 통해 의미를 부여받지 못했던 기존 실천에 정당성을 부여한다거나, 새로운 실천을 생산할 수 있다.

서발터니티라는 개념 전략은 두 가지 의미를 갖는다. 한편으로 서발터니티는 소외되고 배제된 존재, 그래서 극단적으로 취약한

64　방법으로서 중국(미조구치 유조), 방법으로서 대만(연광석), 방법으로서 경계(메자드라 외) 등이 있다.

65　메자드라 외(남청수 역), 2021, 45-46쪽 참고.

(할 수 있는) 존재에서 출발하여 기존 세계로 접근하고자 하는 개념 전략이면서, 다른 한편으로 서발터니티를 생산했던 권력 구조를 폭로하고, 새로운 구조를 생산하도록 촉구하는 정치적 전략이다. 다양한 이유로 배제되고 종속된 존재들로 찾아가는 접근과 그 역학을 통해, 그 사회 권력 구조의 실체를 드러내고, 그 구조를 지탱하는 이면의 공모관계를 폭로함으로써, 새로운 구조 생산을 촉구할 수 있는 개념적-정치적 전략이 서발터니티다.

서발터니티가 배제된 존재로 접근하는 '인간학적 전략'이라면, 이 존재를 생산하는 사회의 정치적 한계를 드러내는 '장소'는 이러한 존재를 환대하고 새로운 권력을 창출하는 지정학적 방법이다. 본 연구는 이를 위한 대표 장소로 '관문도시'를 염두에 두고 있다. 관문도시는 『방법으로서의 경계』가 지적하는 대표적인 '경계지'이다. 관문도시는 내/외부를 가르는 경계를 생산하여, 포함/배제하는 권력을 작동시키는 장소다. 관문도시는 새로운 권력을 시험하는 장소다.

예컨대 부산은 제국의 권력이 실험되던 장소이자, 근대 국가의 권력이 실험되던 장소다. 이 권력이 노골적 폭력이자 잔혹성으로 돌변하는 가장 대표적인 존재가 '서발터니티한 존재'다. 서발터니티한 존재에게 폭력으로 가닿은 권력은 언제든 '저항 가능성'에 직면할 수 있다. 관문도시에서 매번 새로운 폭력이 등장하고, 동시에 새로운 저항 가능성도 열린다. 부산이라는 관문도시에서 성매매 여성들의 저항과 죽음이 있었고, 한센병 환자의 배제와 추방이 있었다. 이를 통해 근대 국가와 동아시아 제국 권력이 성을 동원하는 방법(성매매)을 실험했고, 값싼 노동력을 활용하는 방법(한센병 자활 공동체)을 터득했으며, 근대적 위생(성병과 한센병 통제) 권력을 확립했다. 부산에 최초이자 최대 성매매 집결지와 한센병 자활촌이 있었다는 것도 그 증거다. 부산에서 서발터니티한 존재는 비단 성매매 여성과 한센병 환자만 있었던 것도 아니다.

이처럼 서발터니티라는 개념 전략이 관문도시라는 지정학적 방법과 결합되면, 지역(local), 국가(national), 지구(global)적 차원에서 작동하는 권력의 모순을 드러낼 수 있을 것이다. 특히 최근 주목을 받고 있으며, 집중적으로 연구될 필요가 제기되고 있는 동아시아 권역(regional)의 민낯도 폭로할 수 있을 것이다. 이는 동아시아에서 작동하는 모순과 폭력을 해체하고, 좀 더 새롭고 정의로운 권력이 창출되길 바라는 잠재성의 저력이 될 것이다.[66] 나아가 지역, 국가, 지구적 차원의 기존 권력의 양상에도 적지 않은 충격을 줄 수 있을 것이다.

---

66 이에 대해서는 마루카와 데쓰시(2008)를 참고.

관문 도시 부산과 '서발턴' 역사 연구의 필요성과 한계

전성현

I. 머리말 : 관문도시 부산의 형성 – 식민/냉전의 관문과 '경계 권력', 그리고 '서발턴'

근대 도시 부산의 형성은 1876년 개항과 제국주의의 침탈, 세계 자본주의의 편입, 그리고 민족/국민국가로의 전환과 더불어 진행되었다고 해도 과언이 아니다. 개항은 전통적인 왕조 체제 아래 변방에 지나지 않았던 부산을 '이동/부동'과 '경계'라는 '관문성(關門性)'[1]을 나타냄으로 인해 완전히 새로운 근대적 권력('식민/냉전국가-

---

[1] 근대 공간으로서 관문도시는 세계 자본주의 체제하에서 '이동/부동'의 공간일 뿐만 아니라 식민/냉전체제에서 국가(nation), 지역(region), 지방(local)의 '경계'이기 때문에 수많은 주체, 객체, 그리고 비체의 가시화 또는 비가시화의 존재 공간일 수밖에 없다. 특히 주체 등의 존재는 이동과 부동을 관리하고 경계 지대를 감시하는 근대 권력에 의해 사건화됨으로써 드러날 수밖에 없다. 따라서 이동과 부동의 경계 지대가 지닌 '관문성'은 근대 권력이 관리와 감시를 위해 항상 편재하며 주체 등을 길들이려고 하는 속성이라고 할 수 있다. 하지만 이것은 근대 권력의 관리와 감시의 포위망을

가부장-자본주의 권력'[2])이 지배와 통치를 위해 주목하는 다중의 '경계 공간'으로 변모시켰다. 변방이면서 제한적(외교 관계에서만)으로 개방되던 부산이 남성 중심의 제국주의와 자본주의 근대 권력에 의해 전면 개방됨으로써 '전통' 조선으로 들어오는 입구일 뿐만 아니라 '근대' 세계와 만나는 출구가 되었다. 그리고 그 근대 권력에 의해 자의든 타의든 전통적인 왕조 국가로부터 벗어나 세계 자본주의국가와 연결되는 근대 민족국가의 정체성 형성이 당연시되는 공간으로 변모했다.

그런데 남성 중심의 제국주의 및 자본주의 근대 권력과의 접촉은 불평등한 상태(불평등조약)로 진행되었고 개항도 강제적이었다. 따라서 부산에는 제국주의와 자본주의에 이미 포섭된, 그리고 이를 대리하는 일본인의 자유로운 출입과 일본인 거주의 '조계(租界)'가 설정되면서 전통적 조선과 근대적 일본이 부딪히는 내부적 경계 공간(중층적 위계 구조)도 형성되기 시작했다. 개항장을 통한 근대 세계와의 부단한 접촉과 정치·경제 방면에서 침탈하는 일본(인)

비켜나거나 뚫는 존재도 발견할 수 있는 토대이기도 하다. 따라서 우리가 관문성에 주목하는 것은 근대 권력을 문제 삼을 수 있을 뿐만 아니라 새로운 존재의 서발티니티를 밝힐 수 있는 특이성이기 때문이다.

2   근대 권력의 세 영역은 각각 작동하는 것처럼 보이지만, 보로메오의 매듭처럼(가라타니 고진은 자본-네이션-스테이트를 이와 같이 표현했다(가라타니 고진, 『세계사의 구조』, 도서출판b, 2012)) 상호 의존적이고 동시에 중층적으로 작동하는 것으로 이해되고 있다. 시장(소유 권력, 자본)과 조직(지식 권력, 국가)의 상호 관계는 자크 비데, 『마르크스와 함께 푸코를, 메타구조란 무엇인가』, 생각의힘, 2021, 생산과 재생산의 젠더적 분리에 대해서는 낸시 프레이저, 『좌파의 길, 식민 자본주의에 반대한다』, 서해문집, 2023 참조.

에 의해 완전한 식민지로 장악당한 조선에서 풀뿌리 지배 권력인 식민자 일본인들은 그들의 이해에 적합한 공간을 만들기 위해 부산도 경계 공간으로 새롭게 창출하고 확장했던 것이다. 그 결과, 이른바 부산은 제국과 식민지의 경계 공간일 뿐만 아니라 민족/인종적·계급/계층적·도농적·젠더적 위계가 중층적이고 강고한 다중의 경계 공간, 즉 끊임없이 분리, 배제하면서도 결합, 포함하는 '관문도시'가 되었다.

중층적으로 연결된 이 경계 공간의 위계 관계를 단순화해 보면, 이른바 위계의 상위에 일본인, 자본가, 도시민, 남성이 위치했고, 그 하위에 조선인, 노동자, 농민, 여성이 피지배자, 타자, 소수자로 위치했다. 이는 '제국 일본과 식민지 조선'의 관계일 뿐만 아니라 '일본인사회 부산과 조선인사회 동래'의 관계이기도 했다. 물론 권력의 힘 때문에 자유로울 수는 없지만, 위계 하위의 피지배자, 타자, 소수자도 부분적이지만 '능동적인' 공간 점유를 통해 부산이라는 경계 공간인 관문도시의 주체로도 자리매김해 나갔다. 그 주체성 형성의 한 단면이 민족적 계급적 주체로서 저항하는 것이었다.[3] 다만 관문도시 부산은 제국주의와 자본주의에 의해 최상위의 민족적 위계와 이를 지탱하는 계급·계층적 위계와 도농적 위계, 그리고 역사의 연속적인 측면에서 젠더적인 위계가 다층적으로 구축되었다. 즉, 식민지 시기 주체화된 조선인을 비롯한 위계 하위층과 그

---

3   대표적인 존재 형태가 독립운동을 비롯한 사회·대중운동으로 이에 대한 연구는 기존에 다양한 방향에서 진행되었다. 이 글에서는 이 부분은 제외한다.

들의 존재 형태 및 기반은 민족/인종적·계급/계층적·도농적·젠더적 차이에 의한 차별과 위계화에 부합하는 것이었다. 권력에 의한 위계는 단순한 상하의 위계로 그치지 않고 다층화된 위계로 심화되었다. 따라서 주체화의 과정도 다층적이었다.

한편, 근대 권력은 그 외형상 민족/국민국가를 최상의 정치체로 규정했고 이에 따라 민족주의는 제국주의와의 대결에서 벗어나 독립 국가로 전환해서도 배타적일 수밖에 없었다. 일본의 패전과 해방으로 일본 제국주의로부터 벗어난 동아시아에서 각각 민족국가의 수립이 추진되었다. 하지만 새로운 냉전체제에 의한 '신제국주의'로 말미암아 국가 내외의 차별과 위계화가 또 다른 방향에서 진행되었다. 일본인들이 본국으로 돌아가자 기왕의 민족/인종적 차별을 정점으로 한 관문도시 부산은 탈식민적 상황과 냉전의 산물인 남북한이 대치하는 정치적 변동의 상황에서 난민의 발생, 그리고 이에 따른 선주민 대 이주민(귀환 동포, 월남민 등), 계급/계층적, 산업/지방적 차이들이 본격화되거나 가시화되는 한편, 차별의 공간 점유도 재차 진행되었다.

더불어 신제국주의하의 냉전 이데올로기 대결이 본격화되면서 한국전쟁이 발발하자, 관문도시 부산은 '지배자' 미군과 '피지배자' (피)난민들에 의해 기존의 공간을 넘어서는 과밀·과잉의 공간 점유가 진행되었다. 이 과정은 식민에서 냉전으로 전환된 동일한 가부장 군사·자본주의 권력이 새로운 권력적 기반과 억압, 배제되는 타자, 소수자를 양산하는 과정이었다. 그 대표적 장소로서 부산이 자리매김되었다. 즉, 부산은 임시수도로서 '(피)난민의 도시'가 되었으며, 이들 (피)난민은 비국민과 난민의 차등적 국민화와 젠더적 억압 배제가 본격화되었고, 전쟁 이후에도 지속되었다. 당연하겠지만 이와 같은 과정은 계급/계층적 위계와 젠더적 위계가 더욱 강화되는 과정이기도 했다.

이 글은 새로운 다층적 근대 권력이 지배와 통치를 위해 특히 주목하는 경계 공간으로서 관문도시 부산을 토대 삼아 그 권력의 폭력성과 다양한 실체, 지배와 통치의 대상인 (비)존재를 역사적으로 확인하고 이해하기 위한 예비 작업이다. 이는 단지 근대 권력만을 문제 삼는 것이 아니라 그런 근대 권력에 의해 순응하는 주체가 되기도 하지만 또한 저항하는 주체가 되기도 하는 메커니즘을 역사적으로 확인하기 위한 과정이기도 하다. 다만 이 글은 본격적인 연구에 앞서 관문도시 부산이라는 장소에서 전개되는 '식민/냉전국가-가부장-자본주의'를 중심으로 한 '경계 권력'과 그 지배와 통치에 따라 지배 질서의 하위에 포섭되거나 억압, 배제되는 존재 형태를 민족과 계급을 포괄하는 좀 더 확장된 하위 주체로서 '서발턴'이라는 개념을 토대로 기존 연구를 확인하고 향후 주목할 만한 연구 과제를 역사학의 관점에서 전망하는 것에 그친다.[4]

4　개항장도시의 식민지 근대를 연구하며 '관문'과 '서발턴'에 주목한 연구로 오미일, 『제국의 관문 : 개항장도시의 식민지 근대』, 선인, 2017이 있다. 이 저서가 개항장 도시의 '관문성'과 '서발턴 주체'에 관심을 가진 최초의 역사 연구라는 점에서 주목할 필요가 있다. 다만 이 연구는 개항장도시 인천과 원산에 한정되며 서발턴 주체도 다층적인 권력문제와 관련된 것이 아니라 민족적 차원의 만세 시위와 관련해서만 언급하

‘식민/냉전 가부장 자본주의 권력’에 의해 억압 배제되는 타자이며 소수자인 서발턴 역사 연구는 서구의 식민 지배를 경험한 인도, 라틴아메리카 등지의 서발턴 연구 그룹에서 체계적으로 진행되었다.[5] 한국에서도 유사한 식민지 경험 때문에 역사적 연구 방법론으로 도입되어 연구에도 활용되고 있다. 다만 한국에서는 서발턴 개념이 아니라 민중론, 대중론, 시민론, 계급론 등에 기반을 두고 정치적, 경제적 차원에서 독립운동과 민주화운동 그리고 노동, 사회, 대중운동 등 다양한 형태로 연구가 진행되었으며, 최근에는 젠더 차원에서도 다수의 연구가 진행되었다. 하지만 권력과 주체의 이분법적 구조와 관계를 드러내는 것이 표면적으로 명료할지 모르지만, 또 다른 권력에 의해 억압되고 배제되는 비가시적 존재를 확인하기는 어렵다. 즉, 다중적인 근대 권력의 실체는 물론이고 그에 의해 주체화되거나 또는 주체화되지 못한 객체와 비체를 포함하는 (비)존재의 형태와 다층적 권력과의 관계를 확인하기는 어렵다.[6]

는 정도에 그쳤다.

5   김택현, 『서발턴과 역사학 비판』, 박종철출판사, 2003 ; 로버트 J. C. 영, 『포스트식민주의 또는 트리컨티넨탈리즘』, 박종철출판사, 2005 ; 김택현, 『트리컨티넨탈리즘과 역사』, 울력, 2021 ; 로버트 J. C. 영, 『아래로부터의 포스트식민주의』, 현암사, 2013.

6   라나지트 구하, 『서발턴과 봉기』, 박종철출판사, 2008 ; 가야트리 차크라보르티 스피박 외 지음, 로절린드 C. 모리스 엮음, 『서발턴은 말할 수 있는가? : 서발턴 개념의 역사에 관한 성찰들』, 그린비, 2013 ; 월터 D. 미뇰로, 『로컬 히스토리/글로벌 디자인』, 에코리브르, 2013 ; 존 베벌리, 『하위주체성과 재현』, 그린비, 2013.

이를 포괄할 수 있는 개념으로 서발턴 개념을 연구 방법론 차원에서 한시적으로 차용하며 향후 새로운 개념적 정립의 토양을 마련할 필요가 있을 것이다. 한계는 있지만 이 서발턴 개념을 토대로 관문도시 부산의 다층적 권력과 그에 의해 위계화되는 존재 형태를 역사적으로 확인할 필요가 있다. 다만 부산의 경우 기존 연구조차 양적으로 부족할 뿐만 아니라 부산이라는 경계 공간과 이 경계에 작동하는 권력의 차원에서 포섭되어 위계 서열화되거나 억압, 배제되는 존재와 관련해서는 그다지 연구가 진행되지 못했다. 연구된 경우도 기존의 방법론에 따른 연구에 그쳤다. 아래에서는 세 차원의 근대 권력과 주체라는 관점에서 그리고 기존 연구 중 유의미한 역사 연구와 주제만을 토대로 향후 관문도시 부산과 서발턴 역사 연구의 방향성을 타진해 보고자 한다. 이는 근대 권력이 가장 공고하게 작동하는 경계성의 관문도시 부산이라는 장소를 토대로 권력과 주체의 가시적/비가시적 실체와 관계를 역사적으로 파악하기 위한 시론적 과정이며, 이를 토대로 비슷한 역사적 경험을 가진 동아시아 주체들의 연결과 연대의 고리 등을 확인하고자 하는 예비적 과정이다.

II. 근대 권력과 젠더

근대 권력은 젠더 질서에 기반을 둔 남성 중심의 가부장 권력이며 그것이 큰 틀에서 제국주의로서의 식민권력이든 냉전권력이든, 또는 제국주의에 저항하거나 지향하는 민족권력이든 예외는 아니었다. 이는 근대 권력의 삼위일체 중 하나인 자본 권력하에서 생산과 재생산의 젠더적 분할과 관련이 있다. 즉, 자본 권력은 상품 생산을 둘러싸고 자본가와 노동자의 분할에 바탕을 두는 만큼 사회적 재생산 영역을 분할하여 근대 자본주의적 형태를 뒷받침한다. 사회적 재생산은 "자본주의의 인간 주체들을 형성하고, 그들을 육체를 지닌 자연적 존재로 지속"시키는 "'돌봄', '감정노동', '주체화' 등" 다양한 비임금/저임금 노동의 형태로 여성에게 할당하고 자본주의하에 종속시킨다.[7]

　개항 이후 식민지 시기도 마찬가지였다. 일본의 조선 식민지화가 민족적, 인종적 위계와 차별을 정점으로 구축하고 심화시켰지만, 그 위계의 하부에 더욱 강화된 자본의 젠더적 분할에 의한 위계와 차별도 구축되었다. 근대 부산의 여성과 관련된 연구 성과로서는 『부산여성사』가 있다.[8] 『부산여성사』는 전근대와 근대를 아우르는 통사로서 여성을 역사의 주체로 자리매김하는 것에 집중했다. 또한 주목할 만한 연구 성과인 이송희의 『근현대 부산지역 여성의 삶과 활동』은 한국 근현대의 민족문제와 최근의 여성운동과 관련한 여성들의 삶과 활동을 종합했다.[9] 그런데 기존의 연구 성

7　낸시 프레이져, 앞의 책, 40-43쪽.
8　하정하 외, 『부산여성사』 Ⅰ·Ⅱ·Ⅲ, 부산여성가족개발원, 2009·2010·2011.
9　이송희, 『근현대 부산지역 여성의 삶과 활동』, 국학자료원, 2020.

과는 주체화되지 못한 객체 또는 비체의 젠더 위계와 차별, 그리고 근대 권력과 여성의 관계를 제대로 드러내지 못했다.[10]

물론 부산지역의 방직공장과 고무공장의 여성 노동자에 관한 연구는 실태와 노동운동의 차원에서 연구되었다.[11] 하지만 근대 이후 존재한 다양한 여성의 존재 형태에 관한 연구는 제대로 진행되지 못했다. 특히 농산어촌 여성을 비롯해 여성이 대부분을 전담한 부업 노동은 물론이고 돌봄 및 감정노동과 관련된 존재 형태와 권력과의 관계에 대해서는 거의 연구가 이루어지지 않고 있다. 최근 유모, 보모, 하녀, 가정부, 카페 여급, 백화점 점원, 전차 및 버스 안내원 등에 대한 연구가 부분적으로 축적되고 있지만, '경계 권력'이 더 활발하게 작동하는 관문도시 부산에 기반을 둔 연구는 아직까지 확인되지 않는다.

관문도시로서 경계 권력이 작동하는 부산의 경우, 일제강점기 중층적인 권력 관계하에서 여성의 존재 형태가 구축되고 있었다. 앞에서 언급한 도시의 여성으로 하층을 담당한 여공은 물론이고 유모, 보모, 하녀 등은 식민지-가부장-자본권력이라는 다중적 권력에 노출되어 있었다. 이를 상징적으로 보여주는 대표적인 사건이 1931년, 부산 초량의 철도국 관리 집에서 벌어진 '마리아 살인

10　앞의 책 『부산여성사』 1권 근현대 속의 부산여성과 여성상, 3권 역사 속의 부산 여성 (현대편) 참조.
11　『부산여성사』에도 여성노동자에 대해 다루고 있다. 그 외 이송희, 「일제하 부산지역 방직공장·고무공장 여성노동자들의 쟁의」, 『이화사학연구』 30, 2003 등이 있다.

사건'이다.

1931년 8월 1일, 일본인 철도국 관리의 집에 하녀로 삶을 영위하던 변흥례(마리아)가 비단 허리띠로 목이 졸리고 음부에 잔인한 자상이 남은 채 무참하게 살해되었다. 이 사건을 둘러싼 법정 소동이 1934년까지 이어지며 당대 식민지 조선을 '에로, 그로, 넌센스'의 한복판으로 밀어 넣었다.[12] 잔인한 죽음으로 '말할 수 없는' 존재였던 이와 같은 여성들의 삶에 대한 식민지 가부장 자본 권력의 재현(재판과 무죄, 그리고 영구미제사건)과[13] 남성 중심 민족주의의 전유(민족적 차별과 저항)가 아닌 서발턴 재현은 근대 이후의 남성 가부장 및 자본 권력과 젠더 관계를 확인할 때 비로소 가능하지 않을까 한다.

이를 좀 더 상징적으로 보여주는 것이 사회적 재생산의 영역('위안', '위문')이며 식민주의 남성문화라고 할 수 있는 유곽의 조선 도입과 공창, 성매매 여성의 존재라고 할 수 있다. 이는 다중적인 차원에서 단순히 민족적·인종적 위계와 차별을 의미하지는 않는다. 일본 여성도 조선 여성과 마찬가지로 젠더 위계와 차별의 하위에 위치하고 있었기 때문이다. 그런데 이와 같은 젠더 위계와 차별은 앞에서도 언급한 것처럼 식민권력에만 한정된 것이 아니었다.

자본권력이 지속되는 한, 사회적 재생산에 대한 젠더적 분할은

---

12 『별건곤』 5월호, 1933.
13 일본인 신문인 『부산일보』와 『조선시보』의 1931년부터 1934년까지 무수히 많이 게재된 재판 과정에 대한 기사들이 이를 상징적으로 보여준다.

유지 강화될 수밖에 없었다. 따라서 식민권력과 식민자가 물러났음에도 불구하고 고스란히 해방 이후 한국전쟁을 거치면서 냉전권력과 국가권력에 의해 '사창'과 성매매 여성, 그리고 '양공주' 등이 그대로 유지 확대되었다. 그 시작과 연속성을 확인할 수 있는 장소가 경계로서 관문도시 부산이라고 해도 과언이 아니다.

1876년 부산의 강제 개항과 통상은 전통 공간 부산을 근대 자본주의적 공간으로 변화시키며, 다양한 인종적 결합은 물론이고 계급, 계층, 젠더의 분할과 위계화를 초래했다. 그런데 이 개항장에 새롭게 등장한 것이 성매매업이었다. 물론 성매매업은 전통 사회에도 존재한 것이지만 성매매업(구조와 공간)과 허가 및 관리체제(규칙과 제도)를 갖추기 시작한 것은 전통으로부터 기원한 것이 아니라 개항을 통한 일본의 조선 침탈과 관련해서였다. 즉, 에도시기부터 번성한 유곽의 유녀와 해외의 가라유키상 일부가 조선으로 정치·경제적 침탈을 위해 건너온 일본 군인과 상인을 따라 진출하면서 성매매업이 동시에 시작된 것이다. 그렇기에 개항을 통해 진출한 일본 군인 및 상인을 위해 이입된 사회적 재생산을 위한 중층적인 식민주의 남성문화이기도 한 유곽은 일제강점기와 식민성은 물론 자본과 젠더 질서에 기반을 둔 '말할 수 없는' 서발턴의 존재를 이해하는 데 반드시 확인해야 할 대상이다.

일본의 조선 침탈을 위한 조일수호조규의 체결은 개항장이라는 특수한 공간으로 제한되기는 했지만, 해안 조사와 자국민 보호를 위한 군함, 군대의 상시 정박과 일본인들의 자유로운 도한(渡韓)을

가능하게 했다. 다만 일본과 달리 잠시 거주하는 공간으로만 허가
한 조선은 영구 거주할 수 있는 부녀자 동반을 처음부터 불허했다.
그래서 개항장에는 일본 군인과 상인 등이 증가했고, 이에 따라 자
국으로부터 건너온 여성을 통해 공공연한 성매매가 자행되었다.
더구나 이 남성문화는 제국주의적 차원에서 조선인 여성까지 끌어
들여 양국의 심각한 문제가 되기도 했다. 일본은 개항장에서 불법
적인 성매매를 관리하기 위한 조치를 취하지 않을 수 없었다.

부산이 개항된 1876년 2명에 그친 일본인 여성은 '부산구조계'
가 설정된 1877년에는 25명으로 늘어났다. 일본은 곧바로 '요리
옥과 유사한 것을 창업하고 작취녀(酌取女)를 고용하는 자는 허가
를 받아야 하는 건'(제18호)을 규정했다. 요리옥 허가 규정(제18호)
이 1년 늦은 1878년에 설정된 것으로 볼 때, 불법적인 성매매를 관
리하기 위한 최초의 조치면서 성매매업을 일본과 같이 공식적으로
허가한 것이었다. 곧, 1877년 조계 설정과 함께 유사 업종(요리옥,
음식점)보다 먼저 성매매업이 진출했다고 할 수 있다. 그리고 1881
년 말 개항장인 부산과 원산에 각각 가시자시키(貸座敷) 영업규칙,
예창기취체 규칙, 매독(黴毒)병원 및 매독(黴毒)검사 규칙을 발포하
며, 면허와 정기적인 성병 검사를 토대로 성매매업을 공식적으로
허가했다.

부산의 경우 매독 환자의 수가 줄어들면서 1887년 매독병원
이 폐지되고 그 기능이 공립병원으로 이전하는 등 성병 관리는 어
느 정도 가능해졌다. 다만, 성매매를 완전히 금지하지 않고 자체

의 단속을 표방했기 때문에 성매매와 공창을 공개적으로 드러내는 '가시자시키'나 '창기'라는 명칭을 은폐할 필요가 있었다. 따라서 1890년 기존의 '예창기 영업규칙'이 '예기취체규칙'(布제8호)으로 바뀌었고, 1891년 요리옥과 음식점에서 영업할 수 있게 했다(達제5호). 그러자, 그동안 허가되지 못했던 인천에서도 1892년 '예기영업취체규칙'이 발포되었고, 서울에서도 1896년 예기 가업이 허가되었다.

그런데 기존의 가시자시키와 창기가 공식적으로는 폐지되었지만 요리옥과 예기에 포함되어 은폐되었기 때문에, 불법적인 성매매는 여전히 문제로 남아 있었다. 더군다나 청일전쟁에 따른 군대의 주둔과 격증하는 일본인, 그리고 1897년 진남포, 목포, 1899년 마산, 군산, 성진 등 개항으로 성매매는 물론 풍기문란도 나날이 늘어났다. 또한 일본에서 전개된 폐창운동으로 말미암아 1900년 '창기취체규칙'(외무성령 제44호)이 제정되었다. 일본 내 지역마다 다른 규칙이 통일되고 폐업과 창기의 자유가 신장되고 연령이 18세로 상향되었다. 결과적으로 폐창을 원하는 자가 늘어나면서 어려워진 성매매업자들은 조선으로 영업망을 돌렸다.

조선에서 지금까지 불법적인 성매매와 성병 관리가 개항 초기 일본인 중심의 일부 지역에서 제한적 허가로 유지되기도 했다. 또 일부 지역에서는 허가하지 않아 음성화되기도 했다. 그런 성매매업이 일본의 법 제정으로 더 이상 제한할 수 없게 되자, 각 지역 일본영사관은 이를 점차 공식화하기 시작했다. 이른바 공창제가 일

본인이 거주하는 조선 전역에서 본격화된 것이다.[14]

그 시작은 당연하게도 개항과 동시에 일본에 의해 성매매업이 진출했고 일본에 의해 제도적으로 공식화되었던 부산이었다. 결국 조선에서 유곽의 시작과 발달은 제국주의와 가부장제, 그리고 자본주의의 결탁이었다. 따라서 이후 조선인 여성까지 포함하는 형태로 발달해, 카페, 다방, 술집 등으로 확대되면서 식민지 가부장제 자본주의 사회를 지탱하는 한 축이 되었다. 또한 일본군 위안부로부터 미군과 한국군 위안부로의 연속성은 이로부터 추동되었다.[15]

그렇다면 이와 같은 성매매업과 성매매 여성의 존재는 자본주의와 가부장제 권력의 결합과도 연결될 수밖에 없다. 자본과 노동의 위계에 더해 생산과 재생산이라는 남성 노동과 여성 노동의 위계까지 더해져 여성 노동은 비임금/저임금의 차별과 배제, 그리고 억압이 이들 권력의 결합에 의해 더욱 심화되었다고 할 수 있다. 따라서 여성을 중심으로 하는 서발턴 연구는 젠더만이 아니라 자본의 측면에서도 진행될 필요가 있다.

관문도시 부산에서 식민지 가부장 권력과 여성의 차원에서 서발턴의 존재가 드러난 유곽, 공창제, 그리고 성매매 여성에 대한

---

14 전성현 외, 『일본인 이주정책과 재조선 일본인사회』, 동북아역사재단, 2021. 제5장 식민자 일본인의 식민주의 문화: 신사와 유곽 중 2. 일본인 성매매업의 진출과 식민지 유곽 참조.
15 김귀옥, 『그곳에 한국군 '위안부'가 있었다: 식민주의와 전쟁, 가부장제의 공조』, 도서출판 선인, 2019.

기존 연구는 지금까지 식민주의 남성문화로서 최초의 유곽이 부산에 설치되었다는 점, 일본인 이주와 관련된 점, 그리고 식민지 사회에 정착되었다는 점 등을 밝힌 연구로부터[16] 부산의 성매매업이 이주 일본인이 아니라 일본군과 관련되었다는 점과 이후 일본의 대륙 침략 과정에서 일본군 위안부로 전환될 수밖에 없었다는 점을 강조한 연구로까지 확장되었다.[17] 나아가 한국 최초이자 최대 집창촌인 완월동이 가부장 권력의 폭력이 행사되는 공간이면서 취약한 존재들의 저항 가능성과 긴장을 야기하는 '임계'로 파악한 연구로까지 이어졌다.[18]

최근의 연구가 추상적이고 이론적이지만, 유곽에서 집창촌으로 이어진 완월동의 서발터니티를 강조한 연구로까지 확대했다는 점에 주목할 필요가 있다. 다만 이들 연구는 대체로 한국에서 공창제의 시작이 일본에 의한 유곽 도입으로부터 해방 이후 집창촌으로 이어진 것과 그 의미를 밝히는 것으로, 성매매 여성에 관한 연구라기보다는 그와 같은 문화와 장소에 집중된 연구였다. 향후 서발턴으로서 성매매 여성에 관한 연구는 다른 지역의 연구처럼 일본인 기생 또는 성매매 여성, 그리고 일본군 위안부 연구로 확대되어야 하며, 또한 젠더 위계와 차별의 연속으로써 해방 이후 한국전

---

16   양미숙, 「개항기~1910년대 부산의 유곽 도입과 정착과정」, 『지역과 역사』 24, 2009.
17   전성현, 「일제강점기 부산 유곽의 실태와 일본군과의 관련성」, 『역사와 경계』 109, 2018.
18   김동규, 「완월동과 항구 도시의 임계」, 『인문사회과학연구』 22-3, 2021.

쟁을 거치면서 미군을 상대로 하는 한국전쟁 시기 '양공주'('특별 카페' 등), 그리고 집창촌 등의 연구로 확대되어야 할 것이다.

특히 부산은 한국전쟁 당시 미군을 중심으로 하는 유엔군이 오고 갔던 관문이었고, 이를 위한 다양한 시설들이 도시 곳곳에 설치되었다. 대표적인 곳 중 하나가 하야리아 부대인데, 그 앞에는 특별 카페 등이 존재했다.[19] 이는 이후 미군을 상대하는 대표적인 성매매 장소('부전동 300')가 되었는데, 이에 대한 연구는 시민공원 조성에 따른 구술조사를 토대로 확인된 적이 있다.[20] 이에 대한 심화된 연구는 물론이고 현재는 사라져 버린 한국전쟁 시기 미군 수송부대의 명칭을 딴 '해운대 609' 등[21] 흔적조차 알 수 없는 성매매 장소와 여성에 관한 연구로까지 나아가야 할 것이다.

또한 이와 같은 성매매 여성과 장소는 단순히 예외적인 젠더 위계와 차별의 표상이라고 분리해서는 안 된다. 왜냐하면 일제강점기 젠더 위계와 차별의 상징인 유곽과 성매매 여성의 존재는 노동시장과 긴밀한 관계를 지니고 있었다. 더불어 성매매와 관련해서는 다양한 형태의 유흥업, 위문업 등이 이와 관련되었다. 이는 여성의 사회적 재생산 노동과 관련 있으며 그만큼 여성을 이와 같은

---

19 RG 319 Aerial and Panoramic Photographs of Various Countries and the United States

20 유현, 「리틀아메리카에서 부산시민공원으로-캠프 하야리아를 둘러싼 기억과 시선들-」, 『항도부산』 38, 2019.

21 "성매매 집결지 '해운대 609' 역사 속으로", 『국제신문』, 2020.1.7. ; "'해운대 609' 70년만에 폐쇄…부산 성매매 집결지 사라진다", 『중앙일보』, 2020.6.3.

사회적 재생산 과정에서 노동화한 모든 장소와 유형에 관한 연구로 확대될 필요가 있다.

한 가지만 더 언급하면 권력과 젠더의 관계를 주체, 객체만이 아니라 비체적 관점에서 확인할 필요가 있다. 식민/냉전국가의 가부장 권력은 '이성애' 가부장 권력이기에 이에 의해 억압, 배제, 그리고 타자화된 존재로서 동성애자를 포함한 LGBT가 한국 사회에도 존재하고 있다. 최근 이에 대한 역사적 연구가 '주변화된 성적 주체들의 한국 근현대사'란 부제로 제기되었다.[22] 부산과 관련해서도 서발턴 역사 연구의 관점에서 확인할 필요가 있을 것이다.

Ⅲ. 근대 권력과 계급·계층

근대 권력은 또한 자본 권력이다. 관문도시 부산은 개항과 동시에 세계자본주의 체제하에 포함되었고, 식민/냉전 권력하에서 식민지/동아시아 무역항으로 위치 지워지며 자본권력에 의해 다양한 계급 계층적 위계와 차별이 진행되었다. 이는 항만과 도시 산업화 과정을 통해 이루어졌는데 부산항과 산업적 구조는 이미 일제 강점기에 그 원형이 완성되었다.

조선 내륙으로의 진출을 호시탐탐 노리던 일본인들과 조선을

22　토드 A. 헨리 편저, 『퀴어코리아』, 산처럼, 2023.

완전히 식민지화하려는 일제에 의해 내륙 진출이 본격화되고 조선의 국권이 점차 상실되어 가자, 부산항 객주를 비롯한 조선인 세력은 점차 약화되어 갔다. 일부는 일본인 자본에 종속되거나 다른 업종으로 전환했으며, 또 다른 일부는 부산을 떠나야 했다. 게다가 조선이 을사늑약에 따른 반식민지, 강제 병합에 따른 완전 식민지가 되자 부산의 일본인 인구도 비약적으로 증가했다. 1910년대 일본인 인구는 부산 인구의 약 50%까지 육박할 정도(1915년 총인구 60,804명 중 일본인 29,890명)까지 급속하게 증가(이후 1945년까지 20~40%를 유지)했다. 이로 인해 일본인 거주지의 확대가 추진되어 1900년대부터 서부(서구 방면) 및 북부(동구 방면) 신시가지가 계획되면서 조선인들은 다시 시가지로부터 점차 산복으로 올라가거나 외곽으로 점점 밀려났다. 일본인 인구의 증가와 일본인 시가지의 확대는 점차 일본인과 조선인 간 '잡거' 공간을 열었다. 그로 인해 초량 인근을 비롯한 일본인 진출 지역은 민족 간의 갈등·불화·저항 또는 협조·협력·순응하는 새로운 도시 공간이 되었다.

1900년을 전후한 시기부터 본격적인 도시 공간의 창출과 확장이 진행되었다. 북항 매축공사(1902~1909년), 영선산 착평공사(1909~1912년), 제1·2기 축항공사(1911~1925년), 부산진 매축공사(1913~1938년), 대풍포 매축공사(1916~1926년), 남항 매축공사(1926~1939년) 등 항만 매축공사가 추진되었다. 1921년부터 8년간 '제1기 부산시구 개정사업'이 진행되었으며, 1926년 개항 50주년 기념에 따른 '대부산건설' 계획이 수립되었다. 그리고 1934년에는

'조선시가지계획령'이 수립되어 본격적인 일련의 시가지 정비 사업이 시작되었다. 이에 따라 영도 및 서면 일대에 새로운 도시 공간이 창출·확장되었다. 이곳에는 1920년대부터 각종 산업시설 및 공장(방직, 도기, 고무공업 등)이 설치되었고, 이에 필요한 노동자들의 유입이 진행되었다. 그리고 당시 토지조사사업으로 인해 토지로부터 유리된 부산 인근 경남 지역의 수많은 농촌 인구가 유입되기 시작했다. 이들은 특히 공장지대인 영도와 서면을 중심으로 하는 산복과 외곽 지역을 점유했고, 결과적으로 1936년 동래구 서면, 남구 일대, 사하구 송도까지 부산부 영역이 확장되도록 추동했다.

관문도시 부산은 일제의 '해륙연락기관'이라는 명명에서도 확인되듯이, 개발이라는 측면에서 인적 물적 수송 등 항만을 둘러싼 다양한 개발(부두, 철도, 도로 등)이 일제강점기 내내 진행되었다. 따라서 이에 종사하는 노동자 도시가 될 수밖에 없었다. 그뿐만 아니라 일본의 대륙 침략과 중일전쟁, 그리고 태평양전쟁에 따라 군대와 군수 집산의 병참기지가 됨으로써 이와 관련된 국내 노무 동원도 활발하게 전개되는 등 노동력이 집중되는 장소이기도 했다.[23] 이와 같은 상황은 해방 이후에도 마찬가지였다.

---

23 일제강점기 노동계급과 노무동원에 대한 연구로는 대표적으로 김대상, 「일제하 부산의 노동운동」, 『항도부산』 4, 1964 ; 이송희, 「일제하 부산지역 방직공장·고무공장 여성노동자들의 쟁의」, 『이화사학연구』 30, 2003 ; 김민영, 「植民地時代 勞務動員 勞動者의 送出과 鐵道·聯絡船」, 『한일민족문제연구』 4, 2003 ; 전성현, 「일제말기 경남지역 근로보국대와 국내노무동원」, 『역사와 경계』 95, 2015 등이 있다.

해방 이후 한국전쟁을 거치면서 부산은 항만도시이며 무역항으로서 세계자본주의 체제하의 수출입 전진기지가 되었다. 이른바 항만을 중심으로 원조에 따른 삼백(三白) 산업으로부터, 합판, 신발 등 원료의 수입과 가공을 통한 수출로 이어지는 임해공업지대의 핵심으로 수입과 수출을 위한 다수의 공업지대가 형성되었다. 이 때문에 노동자와 노동력이 집중되었는데, 앞에서도 언급한 농촌 배후지로부터 이촌 향도한 이주 집산지가 되었다. 이에 관한 연구 성과도 대체로 노동운동, 노동자실태, 그리고 여성 노동 등에서 다소 제출되었다.[24] 그런데 이들 노동자 중에는 계급 계층적인 측면만이 아니라 인종적인 측면에서도 위계가 심화되었다. 일제강점기 중국인 쿨리를 비롯해 해방 이후 동남아를 비롯한 조선족 등의 노동자들이 관문도시 부산에 존재하게 되었다. 노동계급 내에서도 자본권력 이외의 민족/인종 및 가부장 권력에 의한 심화된 위계화가 진행된 것이다.[25]

지금까지 관문도시 부산의 계급·계층에 대한 연구는 일국적인 차원의 자본권력만을 염두에 두고 일제강점기부터 해방 이후 현재까지 산업별, 젠더별, 업체별 다양한 방향에서 이루어졌다. 그렇기

24　박철규, 「해방직후 부산지역의 노동운동」, 『역사 연구』 10, 2002 ; 임송자, 「부산항만을 중심으로 본 일제 말기와 미군정기의 하역노동과 하역노동자」, 『역사학연구』 82, 2021 ; 정혜선, 「부산지역 비정규직 여성노동자의 실태」, 『젠더와 사회』 7, 1996.

25　정귀순, 「이중의 차별로부터의 자유-한국사회 이주여성노동자의 현실, 부산지역을 중심으로」, 『여성학연구』 18-1, 2008 ; 조세현, 「식민지도시 부산의 '시나마찌'와 화교들」, 『역사와 경계』 87, 2013 ; 안미정, 「부산 화교의 이주를 통해 본 "전쟁"과 가족」, 『석당논총』 50, 2011.

에 대체로 산업노동과 노동운동을 중심으로 이루어졌다고 해도 과
언이 아니다. 앞에서도 언급한 것처럼 가부장 권력에 의한 젠더 질
서 또한 강력하게 작동하고 있었고 이에 따라 돌봄 및 감정노동이
산업노동의 하위에 위치하고 있었다. 앞으로는 일국적이고 단일
권력적인 한계를 넘어 세계자본주의 질서와 중층 권력과의 관계에
서 타자화되어 억압, 배제되는 서발턴으로서 계급 계층에 주목할
필요가 있을 것이다.

또한, 관문도시 부산은 대륙과 해양의 출입구이기도 하지만, 물
리적으로 육지의 경계로서의 위치도 점하고 있었다. 따라서 이 공
간 내의 외곽은 격리, 은폐의 공간으로도 활용되었다. 이른바 격리
병원을 비롯해 혐오자 수용시설도 설치되었다. 구체적인 예가 개
항기의 피병원과 일제강점기 나병원과 나환자촌의 설치였다. 나
병원에 관한 연구는 있지만, 나환자촌의 경우는 소략하다. 특히 나
환자촌은 해방 이후 한국전쟁 시기 부랑아처럼 거리로 나올 수밖
에 없는 처지로, 이후 국가에 의해 집단 이주의 형태로 분산 배치
되는 한편 격리되어 억압, 배제되었다.[26] 이와 같은 격리, 은폐된
서발턴에 관한 연구도 필요하다.

한편, 조선 내 도시들이 주로 일본인 거주지를 중심으로 형성
되면서 농촌으로부터 유입된 인구를 수용할 수 없게 되자 조선인
들의 해외 이주도 늘어났다. 이에 부산은 일본으로 도항하고자 하

---

26 정태안, 「부산경남지역의 정착촌 나환자 실태에 관한 조사연구」, 『부산의대잡지』
16-2, 1976.

는 조선인들의 집결처가 되었다. 1930년대 후반까지 매년 10만 명 이상의 도항자(최대 하루 200명)를 기록하던 부산은 도항을 준비하는 조선인들의 한시적인 거주지로서 기능했던 것이다. 그러나 도항이 일본의 사정에 의해 금지와 해제를 반복하자, 도항을 위해 부산으로 왔던 조선인들까지 부산에 거주하기 시작했다. 예를 들어, 1925년 10월부터 이듬해 12월까지 도항증명서 미비 등의 이유로 부산에서 도항이 금지된 인원은 당시 부산 인구와 비슷한 14만여 명에 이를 정도였다. 도항이 금지된 일부는 고향으로 돌아갔지만, 대부분은 재차 도항의 기회를 기다리거나 고향으로 돌아갈 수 없는 처지로 말미암아 부산에 머물며 도시의 하층에 위치하며 생활을 영위했다. 나아가 '불법적인' 밀항도 감행하기도 했다. 이 때문에 부산을 중심으로 밀항 브로커까지 활개치기도 했다.[27]

도항과 밀항은 식민지 '인후(咽喉)' 도시로서[28] 부산이 지닌 관문도시로서의 특성을 유감없이 보여주는 모습이라고 할 수 있다. 그런데 이와 같은 도항과 밀항은 이동을 둘러싸고 개항장, 관문도시가 지닌 자유로운 이동의 신화를 적나라하게 드러내 준다. 근대 세계는 이동의 자유를 개인의 권리에 포함하는 자유주의 서사를 통

---

27 김은영, 「1920년대 전반기 조선인 노동자의 구직 도일과 부산시민대회」, 『역사교육』 136, 2015 ; 이승희, 「조선인의 일본 '밀항'에 대한 일제 경찰의 대응 양상」, 『다문화콘텐츠연구』 13, 2012 ; 김승, 「일제시기 조선인의 밀항 실태와 밀항선 도착지」, 『역사와 경계』 124, 2022.

28 식민지 시기 부산에 거주한 일본인들이 즐겨 사용한 '인후', 즉 목구멍은 '관문'의 신체적 대리 표현이다.

해 형식적으로 인정하며 이동의 평등성, 보편성을 주장했다. 하지만 자유주의 서사는 서구 백인 남성으로부터 기원했기에 애초부터 불균등한 이동, 이른바 '이동의 자유가 곧장 타자의 착취'로 이어진다는 사실을 은폐했다. 서구에서 시작된 근대 자유주의에 의하면, 개인의 권리인 이동의 자유는 '인종화된 노예제'와 '젠더화된 의존성'을 토대로 서구 백인 남성에게만 균등한 자유를 부여했다. 그들 이외의 '타자들은 신체적으로 통제받고 지배당하면서 강제로 이동당'할 뿐이었다.[29] 이른바 이동은 인종, 계층(계급), 젠더 '차이적으로 접근'되었다.[30]

일제도 식민지와 본국 사이의 이동에 대해 서구 제국주의와 같이 불균등성과 '차이적 접근'을 드러내 놓고 노골화했다.[31] 일제는 영토의 확장과 함께 제국/식민지라는 관계를 특유의 '내지 연장'과

---

29 미미 셸러, 『모빌리티 정의』, 앨피, 2019, 134쪽 ; 피터 애디, 『모빌리티 이론』, 앨피, 2019, 184-185쪽.

30 피터 애디, 위의 책, 181-182쪽 ; 하가르 코테프, 『이동과 자유 - 자유주의적 통치와 모빌리티의 계보학』, 앨피, 2022, 41쪽.

31 일본의 식민주의는 정착형 식민주의라고 할 수 있는 대대적인 이주 식민이 일제강점기 내내 진행되었다. 이에 따라 일본인 이주 식민자는 100만여 명에 이르렀다. 따라서 정착형 식민주의는 일본인 '정착자가 자율적이고 자주적인 주체로서 세계 속을, 그리고 자기 영토라고 주장하는 곳을 가로질러 돌아다닐 수 있는 능력'을 지녔을 뿐만 아니라 '토착민의 이동을 제한하고 통제하는 이전에 이 영토를 주권적으로 소유했던 자를 부동화하는 능력'도 지녔다(피터 애디, 위의 책, 103쪽). 더불어 식민성이야말로 근대성의 어두운 이면을 과감없이 드러내는 장이라고 할 수 있다. 따라서 식민성 연구는 단순한 식민지 경험의 역사를 밝히는 것만 아니라 서구 남성 중심의 근대 세계와 인식론적 체계를 폭로하는 장으로 확대가능하다(월터 D. 미뇰로, 『서구 근대성의 어두운 이면』, 현암사, 2018).

그에 따른 '동화'라는 수사적 이데올로기('내지 연장주의'와 '동화주의')를 동원하며 이전의 국가적 경계와 장벽이 없는 자유로운 이동을 표면적으로 전제했다. 하지만 제국과 식민지 즉, 일본과 조선을 내지와 외지, 법역과 법외역(국적법)으로 구분하여 공간적·민족적 차별을[32] 이면화하면서 불균등한 이동을 심화시켜 제도화했다. 이는 곧 차별적 '재영토화'라고 할 수 있다.[33]

나아가 일제는 자본(원료 및 노동력시장)과 전쟁(강제동원)을 기초로 식민지와 본국, 식민지와 식민지 간 (반)강제적 이동을 더욱 심화시켰다. 이른바 이동을 통한 폭력적인 '포섭의 차별적인 관리'라고 할 수 있다.[34] 이처럼 식민권력에 의한 '이동 체제'는[35] 해역의 경우 매개 장치인 부관연락선을 통해 관통했다. 결국, 조선과 일본 간 바다, 해양, 해역은 일제의 관점에서 확장되고 수직화된 영토의 연결을 의미하는 반면, 식민지 조선의 관점에서 제국적 위계질서에 기초한 차별적 재영토화를 촉진하는 심화된 불균등한 이동의 장소였다. 그리고 그 해역의 검문소인 수상경찰서와 '부관연락선'은 불균등한 이동장치라고 할 수 있다. 이 때문에 관문도시 부산에는 도항자, 밀항자, 산업예비군, 유랑민, 부랑자, 나아가 '불온한

---

32 遠藤正敬, 『近代日本の植民地統治における國籍と戶籍』, 明石書店, 2010, 51-73쪽.
33 요시하라 나오키, 『모빌리티와 장소』, 심산출판사, 2010, 6-7·69-76쪽.
34 사드로 메자드라·브렛 닐슨, 『방법으로서의 경계』, 갈무리, 2021.
35 하가르 코테프가 개념화한 '이동 체제'는 "영토와 인구에 대한 통제가 사람과 물품의 유통을 통제함으로써 거의 완벽하게 달성될 수 있다는 자기결정력과 민족해방투쟁을 단지 '테러'로 보는 체제의 주요한 정치 테크놀로지이다."(하가르 코테프, 앞의 책, 60쪽)

혁명가' 등이 일본인 중심 시가 바깥에 거주할 수밖에 없는 상황을 연출했다. 이처럼 경계의 권력에 의해 억압, 배제, 타자화되는 서발턴에 대한 역사 연구는 중요한 주제 중의 하나라고 생각된다.

관문도시로서 이동/부동의 경계 권력의 작동은 해방 이후에도 마찬가지이며 어떤 의미에서 더욱 강화되었다고도 할 수 있다. 물론 아직 정부 수립 이전일 뿐만 아니라 한국전쟁 등을 거쳐 여전히 혼란기로 국민의 표상인 신분증 등이 완전히 구축되지 못한 상태였기 때문에, 이 경계 지대는 더욱 강력한 경계 권력의 폭력과 서발턴의 (비)가시적 존재 형태를 확인할 수 있다. 예를 들어, 해방 이후 일본인의 인양과 조선인의 귀환은 물론이고 한국전쟁을 통한 피난, 그리고 주권 국가에 의한 이동의 통제가 이루어졌다. 이처럼 관문도시 부산은 하늘길이 열리기 전 경계 권력이 아주 강하게 작동하는 주요한 장소라고 할 수 있다.[36] 이와 관련해서는 다음 장의 난민 등을 통해 보다 더 깊이 있게 확인할 수 있다.

Ⅳ. 근대 권력과 난민, 이주민

일제의 전쟁 동원과 함께 확장된 도시 공간은 해방과 더불어 일본군 철수를 위해 진주한 미군(미 24군단 6사단 및 40사단)에 의해

---

36 관문도시의 관문성이 경계를 의미한다면, 기존의 관문도시가 물리적인 측면에서 국경 도시였다면 하늘길이 열리면서 더욱 확대되었다.

일부 점유되었다. 다른 한편, 일본 등 해외 이주 및 일본·대만·동남아시아·남양 등지에 강제 징용, 징병당했던 조선인들의 귀환에 의해 다시 도시 공간이 점유되기 시작했다. 해방 당시 부산 인구는 28만여 명이었지만, 1949년에는 50만 명에 육박할 정도로 증가했다. 적어도 20만여 명의 '귀환 동포'가 부산에 거주하였던 것으로 추산된다. 귀환 동포들은 일본인들이 활용한 비주거 공간을 차지할 뿐만 아니라 집단적으로도 도시 외곽 공간을 점유하며 난민화했다. 당시 그들의 집단 거주지는 범천동, 범일동, 당감동, 문현동, 우암동 일대였다. 이들 지역의 대표적인 공간은 말 막사와 소 막사 등 군용 시설지였다. 따라서 해방 이후 부산은 식민자 일본인의 출구였고 피식민 유출 조선인의 입구였지만 중심 시가는 연합군으로 진주한 미군이, 그 밖의 일본인 적산은 부산 거주민이, 이들 밖의 변두리와 쓸모없는 공간은 귀환 동포가 차지하는 구조로 재편되었다.

여기에 더해 1950년 발발한 한국전쟁은 부산을 구호와 원조의 유엔기구와 정부가 이전한 '피란수도'로 만들었지만, 피난민 등을 수용하는 거대한 수용소 도시로도 만들었다. 약 50만 명의 피난민이 부산으로 몰려들어 부산의 도시 공간은 포화를 넘어 과밀·과잉에 이르렀다. 부분적으로는 피난민을 산간과 외곽의 빈공간으로 분산 배치함으로써 도시 공간의 확장도 이끌었다. 이들 피난민들 중 약 20만 명 정도는 부산 외곽에 집단적으로 분산 수용되었고, 약 30만 명 정도가 도심에 유입되어 주로 대청동, 보수동, 영주동,

대신동, 아미동, 초량동, 수정동, 좌천동 등지의 산동네에 판자촌을 이루며 거주했다. 전쟁이 소강상태에 접어들면서 고향으로 돌아가는 피난민들도 있었지만, 고향을 이북(피난민의 약 1/3)에 두었거나 고향으로 돌아갈 여력과 의미가 없는 여전히 많은 피난민들이 유랑, 부랑, 난민화하여 부산항을 중심으로 인근 산복과 그 외 공지 및 수용소(우암동, 영도, 괴정)에서 생활했다.[37]

한편, 부산으로 피난온 사람은 한국인만은 아니었다. 식민지 시기 조선인과 결혼한 일본인 처들도 부산으로 피난 왔고, 이들은 초량 인근의 소림사에 집단 수용되었다. 본국으로 돌아갈 수도 없는 '포스트식민'의 담지자들이었다. 이들은 이후 또 다른 외국인 수용시설로 옮겨졌고 경남 외곽의 집단 거주지로 옮겨가면서 이 외국인 수용시설은 한일 관계의 악화에 따라 평화선을 넘어와 납포된 일본인 어부들의 수용소(일본의 한국인 수용시설은 오무라수용소와 같은 위치)로도 운영되었다. 이러한 경험은 부산이 지닌 관문도시로서의 성격으로 인해 이후 수용과 추방의 경계에서 다양한 난민 수용

37　피난민과 그 생활과 관련해서는 차철욱의 「한국전쟁 피난민들의 부산 이주와 생활 공간」, 『민족문화논총』 45, 2010과 「한국전쟁 피난민들의 정착과 장소성-부산 당감동 월남 피난민마을을 중심으로」, 『석당논총』 47, 2010 등 다수의 연구 성과가 축적되어 있다. 특히 '피란수도 부산유산'을 유네스코 세계유산에 등재하기 위한 노력 속에 최근 들어 연구가 집중되고 있다. 이 가운데 기존 연구를 넘어 이중적 권력 하의 서발턴으로 이해할 수 있는 연구로는 이송희, 「1950년대 부산지역 이주 여성들의 삶」, 『항도부산』 25, 2009와 차철욱의 「부산지역 피란민 유입과 피란민 공간만들기-우암동 피란여성을 중심으로」, 『석당논총』 63, 2015 및 「한국전쟁 피난민과 국제시장의 로컬리티」, 『한국민족문화』 38, 2010이 대표적이다.

소(베트남 등)와 집단 이주시설(촌), 그리고 국제 이주가 이루어지는 공간으로도 활용되었다.[38]

한국전쟁은 피난민과 함께 수많은 고아, 부랑아, 유랑자, 상이용사, 과부들을 양산함으로써 이들을 수용하는 시설들이 부산의 시내와 시외 곳곳에 설치되었다. 이들 시설은 피난민 수용시설과 유사했고 따라서 관문도시 부산은 거대한 수용소로 기능했다. 이와 같은 수용시설은 전후에도 여전히 이어져 한국 현대사의 비극을 낳은 인권 유린의 장소로서 지금까지 문제가 되고 있다.[39]

또한 전쟁포로들도 강제 이동해 시 외곽의 포로수용소에 수용되었으며 포로수용소에서 사망에 이를 경우 이들의 유해가 적군(포로)묘지에 묻혔는데, 이 또한 유엔군 묘지와 함께 조성되었다.[40] 물론 정전과 함께 포로들은 북한으로 돌아가거나 중립국에 수용되기 위해 임시로 거처하기도 했으며, 수도가 서울로 이전하자 피난민 또한 고향으로 옮겨갔다. 그럼에도 불구하고 여전히 남아 있는

38　구지영, 「동아시아 해항도시의 이문화 공간 형성과 변용-부산 초량동 "차이나타운"을 사례로」, 『석당논총』 50, 2011 ; 노영순, 「부산입항 1975년 베트남난민과 한국사회」, 『사총』 81, 2014 ; 노용석, 「부산역 인근 '텍사스촌'의 형성과 러시아권 이주민 유입 연구」, 『민족문화논총』 82, 2022.

39　서울대학교 사회학과 형제복지원연구팀 엮음, 『절멸과 갱생 사이, 형제복지원의 사회학』, 서울대학교출판문화원, 2021 ; 김일환, 「지역에서의 '부랑인' 수용과 민간 사회복지 – 1960~1970년대 부산의 사례를 중심으로」, 『사회와 역사』 129, 2021.

40　부산 포로수용소와 포로에 대한 본격적인 연구는 아직까지 없다. 대체로 거제도 포로수용소를 중심으로 부산의 경우를 일부 언급할 뿐이다(성강현, 『6·25전쟁 시기 포로수용소와 포로들의 일상생활』, 도서출판 선인, 2021), 부산의 적군(포로)묘지는 전성현, 「한국전쟁기 유엔한국묘지(적군묘지)의 조성과 의미」, 『사회와 역사』 132, 2021.

이와 같은 거대한 수용시설들은 남아 있는 피난민 등에 의해 점유되거나 대화재 등에 의해 도시 사회문제가 되었다.

한국전쟁 이후 부산항을 중심으로 집중된 인구는 1960년대 초반까지 괘법동, 괴정동, 구평동, 감만동, 청학동, 동삼동, 양정동, 연산동, 대연동, 전포동 등지로 분산 배치되었고, 이들 지역은 철거, 이주민 주거지가 되었다. 1960년대 후반에는 다시 산업화와 더불어 동래구 서동, 해운대구 반송동 등 8개 지구(신평동, 장림동, 당리동, 연산동, 서동, 반송동, 대연동, 망미동)에 영주동 및 수정동 산동네와 충무동 등의 거주민들을 철거, 이주시키며 원도심의 도시문제를 해결하고자 했다.[41] 그리고 피난민들을 집단 이주시킨 부산항 주변의 산동네에는 연립주택과 서민아파트 또는 시영아파트를 건설해 도시 경관을 어느 정도 갖추게 되었다. 관문도시 부산의 시가지 정비와 확대 그리고 이주민의 수용 등은 한국전쟁이라는 냉전의 산물이었다. 그와 같은 난민의 삶이 관문도시 부산의 다양한 장소에 역사화되어 있기에 이에 대한 서발턴 연구도 필요할 것이다.

V. 맺음말 : 관문도시로서의 부산, 서발턴 연구를 넘어

이상과 같이 부산은 일본 제국주의와 부산 거주 일본인들에 의

---

41 김대래, 「구술을 통해 본 물만골의 형성 - 6.25 피난민 및 철거민 정착론에 대한 비판적 검토」, 『항도부산』 41, 2021.

해 근대 식민도시의 일환으로 계획되어 형성되었고, 해방 이후 열전과 냉전체제에서 정치적 귀환 동포와 피난민들을 수용하는 한편, 전후에는 사회적 난민, 이주민 등이 수용되고 위계화된 관문도시였다. 그리고 그 경계 공간에서 가장 활발하게 복무하는 '식민/냉전국가-가부장-자본주의 권력'의 위계 아래 또는 권력의 폭력에 순응하기도 하고 저항하기도 하는 한편, 가시화되기도 하고 비가시화되기도 하는 다양한 서발턴이 존재할 수밖에 없었다. 지금까지는 근대 권력과 주체의 이분법적인 대응 관계 속에서 순응하든 저항하든 주체화 과정을 거쳐 가시적으로 드러난 주체들에 한해 제한적인 연구가 진행되었다.

하지만 앞에서도 언급한 것처럼 근대 권력은 식민/냉전-가부장-자본 권력이라는 보로메오의 매듭으로 연결되어 상호 보완하며 다양한 차원에서 중층적인 주체, 객체, 비체, 즉 서발턴을 양산한다. 그런데 이들 서발턴은 권력에 의해 또는 권력과 함께 주체화하기 때문에 권력과 주체의 관점에서 재현될 뿐이다. 그 권력적 재현을 하나의 권력관계로 보지 말고 중층적인 차원에서 권력관계를 확인하는 한편, '말하지 않는/못하는' 서발턴의 역사적 재현을 위해 노력할 필요가 있다. 그런 의미에서 '장소'로서 부산과 '행위자/주체'로서 서발턴 역사 연구는 로컬 차원의 지역과 민의 연구는 물론, 리저널 차원의 지역과 민의 연구에 소중한 자양분이 될 수 있을 것이다.

끝으로, 중층적 권력관계가 가장 활발하게 작동하는 관문도시 부산을 통한 서발턴 역사 연구의 필요성만큼 그 한계도 지적하지 않을 수 없다. 즉, 앞에서 언급한 세 차원의 근대 권력과 서발턴의 관계는 근본적으로 인간중심주의라는 또 다른 차원의 근본적인 문제점을 내포하고 있다. 즉, 인간 사회의 위계질서와 그 불평등성에 대한 문제 제기와 해결이 궁극적인 목적이기 때문에 인간중심주의에서 벗어날 수 없다. 최근 '신유물론'은 인간과 물질 또는 비인간, 문화와 자연이라는 이분법적인 근대 인식이야말로 가장 권력적인 인간중심주의라고 문제삼고 있다.[42]

근대 역사에서 남성중심주의와 제국주의가 자본주의와 결합해 여성과 식민지를 착취했다면, 이 인간중심주의는 자본주의와 결합해 자연을 착취했다. 이른바 근대 권력은 자연과 여성, 그리고 식민지를 착취한 토대 위에 군림하고 있는 것이다.[43] 나아가 계속되는 착취의 심화로 그 착취의 흔적이 지구에 강하게 각인되고 있는 상태이다. 그 때문에 지질학적, 지구시스템적, 그리고 인간과 자연의 관계에서 인간이 지배하는 현시대를 인류세 또는 자본세라

---

42 릭 돌피언·이리스 반 데어 튠, 『신유물론: 인터뷰와 지도제작』, 교육서가, 2021 ; 문규민, 『신유물론 입문: 새로운 물질성과 횡단성』, 두 번째테제, 2022 ; 몸문화연구소, 『신유물론』, 필로소픽, 2022 ; 이동신, 『포스트휴머니즘의 세 흐름』, 갈무리, 2022 ; 몸문화연구소, 『자연문화와 몸』, 헤겔의휴일, 2022 ; 박준영, 『신유물론, 물질의 존재론과 정치학』, 그린비, 2023.
43 라즈 파델·제이슨 W. 무어, 『저렴한 것들의 세계사』, 북돋움, 2006 ; 제이슨 W. 무어, 『생명의 그물 속 자본주의』, 갈무리, 2020.

명명하며[44] 지구 멸망이라는 암울한 미래를 예견하고 있다.[45] 최근의 팬데믹이나 기후 위기 등이 그 징후이다.[46]

그렇다면 관문도시 부산과 서발턴 역사 연구도 인간 중심의 연구를 넘어 물질(비인간), 자연과의 관계를 묻는 연구로까지 확장될 필요가 있다. 즉, 서발턴의 역사가 아니라 서발터니티의 역사를 탐구하는 것이다. 이 과정은 관문도시 부산의 역사에서 억압, 배제되어 주체, 객체, 비체화된 것이 인간만이 아니라 자연과 물질(비인간)도 있음을 확인하는 과정일 것이다. 따라서 역사학의 경우 이른바 인간과 자본 중심의 착취를 토대로 한 물질사, 생태환경사 차원의 연구로까지 확대될 필요가 있다.

최근 역사학에서도 생태환경사 차원에서 기후와 인간 그리고 재난을 연결하는 연구가 진행되고 있다.[47] 이들 연구는 지배권력과 개발의 문제점을 지적하거나 개발에 의한 (지역)민의 피해를 다

---

44 인간이 지배하는 현시대를 지칭하는 개념과 기점은 다양하다(클라이브 해밀턴, 『인류세』, 이상북스, 2018 ; 사이먼 L. 루이스·마크 A. 매슬린, 『사피엔스가 장악한 행성』, 세종, 2020). '자본세'는 앞의 제이스 W. 무어가 강조한다. 그 외에도 플랜테이션세, 쏠루세 등도 있다(도나 J. 헤러웨이, 『트러블과 함께하기』, 마농지, 2021).

45 데이비드 월러스 웰즈, 『2050 거주불능 지구』, 추수밭, 2020.

46 신유물론과 그 실천적 차원의 '인류세' 또는 '자본세'를 탐색하는 철학자는 많지만, 역사학자는 드물다. 그런데 서발턴 연구 그룹에서 이와 같은 차원의 전환을 고민하는 디페시 차크라바르티의 저작은 주목할 만하다(디페시 차크라바르티, 『행성시대 역사의 기후』, 에코라브르, 2023). 다만 차크라바르티가 공통의 재앙이라는 인류의 보편성에 집중함으로써 이른바 '기후변화의 모든 충격에 대해 차별화된 취약성'을 눈 감고 있다고 비판받고 있는 점도 간과할 수 없다(안드레아스 말름, 『화석 자본: 증기력의 발흥과 지구온난화의 기원』, 두번째테제, 2023).

47 국사편찬위원회, 『기후와 인간, 그리고 재난 : 생태환경사의 관점』, 2022.

루는 데 집중한다. 이와 같은 연구도 축적되어야 하겠지만 이를 넘어설 필요도 있다. 일차적인 착취의 대상이며 피해는 물질(비인간)과 자연이라는 점에 관심을 기울일 필요가 있다. 그래야만 권력과 개발의 실체를 보다 더 명확하게 확인할 수 있지 않을까. 또한 비인간 및 자연과 함께 만들어 온 수많은 역사를 전면으로 드러내 그 의미를 제대로 파악할 수 있지 않을까. 그러려면 앞으로의 연구는 권력을 매개한 주체 연구를 넘어 권력을 매개하지 않는 행위자 연구로까지 확장할 필요가 있을 것이다.

대만의 서발턴과 대만사 연구

김봉준

Ⅰ. 머리말

이 글은 2000년대 이후 변화된 대만사 연구를 중심으로 기존 동향과 특징을 되짚어 보고, 대만 서발턴과의 접점에 대한 이해에 초점을 맞추고 있다.

대만은 태평양의 서북쪽, 필리핀과 류큐 사이에 있는 섬으로, 중국 대륙과는 대만 해협을 사이에 두고 있다. 본래 대만은 기원전 4~5만 년 전 시기부터 남도어족(南島語族, Austronesian languages)[1] 계열의 원주민이 살고 있던 땅이었으나 17세기 이후,

---

*   이 글은 「민진당 재집권 이후의 대만사 연구 경향」, 『중앙사론』 60호, 중앙사학연구소, 2023을 대폭 수정, 보완한 것이다. 논문 작성에 도움을 주신 동서대 중국연구센터와 중앙대 중앙사학연구소 선생님들께 감사드린다.

1   남도어 계통의 언어를 사용하는 집단을 통칭하는 표현이다. 이 집단은 폴리네시아부터 인도네시아, 대만, 필리핀, 베트남 등 주로 남태평양 동부에 접해 있는 지역에 고

네덜란드, 명정(明鄭)[2], 청, 일본의 통치를 받은 바 있다. 같은 동아시아의 오키나와와 제주와는 달리 이른바 "외래정권(外來政權)"[3]의 통치가 장기간에 걸쳐 이루어진 역사적 경험이라는 특징을 가지고 있는 지역이다. 그리고 제2차 세계대전 이전까지 대만은 통치 주체에 따라 변경, 속지(屬地), 그리고 식민지로 인식되었다. 1949년 중화민국 정부가 대만으로 옮겨지면서 대만의 국민당 정권 통치가 시행되었다. 이때부터 지금까지 대외적으로는 냉전체제와 양안 관계, 내부적으로는 중화민국의 대만화 및 민주화의 격동으로부터 대만 정치와 사회는 지대한 영향을 받고 있다.

1980년대 이후 대만의 정세는 국민당과 민진당 양당의 구도에 의해 좌지우지되고 있다. 2016년 1월에 있었던 대만 대선에서는, 국민당 마잉주(馬英九) 정권에 이어 차이잉원(蔡英文)을 내세운 민진당이 정권을 다시 쥐게 되었다. 2016년 민진당 재집권 이후 대만 정치·사회의 역학 관계는 정계뿐만 아니라 학계에도 지대한 영향을 주었다. 여기에 2019년 홍콩 사태 등 대만 정치와 사회에서

루 분포되어 있다.

2　정성공(鄭成功, 1624~1662)을 수반으로 하여 1662년 대만의 대남(臺南) 일대에 근거지를 둔 남명(南明) 정권을 말한다. 정성공은 1662년 대남에 있던 네덜란드 세력을 몰아내고 대만에서 반청복명(反淸復明) 활동을 이끌었다. 그러나 정성공 사후, 1683년 팽호 해전의 패배로 전세가 기울게 되었다. 당시 남명 정권을 계승했던 정극상(鄭克塽)이 청에 투항하면서 명정 정권은 무너지게 된다.

3　외래정권이라는 표현은 龔宜君, 『「外來政權」與本土社會』, 稻鄉出版社, 2011에서 국민당을 외래정권으로 규정한 것이 학술용어로 사용된 사례라고 할 수 있다. 단 이 외래정권의 범주에 국민당 정권을 포함하는 여부는 아직도 논쟁 중이다.

탈중국화(去中國化)의 분위기가 짙어지는 상황 속에서 2020년 1월에 치러진 대만 총통 선거는 민진당 후보 차이잉원이 한궈위(韓國瑜) 국민당 후보를 누르고 연임에 성공하였으나, 2022년 11월 대만 총선에서는 국민당이 민진당을 누르고 우세한 지지를 얻는 결과가 나오게 되었다. 그리고 2024년 1월에 있었던 총통 선거에서는 민진당 라이칭더(賴淸德) 후보가 당선되는 등 대만의 정치와 사회는 격동의 맥락 속에서 전진하고 있다. 이러한 정치·사회의 분위기에서 대만의 역사학계 및 교육계에서는 대만과 대륙과의 역사적·정치적 연관성보다 대만의 정체성과 내재적 역량을 강조하는 경향이 점차 두드러지고 있다.[4]

특히 대만의 서발턴은 대만이라는 지리적 공간에서 당대 대만인이 공유하고 있는 역사적 사건으로 인한 정치·경제적으로 복잡한 관계망 속에 얽혀 있다.[5] 현재 대만사 연구자들은 대만인들이

---

4   민진당 집권 이후 대만 역사 교육계의 동향, 그리고 대만 주체성과 그 인식의 변화와 관련해서는 김유리, 「대만의 정권교체와 고등학교 역사과정 개혁」, 『역사교육』 134, 2015; 임규섭, 「대만에서 역사교육과 국가정체성의 관계 : 청년세대의 정체성 변화를 중심으로」, 『아시아연구』, 2023 등을 참조.

5   대만 서발턴을 직접 관련짓고 있는 연구는 많지 않으나 대표적으로는 Shih Chih-Yu의 연구(Shih Chih-Yu, "Taiwan as East Asia in Formation A Subaltern Appropriation of the Colonial Narratives", Gunter Schubert, Jens Damm, ed., *Taiwanese Identity in the 21st Century: Domestic, Regional and Global Perspectives*, London, Routledge, 2011)가 있다. Shih Chih-Yu는 20세기 전후 포스트 콜로니즘의 관점으로 동아시아 담론의 현실을 지적하면서 일상생활에 대한 국가 권력의 개입과 헤게모니에서 벗어나기 위해 개념적 반성이 필요함을 지적한다. 그리고 비저항적 방식으로도 특정 민족과 국가의 정체성이 형성될 수 있음을 주장하면서, 서발턴의 존재를 긍정하고 아시아주의에 대한 반성을 위해 서발턴 개념

공인(共認)할 수 있는 역사 인식을 구성하고 이를 바탕으로 대만의 정체성을 확립시키고자 한다. 즉 식민주의와 대륙식 민족주의의 한계를 탈피하고, 합리적이고 정당성을 갖춘 대만의 정체성을 구축하려는 것에 지향점을 두려는 것이다.[6]

라나지트 구하(Ranajit Guha)가 기존 인도의 역사학을 비판했던 것과 마찬가지로, 현재 대만사 연구자들 또한 식민과 민족의 관점에서 구축된 대만의 역사를 거부하려 한다.[7] 이전 대만의 역사학은 대만인과 그 역사를 항상 피동적이고 외부의 영향에 의해서만 역사적 단계를 밟아 나갔다는 관점에서 서술해왔는데, 이러한 시각을 부정하면서 대만인 스스로가 대만 역사의 주체로서 인식하고자 노력하고 있다.[8] 그러므로 현재 대만의 역사 인식과 서술은 탈중국

의 필요성을 역설한다.

6 이른바 'Identity'를 두고 한국학계에서는 일반적으로 '정체성(正體性)'으로 해석하는 것에 반해 대만에서는 주로 '인동(認同)'으로 표현하는 차이가 있다. 다만 '認同'은 Identity의 중국어 해석이며, 한국의 정체성과 동일한 어원(語原)을 가지고 있다. 반면 한국에서 일반적으로 사용하는 정체성은 본질적인 성질을 가진 독립적 존재에 기반을 두는 개념으로 해석한다. 이에 반해 대만학계의 '認同'은 주로 recognition과 acknowledge의 상호작용을 적용한 개념과 작용으로 이해된다. 다시 말해, 認同은 기억 활동의 형태로 개인과 집단의 경험과 기억을 중심으로 한 인지(認知)적 작용으로 해석되며, 이는 본질의 고유성과 독립성을 강조하는 것보다 상호 인식과 관계 속에서의 공통의 가능성에 좀 더 초점을 맞춘다. 아울러, 한국에서 '민족' 혹은 민족에 대한 형용사로 사용되는 ethnic은 대만에서 족군(族群)으로 명명하고 있다. 물론 민족이라는 단어가 전혀 사용되지 않는 것은 아니나 특수한 경우에 한정되어 사용되는 경우가 많다. 근래 대만사의 선사 시대 및 고대사 연구에서 심심치 않게 등장하고 있는 '원주민족(原住民族)'의 사례가 대표적인 사례라고 할 수 있다.

7 Ranajit Guha, *History at the Limit of World-History(Italian Academy Lectures)*, Columbia University Press, 2002.

8 현대 대만 사학사에 관해서는 杜正勝, 『新史學之路』, 三民, 2004; 王晴佳, 『台灣史

화 속의 대만의 정치·사회적 과정에서 이해해볼 필요가 있다. 그러면 이러한 역사 인식과 대만 서발턴의 접점을 모색해볼 수 있을 것이다.

Ⅱ. 탈중국화의 대만 사회와 대만의 정체성 탐색

1. 탈중국화의 대만 사회와 역사 논설

현재 대만사 연구는 이전 대륙과의 연계를 강조한 기존의 대만사 서술과는 달리, 대만 섬을 연구의 공간으로 간주하고, 대만을 독립적인 연구 단위로 설정하고 있다. 외부 종족·언어 집단에 착안하면서 남태평양의 남도어족(南島語族) 계열 원주민과 스페인·네덜란드·일본·중국을 비롯한 여러 정치 주체 및 집단과의 교류가 있었던 대만의 정치적 특수성을 규명하고자 하는 것이다.[9] 즉, 20세

學50年』, 麥田, 2002를 참고할 수 있다. 또한 2019년에 출간된 『臺灣史論叢』 역시 대만사 연구 경향을 파악할 수 있는 중요한 자료이다. 대만 역사학계에 영향력이 큰 학파라고 할 수 있는 南港史學 혹은 南港學派와 관련해서는 王爾敏, 『20世紀非主流史學與史家』, 廣西師範大學出版社, 2007를 참조.

9 周婉窈, 「山、海、平原: 臺灣島史的成立與展望」, 張隆志 編, 앞의 책, 2020, 58-59쪽, 67쪽. 曹永和는 1990년에 처음 臺灣島史의 개념을 주장했다. 차오롱허의 시도는 연구의 범위를 대만이라는 지리적 공간으로 규정하고 대만인과 그들의 입장에서의 역사 서술을 처음으로 주장했다는 점에서 의의가 있다. 차오롱허는 본래 대만사 서술에서 정치적 요소의 배제를 주장했으며, 현재 중화 민족주의에 대한 반성과 대만 학계 내부의 탈중국화에 대한 자성의 목소리가 높아짐에 따라 臺灣島史 개념의 가치

기 후반 이후 대만사 연구의 주제와 경향은 대륙과의 역사·문화적 연계를 강조하는 이전의 경향에서 벗어나, 대만 고유의 역사적 특성과 대만인에게 내재하고 있는 역량을 증명하는 것에 초점을 맞추고 있다고 할 수 있다.

20세기 중반까지 대만사 서술은 대만을 복건의 한 지역[10]이자 대만 개척에서 복건 출신 이주민의 영향력을 중요하게 보면서 대만과 대륙의 연계성을 부각해왔다. 그리고 대만을 이주 사회로 규정하였으며,[11] 한인의 대량 이주에 따른 대만의 개척 활동이 대만의 사회 구성과 변동의 핵심적인 역할을 해왔음을 강조했다.[12] 그러나 최근에는 대만사의 관점을 '한인(漢人)'의 역사에서 '대만인'의 역사에 두면서, '문자(text)' 중심에서 대만이라는 '공간(site)'이 가지고 있는 고유문화와 정체성을 밝히고자 하는 것으로 변화되었

또한 재평가를 받고 있다. 그리고 21세기에 들어서서 臺灣島史는 대만 역사학계와 교육계를 주도하는 연구 기조로써 중요한 입지를 가지고 있다.

10 정확히는 복건(福建)과 대만과의 관계에 주목한다. 청대 대만이 복건성의 관할지라는 사실과 복건의 泉州와 章州에서 대만으로의 이주가 활발했던 사실을 바탕으로, 대만을 중국의 속지(屬地)로 보았다(庄爲璣·王連茂,「閩臺關係族譜資料分析」,『閩臺關係族譜資料選編』, 福建人民出版社, 1985, 4-5쪽, 383-384쪽).

11 천콩리(陳孔立), 황슈정(黃秀政)은 대만을 이민 혹은 이주 사회로 보는 대표적인 연구자라고 할 수 있다. 대표적인 저작으로는 陳孔立,『淸代台灣移民社會硏究』(增訂版), 九州出版社, 2003, 黃秀政,『台灣史硏究』(增訂版), 台灣學生書局, 1995가 있다. 이러한 연구 경향을 가진 학자들은 대부분 중국에서 대만을 공부하거나 본래 중국사를 전공으로 하던 학자이다.

12 중국사에 대한 대만인의 인식변화는 최근 대만의 교육에서 선명히 드러나고 있다. 이 문제는 한국학계에서도 중요하게 다루고 있으며, 이를 다룬 국내 연구로는 고석현, 박민수, 앞의 논문, 2020, 301-327쪽이 있다.

다. 자료에 관해서도 중국어를 포함한 국외 자료와 연대기 자료를 주로 참고하지만, 서술 대상을 대만 원주민으로 설정하고 그들의 역사적·문화적 정체성을 규명하는 것에 중점을 두고 있다.[13] 이러한 서술은 정체성(認同)의 논쟁과도 연관이 있으며, 내·외부의 상호관계 속에서 대만인이 가지고 있는 고유한 정체성의 존재를 밝혀내고자 하는 것에 목적이 있다.[14]

사실 대만 역사와 정체성 논쟁은 현대 대만 정치·사회의 변화 및 현실과 긴밀한 관계 속에 있다. 1980년대 이후, 이른바 '정치 민주화'의 분위기가 촉발되면서 대만 사회 일각에서는 '반일-친일', '반중-친중' 혹은 대만인의 정체성(認同)과 그 기원을 두고, "인동일본(認同日本)-인동중국(認同中國)"과 같은 관점이 대립하는 현상이 나타났다.[15] 또한 이러한 역사 정체성 논쟁은 일본 식민 및 2차 대전 전후 시기의 "통적(通敵)" 문제와 연계되어 정치 이데올로기와 역사 인식의 유착 현상을 보여준다.[16]

특히 1980년대의 정치 민주화와 더불어 탈중국화의 풍조가 대만 민중에게 설득력을 얻으면서, "대만은 대만인의 것"이라는 의식이 점차 대만 정치·사회의 각계 전반에 두각을 드러내기 시작

13　일례로 대만 북부 지역의 지역 사회와 주민의 생활사를 사례로 든 연구도 있다. 施添福, 「社會史、區域史與地域社會 : 以淸代臺灣北部內山的硏究方法論爲中心」, 張隆志 編, 『島史的求索』, 臺大出版中心, 2020, 222-223쪽.

14　임규섭, 앞의 논문, 2023, pp.81-83.

15　周婉窈, 「山、海、平原: 臺灣島史的成立與展望」, 張隆志 編, 앞의 책, 2020, 67쪽.

16　Evan Dawley(堯嘉寧 譯), 「導讀」, 『成爲臺灣人: 植民城市基隆下的民族形成 (1880s-1950)』, 臺大出版中心, 2021, pp.xx-xxi.

한 것과도 관련이 있다고 할 수 있다. 1970년대 이후 고도의 경제 성장을 통해 중국 대륙과 경제적 격차를 내는 데 성공한 대만인들이, 그들이 가진 내재적 역량에서 사회 발전의 원인을 찾고자 한 것이다.[17]

2. 대만 정체성에 관한 차이잉원의 논리와 실천

20세기 후반 민진당 재집권 이후 대만 서발턴과 대만사 연구의 경향성과 특징, 그리고 현재 대만의 정치·사회와의 관계를 이해하기 위해서는, 대만 제14·15대 중화민국 총통(2016~2024)을 역임한 차이잉원[18]의 역사관과 정체성 관련 논설을 먼저 참고할 필요가 있다. 대만의 문화 배경 및 정체성에 관한 이론은 현재 대만의 정치적 상황 및 정권의 지향과도 무관하지 않다. 차이잉원 총통

17　이러한 경향은 서구의 역사학 이론과 관점이 대만 유학생을 통해 대만에 유입된 것에서도 원인을 찾을 수 있다. 1970~1980년대에 구미 혹은 일본의 대만 유학생들이 1990년대를 지나면서 점차 대만으로 돌아왔다. 이들은 새로운 역사 이론과 방식을 대만사 연구에도 적용하였으며, 이에 따라 대만사 연구의 이론과 접근방식에는 이전과는 다른 경향들이 생겨나는 것을 가능케 했다. 2010년 이후 대만만의 고유성과 독립성을 강조하는 경향과 관점은 점차 대만학계의 주류로 이미 자리매김하였다. 특히 한인의 유입에 따라 대만의 사회가 본격적으로 태동하기 시작했다는 기존의 연구와 그 관점에 반대하는 연구가 속속 진행되기 시작했다. 일례로 청의 대만 통치를 가경 연간으로 설명하는 관점도 있으며, 이에 관하여 대표적인 연구자로는 鄭振滿이 있으며, 잘 알려진 저작으로는 鄭振滿, 『明淸福建傢族組織與社會變遷』, 湖南敎育出版社, 1992가 있다.

18　두 차례 대선에서 총통으로 당선되었으며, 재임 기간은 2016년 5월부터 2024년 5월까지이다.

이 정치대학 정치학과 교수로 재임하던 시기에 발표한 논문인「민족주의, 인민주의와 서구 현대성」의 논설은 현재 대만사 연구의 지향과 상당히 유사한 부분을 보이고 있으므로, 차이잉원의 관점을 분석할 수 있다면 민진당 재집권 이후 불고 있는 '전형정의(轉型正義)'의 바람 속에서 대만사에 대한 새로운 해석과 변화의 흐름을 이해할 수 있을 것이다.

우선 차이잉원은 민족과 민족주의의 형성에 관하여, 서구의 역사학자 및 인류학자들의 이론을 기반으로 대만의 민족주의와 사회 형성의 담론 및 전도(前途)에 적용하려 하였다. 특히 국가와 민족의 관계에 대해, 차이잉원은 베네딕트 앤더슨(Benedict Anderson), 엘리 케두리(Elie Kedourie), 그리고 어네스트 겔너(Ernest Gellner)의 구성주의 이론을 적용하고, 아울러 문화적 요소를 통해 국가와 민족의 사실관계를 구분해낼 수 있음을 주장한다. 민족주의가 '시민(公民, Civic)'과 '족군(族群, Ethnic)'에 기반을 두면서 하나의 민족을 구성할 수 있음을 논증하고자 하였다.

또한 리아 그린펠트(Liah Greenfeld)의 이론과 하버마스(Habermas)의 헌정 애국주의(Constitutional patriotism) 이론을 참고하여, 정치적 성질과 문화적 성질을 동시에 갖춘 자유 민족주의(liberal nationalism)를 구상해내는 것이 앞으로 대만의 민족주의가 나아가야 할 이상이라고 보고 있다.[19]

19　蔡英文,「民族主義、人民主義與西方現代性」,『政治與社會哲學評論』, 2002.

또한 차이잉원은 대만의 정체성에 관해, 공공 영역(Public sphere)이 가지고 있는 고유의 성질이 발휘되어야 함을 주장하였다. 그러면서 자유주의 체제에서 자결(自決)의 권리를 가진 민족이 형성되는 조건을 갖추어야만 비로소 진정한 헌정 정치를 실현할 수 있음을 밝히고 있다. 민족은 그것이 다수인지 소수인지 상관하지 않고 그 자체에 고유한 성질을 갖추고 있다면, 그것이 소수라도 하나의 민족과 그 문화를 가질 수 있음을 강조하는 것이다.[20]

차이잉원은 이 글에서 결국 민족은 고유한 정치적·문화적인 특성을 바탕으로 형성될 수 있으며, 국가의 구성 요소로도 충분히 작용할 수 있음을 주장하는 것이다. 즉 이 글의 핵심은 서구의 민족주의와 국가이론을 대만의 상황에 결부시켜, 민족이 가질 수 있는 고유한 문화와 체제를 강조하면서 자유주의와 민주 정치체제를 갖춘 '소수'의 국가에서도 충분히 국가의 요소로써 작용할 수 있다는 이론을 구축하려는 목적이 내포되어 있다.

차이잉원이 총통 당선 전에 이 논문을 통해 제시하고 있는 민족과 정체성 형성에 관한 이론과 주장을 참고하면, 대만 정치·사회의 각계에서 지향하는 자유 민족주의와 대만사 연구와의 상관관계를 어느 정도 가늠할 수 있다. 일례로, 2016년 8월 1일 차이잉원 총

---

20 차이잉원은 식민통치의 문제에 관하여, 영국 등 서구 열강에 의한 제국주의의 사례만을 들어, 비판적인 입장에서 식민통치가 가진 폭력성을 비판하였다. 그러나 대만에 대한 일본의 식민 통치에 대해서는 따로 언급하지 않고 있다.

통의 원주민들의 역사와 권리 침해에 대한 공식적인 사과[21] 이후, '총통부 원주민 역사정의와 전형정의 위원회(總統府原住民族歷史正義與轉型正義委員會)'를 설립한 사실 또한 이러한 맥락과 관련이 있다.[22] 물론 민진당 정권의 반중국적 기조를 내세우기 위한 정치적 목적도 내포되어 있지만, 이 위원회는 원주민의 권리 보장을 비롯하여, 대만 '원주민족(原住民族)'의 역사에서 원주민의 역할을 규명하고 대만의 원래 주인으로서의 사회적·문화적 지위를 복구한다는 목적을 표방한 바 있다.[23]

또한 앞서 차이잉원이 내세운 대만 정체성과 그 지향점은 현 정부의 직접적인 실행을 통해 실현되는 것이 아니라, 대만사 연구자의 손에 의해 실현되는 과정에 있다고 볼 수 있다. 이러한 점에서

21　이 사과문은 16개 원주민어로 작성되기도 하였으며, 영어판과 일본어판도 포함되어 있다. (https://indigenous-justice.president.gov.tw/Page/16)

22　이 위원회는 총통부 산하 공식 기구로 原住民委員會(原住民族委員會) 및 客家委員會를 확대 개편한 기구이며, 土地·歷史·和解, 이 세 小組로 구성되어 있다. 이 가운데 歷史小組는 原住民族과 平埔族이 관련된 역사적 사실 및 사건에 歷史正義와 轉型正義를 실행하는 것을 목적으로 삼고 있다. 이 小組의 실제 역할은 주로 관련 정책을 입안 및 건의하는 것뿐만 아니라 원주민 역사에 관련한 기념행사를 조직·시행하고 기념비 등을 건립하는 업무를 수행하고 있다. (https://indigenous-justice. president.gov.tw/TW) 이에 관해서는 石垣直, 「現代臺灣の多文化主義と先住權の行方 - '原住民族'による土地をめぐる權利回復運動の事例から」, 『日本臺灣學會報』9, 2007; 沼崎一郎, 「第1章: 社會の多元化と多層化 - 1990年代以後のエスニシテイと社會階層」, 沼崎一郎·佐藤幸人 編, 『交錯する臺灣社會』, アジア經濟研究所, 2013; 田上智宜, 「第5章: 多文化主義言說における新移民問題」, 沼崎一郎·佐藤幸人 編, 『交錯する臺灣社會』, アジア經濟研究所, 2013 등의 연구를 참조.

23　해당 이론은 『臺灣省通志稿』「土地志·地理篇」에 있는 "臺灣本爲我國大陸之一部, 不可分割。再就民族言, 如高山, 如平埔, 與我華夏, 完全同冑, 亦不可分離"에 착안한 것이다(張隆志 編, 앞의 책, 2020, 55-56쪽).

저우완야오(周婉窈)의 연구를 주목해 볼 필요가 있다. 앞서 차이잉
원의 이론과 주장을 저우완야오는 역사학에 적용시키고 역사적
사례를 통해 이를 논증하여 "한인과 원주민은 같다(漢原一同)" 혹
은 "화와 이는 같다(華夷一同)"는 이론을 구축하였다. 이 이론은 즉
'대만 섬'이라는 공간에서 '화(華)'와 '이(夷)'가 하나로 융합되었다
는 것을 주장하면서, 문화적인 접근을 통해 대만의 한인과 원주민
들은 같은 공동체로 존재하고 있었다는 점을 주장한다. 즉 대만사
와 대만의 정체성의 형성에서 사회·문화적인 요소가 가진 의의에
중점을 두는 것이다.

또한 저우완야오는 이른바 "전형정의(轉型正義)의 역사관"을 내
세우면서, 이전 국민당 정권하의 대만 사회를 사상통제·인권침
해·권위주의의 독재 체제로 정의하였다. 이에 대한 대척점으로
자유·평등·독립·주체성 등이 중추적인 작용을 하는 민주주의 체
제의 달성을 목적으로 하고 있음을 밝히면서, 전형정의를 대만 사
회가 권위주의 체제에서 민주주의 체제로 전환하는 데 필요한 과
도기적 과정으로 규정한다. 즉, 저우완야오는 국민당 정권을 권위
주의와 독재 체제로 규정하고 이 시기에 형성된 대만의 정체성과
역사 인식을 부정하면서, 과거 중화민국 체제하의 대만과 그 역사
관을 단절 혹은 타자화하려고 시도한다.[24] 이러한 연구는 '새로운
대만' 정체성을 찾으려는 것에 목적이 있으며, 동시에 정치적인

24　周婉窈, 『轉型正義之路』(增訂版), 玉山社, 2022, 6-14쪽.

제스처로도 해석될 수 있을 것이다. 이어 다음 장에서는 탈중국화 및 전형정의의 영향 아래에서, 현재 대만사 연구의 경향과 특징을 크게 근대 전후와 현대 시기로 구분하여 대체적인 양상을 살펴보고자 한다.

Ⅲ. 대만 서발턴과 대만사 연구의 접점

1. 선사(先史) 및 전근대의 경우

1) 대만사를 보는 관점의 전환과 문자적 근거

일반적인 역사학 연구에서는 시간을 주축으로 하는 사료를 가지고 연대기적 집성을 바탕으로 역사적 맥락 혹은 사실관계를 파악하는 것을 기본으로 삼는다. 특정한 연대에 대한 체계가 존재하지 않은 사회 혹은 집단의 설화·전설과 같은 구전(口傳)은, 구전을 보존 및 전승하는 발화자가 인과관계가 약한 촌락 단위의 전승에만 의존한다는 특징을 가지고 있다. 구전 전승을 통한 연구는 문자적 증거를 기반으로 하는 일반적인 방법과는 다른 개념과 방법적 기반에서 접근할 필요가 있다.

대만의 선사시대 연구는 원주민의 역사를 중심으로 재편되고 있다. 원주민 역사에 관한 연구가 대만 섬의 역사에 대해 가지는 의의는, 대만인의 정체성과 민족주의의 맹아를 제공해 주는 역할을 한다는 것이다. 다만, 일반적인 역사학의 기반이 되는 연대기적 자료의 부재 등 태생적인 한계로 인해 청대사, 근대사, 현대사의 연구와는 다른 접근방식과 연구이론으로 진행되고 있다. 특히 대만 선사시대 연구에서 보이는 원주민족(原住民族)의 개념을 통해 남도어족 계통의 원주민족 사회 간의 구전 설화 및 이문(異文) 등 고유문화에서 대만 문화의 기원을 찾고, 이를 근거로 대만인의 역사와 정체성을 구성하려는 연구와 유사점이 있다. 특히 대만 고유의 민족주의와 기원을 이론적으로 뒷받침하는 목적을 가지고 있는 것이 현재 대만 원주민사 연구의 특징이라고 할 수 있다.[25]

대만의 선사시대 이전 역사 연구의 경우, 고고학과 인류학적 연구 방법을 적극적으로 활용하고 있다. 앞서 설명했듯이 20세기 중반 이후 원주민 촌락 유적의 발굴과 토기의 출토 등과 같이 고고학 발굴을 바탕으로 한 연구가 성과를 내면서, 텍스트와 연대기에 의존하는 기존 대만사 연구의 한계를 벗어나 다양한 시도가 가능한 상황이 되었다. 여기서 한발 더 나아가 공간이 가지는 역사적 맥락에 착안하여 '장소(site)'를 중심으로 한 공간적 접근도 시도되고 있다.[26]

또한 이론적 측면에서 근래 원주민사의 연구는 다양한 인류학

---

25 蔡英文, 앞의 논문, 2002, 45-47쪽. 陳其南, 「臺灣「南島問題」的探索 : 臺灣原住民族研究的一些回顧」, 張隆志 編, 앞의 책, 2020, 320-327쪽.
26 周婉窈, 「山、海、平原: 臺灣島史的成立與展望」, 張隆志 編, 앞의 책, 2020, 59-60쪽; 陳其南, 「臺灣「南島問題」的探索 : 臺灣原住民族研究的一些回顧」, 張隆志 編, 앞의 책, 2020, 313-320쪽.

의 접근방식을 활용하는 것이 특징이라고 할 수 있다. 대표적으로 레비-스트로스(Claude Lévi-Strauss)의 구성주의의 이론과 접근방식을 적용하려는 것이 그 사례라고 할 수 있다. 즉 현재 대만 원주민사 연구는 연대기 등 문자 자료를 중심으로 한 시간과 인과관계의 구성이 어렵기 때문에, 대신 각 부족이나 사(社)들이 전승하고 있는 이문(異文) 구전과 그 구전에서 공유하고 있는 모티브를 파악하려고 한다. 원주민 집단의 공통된 문화적 요소를 탐색하고, 이러한 증거를 바탕으로 선사시대부터 대만 고유의 정체성과 그 기원을 구성하려 하는 것이다. 많지 않은 구전 사료와 관습에 근거하여 수직적인 연대를 구성하는 것보다는 원주민 고유의 문화적 유산을 바탕으로 원주민 부족 간의 평면적 공간 네트워크를 구성하려고 한다. 이를 통해 분산적으로 인식되고 있던 각각의 원주민 사회가 실제 문화적 정체성을 공유하고 있는 하나의 공동체였다는 것을 증명하고자 한다.[27]

또한 디지털 지도(Digital mapping) 등 새로운 도구를 활용한 작업이 대만사 연구에 활용되면서, 원주민 촌락을 지칭하는 사(社)의 위치 등을 입체적으로 구성할 수 있게 되었다. 따라서 시간에 따른 사(社)의 형성과 이동의 변천 추이를 시각화하여 손쉽게 파악할 수 있는 정도까지 진척을 이루었다. 이러한 성과를 바탕으로 역대 대만 원주민들의 거주 및 생활 반경과 분포를 재구성하여, 잘 알려지

---

27 2013년에는 『新港文書』가 공개되었다. 이 자료를 바탕으로 원주민 중 하나인 西拉雅族에 대한 연구도 진행되고 있다.

지 않은 원주민의 기원 및 사(社)의 형성 및 변천을 보다 간명하게 설명할 수 있게 되었다.[28]

2) 청대사 연구와 본토사학

2000년대 이전 청대 대만사 연구에서 가장 활발한 분야는 청대 중후반의 관수방지(官修方志)의 정리 및 편찬이라고 할 수 있다. 청대 대만사에 있어 관수방지의 활용도는 다른 분야에 비해 높은 편이며,[29] 이전에는 주로 명대(明代)와 청대(淸代)의 실록(實錄)·주소(奏疏)·법령(法令)·공독(公牘) 등을 참고하여 청대 대만사를 설명하기 위해 활용했지만, 최근에는 대만의 지방관청 문서[30]나 개인이 남긴 시문집, 필기 자료가 발굴되면서 청대 대만의 실정을 이해하는 폭을 넓혀 가고 있다. 특히 지방 당안을 활용한 연구 성과와

---

28 高明士 主編, 『臺灣史』, 五南, 2009, 17-23쪽.

29 吳密察, 「「歷史」的出現」, 張隆志 編, 앞의 책, 2020, 76-77쪽. 여기에서 청대 대만 官修方志의 다양한 종류와 적용 각 시대를 소상히 다루고 있다.

30 18세기 이후 대만으로 이주한 한인은 토지 등을 둘러싸고 원주민들과 경쟁적인 관계를 형성하였다. 1895년 "시모노세키 조약(馬關條約)"으로 제국 일본은 청(淸)에 대만의 할양을 요구하였다. 이후 대만을 접수하는 과정에서 대만민주국(臺灣民主國)과 같은 청(淸)의 망민(忘民)과 대적해야 하였다. 그러나 표면적으로는 원주민과 갈등 관계를 이루지 않으려고 하였다. 『蕃族調査報告書』의 한 사례를 들어보면, 일본인 조사대가 원주민의 부락 중 하나인 卑南社에 와서 교류한 사례를 기록하고 있다. 당시 일본인 조사대는 원주민들에게 우리는 동일한 선조의 후예임을 언급하면서, 그 이유로 일본인과 대만 원주민 모두 농경을 하고 있다는 점을 들고 있다 (中央研究院民族學研究所 編譯, 『蕃族調査報告書』第八策, 2015, 269쪽). 그러나 1930년에 발발한 霧社事件과 같이 원주민(賽德克族)의 반일 운동과 학살이 있었다는 사실을 염두에 둘 필요가 있다.

관심이 지속되면서 대륙에서 대만을 보는 기존의 관점과 학설에서 벗어나, 대만의 지역적 특성과 역사적 맥락을 반영하여, 이른바 "본토사학(本土史學)"의 이론적 구조를 완성할 수 있었다.[31]

또한 현재 청대를 다루는 대만사 연구는 자료의 활용에도 진전을 거듭하였다. 일례로, 1990년 후반부터 『담신당안(淡新檔案)』[32]과 같은 지방 당안을 중점적으로 연구하기 시작하여 2000년대 초반에 담신당안을 기반으로 한 데이터베이스 구축이라는 성과를 배출하기도 하였다. 『담신당안』의 사료적인 가치에 관해서는 아직 연구와 논의가 진행되고 있다. 단순히 자료를 수집·정리하는 것에 그치지 않고 통계·GIS 등을 통해 소스 데이터로 활용하고 있다는 점은 청대 대만사 연구의 진전에 있어 중요한 의의가 있다.[33]

31　吳密察, 「「歷史」的出現」, 張隆志 編, 앞의 책, 2020, 76-87쪽; 王世慶, 「介紹臺灣史料 : 檔案、古文書、族譜」, 張隆志 編, 앞의 책, 2020, 204-205쪽. 강희연간(1680년대 이후) 대표적인 대만의 지방관청 문서로는 『臺灣府志』, 『重修臺灣府志』, 『臺灣縣志』, 『鳳山縣志』, 『彭化縣志』, 『淡水廳志』, 『噶瑪蘭廳志』, 『澎湖廳志』 등이 있다. 이러한 자료들은 초반에는 주로 대만 남부 지역의 상황을 다루고 있다. 당시 대만 개척의 상황에 따라 대만 북부에도 개척이 이루어지고 관청이 설치됨에 따라 북부 및 동부 지역의 지방관청 문서들도 점차 등장하였다. 이러한 官修方志 자료들은 이후 『臺灣文獻叢刊』에 수록 및 정리되었다.

32　『담신당안』은 청 乾隆 41년(1776)부터 시모노세키 조약으로 대만이 일본에 할양되기 직전인 光緒 51년(1895)까지, 臺北府와 新竹縣 지역의 행정과 사법 관련 문서를 모은 것이다. 이 자료에는 당시 청 통치하에 있는 대만 북부 지역의 사법, 경제, 사회, 농업생산 등의 상황을 파악할 수 있는 중요한 자료라고 할 수 있다.

33　周婉窈, 『臺灣歷史圖說』(三版), 聯經, 2016, 87-110쪽. 즉, 꾸준히 청대 지방당안 사료를 데이터베이스화하고 이를 연구 성과로 완성하려는 노력이 있었다. 2000년대 이후 주목할 만한 성과를 내면서 대만사 연구의 중요한 일익을 담당하고 있다. 지방당안을 이용한 연구들은 대륙과의 연계성을 강조했던 이전의 경향과는 반대로, 방법적으로 지리정보체계(GIS)을 이용하여 그 범위는 국소적인 지역으로 한정되지만 청대

즉, 앞서 원주민사와 마찬가지로 청대 대만사 연구 역시 "지역적 가치(Localizing value)"에 착안하는 경향이 점차 두각을 드러내고 있다. 중앙을 비롯해 지역 사회와 문화의 영역을 주제로 하여 지역의 사묘(祀廟)·촌락의 형성과 객가(客家) 등 집단의 형성 과정을 다룬 연구 성과도 배출되고 있으며,[34] 관련 기록을 분석하고 구전 자료와 비교 및 검증하는 작업 또한 진행되고 있다.[35] 아울러 일본 식민시기 대만총독부의 원주민 기록은 원주민의 구전 설화 및 구전을 표기하여 수록하고 있지만, 언어상의 차이와 총독부의 제작 배경 등으로 인해 적지 않은 오류가 있으므로, 이를 다른 자료와 대조·검토하는 작업이 계속 진행되고 있다.

3) 외래정권과 원주민의 서발턴

선사시대, 청대, 일본 식민시기는 각각 대만 남도어족 집단에 대한 인식과 분류에 변화가 있었으며, 외래정권의 통치에 따른 원

대만 사회의 특성을 규명하려는 연구가 진행되고 있다. 원주민 관련 연구 성과가 어느 정도 축적되고 청대 연구에도 원주민 사회의 실제적인 양상이 반영되었다. 그래서 원주민과 한인들이 한쪽의 일방적이고 수동적인 관계에 있었다는 것을 부정하고, 원주민의 능동적인 대응과 상호 영향을 주고받았다는 주장이 설득력을 얻고 있다.

34 최근 대만의 객가와 지방 사회를 분석한 연구자로는 李文良이 있으며, 李文良 等, 『成為台灣客家人』(台灣史論叢客家篇), 臺灣大學出版中心, 2019;『清代南臺灣的移墾與「客家」社會(1680-1790)』, 臺灣大學出版中心, 2019 등의 연구 성과가 있다.

35 일례로 중앙연구원 대만사 연구소에서 식민시기 총독부가 조사하여 기록한 원주민 조사기록을 중국어로 번역한 바가 있다. 번역하면서 일본어로 기재되어 있는 원주민 인명이나 고유명사를 로마자 표기법으로 변환한 바 있다. 그러나 변환된 표기는 실제 발음과는 많은 차이가 있다는 점을 확인할 수 있다.

주민 서발턴의 형성과도 관련이 있다. 사실 원주민사에 관한 근본적인 문제는 원주민사에 활용되는 사료에서 비롯되었다. 원주민의 명칭을 비롯해 그들의 관습 등은 한인(漢人)을 비롯한 외부 집단의 텍스트를 통해 이해되었으며, 19세기 이후부터는 일본 대만총독부의 조사기록이 원주민을 연구하는 중요한 근거가 되었다.

대만 원주민을 지칭하는 가장 오래된 표현인 "번(番)"은 집단에 대한 명칭이라고 할 수 있으며, 중국 수당(隋唐) 시기의 문헌에서 사용 사례를 확인할 수 있다. 그리고 "동번(東番)" 혹은 "번(番)"이 대만 남도어족 계열 원주민을 일반적으로 지칭하게 된 사례는 명청(明淸) 시기의 기록에서 볼 수 있으며, 17세기 중반 이후 청이 대만을 통치하기 시작하면서 생번(生番)·숙번(熟番)의 표현이 원주민 집단을 지칭하는 표현으로 정착되었다. 1920년대에 들어서 이 표현은 "고산족(高山族, 혹은 高砂族)"과 "평포족(平埔族)"이라는 표현으로 대체되었으며, 1945년 대만이 중화민국의 통치를 받게 되면서부터 고산족은 산포(山胞)로 명칭이 변경되었으며, 반대로 원주민 구분에는 평포족은 포함되지 않게 되었다. 외래정권의 변화에 따라 대만 남도어족 원주민은 명칭뿐만 아니라 지위에도 적지 않은 변화의 과정을 겪었다.

본래 청대에 사용되던 "생번(生蕃)"과 "숙번(熟蕃)"과 같은 표현은 원주민의 문명의 정도에 따라 이를 차별한 명칭으로 볼 수 있지만, 사실 청의 통치 범위 혹은 세금 납부의 유무에 따라 구분한 것이라고 할 수 있다.

그리고 1895년 시모노세키 조약으로 대만을 할양받은 일본 정부는 대만에 총독부를 설치하고 대만 원주민에 대한 조사 활동을 진행했으며, 조사 결과를 정리하여 정부 기록물로 간행하였다.[36] 이 기록물은 대만 원주민에 대한 제국 일본의 인식을 보여주는 한편, 원주민의 언어·관습·문화·구전 전승 등을 체계적으로 분류한 기록이라고 할 수 있다.[37]

원주민에 대한 학술적인 분류 역시 1895년 일본의 식민통치와 함께 시작되었다고 할 수 있다. 그러나 식민 통치 초기에 일본 식민정부는 한인(漢人)이 아닌 자들을 지칭하는 "번(番)"을 사용하였으며, 심지어는 문명국가 통치자의 입장에서 비문명인인 원주민에 대한 경멸을 담아 "번(番)"의 글자를 "번(蕃)"으로 고쳐 부르기도 했다.

36 　대표적으로 臺灣總督府 臨時臺灣舊慣調查會에서 편찬한 『蕃族調查報告書』가 있다. 後藤新平가 대만총독부 민정장관으로 재직하던 시기(1898~1906)인 1901년에 臨時臺灣舊慣調查會를 조직하여 조사 결과 등을 바탕으로 『蕃族調查報告書』를 완성하였다. 이 『蕃族調查報告書』는 1913-1921년간 총 8책이 출간되었으며, 또한 대만과 일본에서 여러 판본이 출간되었지만 2007년에 中央研究院民族學研究所에서 이를 중국어로 번역하여 총 8권의 전집으로 출간한 것이 최근의 판본이라고 할 수 있다. 이 보고서의 형성 과정 및 소개 등에 관해서는 陳奇祿, 「「臨時臺灣舊慣調查會」與臺灣高山族研究, 『臺灣風物』24-4, 1974; 劉斌雄, 「日本學人之高山族研究」, 『中央研究院民族學研究所集刊』40, 1975; 関口浩, 「「蕃族調查報告書」の成立 —— 岡松参太郎文書を参照して」, 『成蹊大学一般研究報告』46-3, 2012를 참조. 그리고 이밖에도 後藤新平 시기 臨時臺灣舊慣調查會의 성과로는 佐山融吉 主編『蕃族調查報告書』(8책)·小島由道 主編, 『番族習慣照查報告書』(8책)·岡松三太郎 主編, 『臺灣番族習慣研究』(8책)·三丑之助 著『臺灣番族志』및 『臺灣番族圖譜』 등이 있다.
37 　周婉窈, 「山、海、平原: 臺灣島史的成立與展望」, 張隆志 編, 앞의 책, 2020, 63쪽.

즉 일본 식민시기 원주민에 대한 칭호와 구분은 청대부터 사용되기 시작한 생번(生番)과 숙번(熟番)의 구분에서 유래한 것이다. 그리고 이후 일본의 학술분류에서의 평포족(平埔族)이라는 표현은 청대의 숙번(熟番)과 상응한다. 이들은 청대 대만 한인(漢人)과 비한인(非漢人) 간의 교류를 논할 때 주된 대상으로 상정되었다. 한편, 일본 식민시기부터 일반적으로 사용된 고산족(高山族)은 청대의 생번을 지칭하는 표현이다.

식민시기의 일본학자들에 의해 평포족은 대략 7개에서 12개의 집단으로 구분되었다. 그러나 당시에도 고산족의 구분에는 다양한 주장이 있었으며, 1935년 학자들이 "구족설(九族說)"을 설정하고 나서야 비로소 고산족의 구분에 대한 윤곽이 갖춰질 수 있었다. 즉, 평포족과 고산족이라는 표현은 정확한 민족 명칭은 아니라고 할 수 있다. 이 명칭은 일본 식민시기 일본 학자들에 의해 만들어진 학술상의 분류로, 근대 이후 대만 원주민 집단을 지칭하는 고유명사로 보편화되었다.

2차 대전 이후에 국민당 정부가 대만에 들어오면서 평포족과 고산족의 구분에도 변화가 생겼다. 국민당 정부는 당초 평포족을 원주민으로 인정하지 않았으며, 고산족은 따로 "산포(山胞)"라고 지칭하였다. 이후 행정상 산지동포(山地同胞)와 평지동포(平地同胞)로 다시 구분하였으며, 다시 고산족으로 명칭을 바꾸었다. 이러한 우여곡절을 거쳐 21세기에 들어서야 원주민 각 부족의 문화적 특성과 고유의 관습 등에 관한 연구가 반영되어, 싸오족(邵族)·까마

란족(噶瑪蘭族)·타로꼬족(太魯閣族)·사키자이아족(撒奇萊雅族)·싸이덕족(賽德克族) 등 총 14개 부족이 대만 원주민으로 공인받을 수 있었다.

즉 대만 원주민을 부르는 명칭은 외래정권 통치자의 관점에서 나온 것으로, 각 시기에 따라 원주민 각 부족을 인식하거나 하나의 민족으로 가정하기도 하였다. 이러한 명칭의 변화는 원주민 부족이 가지고 있는 역사적 과정뿐만 아니라 원주민 통치정책과 관련이 있으며, 이 명칭 모두 대만 원주민 스스로가 아닌 외래정권에 의해 붙여진 표현이라는 공통점이 있다. 명청대 이후부터 20세기에 이르기까지 비한인(非漢人) 집단에 대한 분류는 완연히 통치자 혹은 한인 위주의 관점에서 다루어졌다. 원주민 사회가 내포하고 있는 복잡하고 다양한 민족적 특성(ethnicity)은 무시되었으며, 그뿐만 아니라 이렇게 규정된 집단들의 자기 정체성(ethnic identity) 또한 고려되지 못하였다.

1980년대에 들어서 개헌이라는 당시 사회적 분위기를 틈타, 고산족의 부족들이 집단 운동을 통해 그들의 주관이 담긴 "원주민(原住民)"이라는 표현을 정식명칭으로 인정받고자 하였다. 당시 고산족 단체는 자신들을 원주민으로 표현해줄 것을 정부에 요구했으며, 1994년이 되어서야 정부가 그들의 요구에 응하면서 "산포(山胞)"가 "원주민"으로 바뀔 수 있었다. 그러나 이때도 여전히 규정

된 "원주민"의 범주에는 평포족이 포함되지 못했다.[38]

현재 평포족은 풍속과 관습에서 한인과 같은 외부 집단과 그 문화의 영향을 많이 받았으며, 그들이 가지고 있던 고유한 언어와 표현은 이미 대부분 소실되었다. 이에 반해 고산족은 비교적 그들의 언어와 관습을 보존하고 있다. 그러나 평포족과 고산족은 그들이 살고 있는 환경 조건 등을 고려한다면, 양자는 거의 유사한 전통과 문화·관습을 가지고 있으며, 명확히 다른 계통으로 구분된다고는 보기 어렵다.

최근 몇 년간 평포족의 집단의식과 정체성 또한 다시금 자리를 잡아가고 있다. 특히 2003년에 침략자들에게 빼앗긴 자신들의 토지를 돌려달라는 원주민들의 운동(「反侵占爭生存還我土地」)에 평포족 출신들도 동참한 사례는 평포족의 존재를 대중에게 인식시킨 중요한 계기가 되었다. 이후 평포족도 자신들을 대만 원주민의 일부로 인정하게 해달라는 요구가 있었다. 그 결과 샤오족과 까마란족이 지위를 법적으로 보장받을 수 있었다.

2. 근대 및 식민시기의 현대화 논쟁

현재 일본 식민시기에 관한 연구는 대만총독부의 경제·사회 영역에서의 자료와 당시 인물들의 일기와 발행된 신문 등 언론매체

38　홍명교, "대만 원주민의 투쟁 "내 이름을 돌려줘"…정명운동의 이면", 『한겨레』, 2022.11.12.

의 자료를 분석하여 당시의 경제변천 혹은 개인의 생활상을 재현하려는 것에 중점을 두고 있다.[39] 또한 식민시기를 근대적 경제 및 산업 기반의 형성기로 보는 보편적인 연구도 있으며, 낙농업·광업·임업 등 다양한 분야를 다룬 연구 또한 계속 배출되고 있다. 이러한 연구는 경제뿐만 아니라 문화와 생활의 측면에서 당시 대만의 사회상을 묘사하는 것에 착안하고 있다.[40] 아울러 당시 개인이 남긴 일기 등의 자료를 통해 교통·통신의 발달이 대만인과 그들의 생활에 미친 영향을 다루는 연구와 같이 식민시기 연구의 범위는 다채로운 면모를 보여주고 있다.[41]

그러나 한편으로는 대만의 근대화에 관한 논쟁도 존재한다. 대

---

39 일본 식민시기의 대만 사료 가운데 일기에 관해 소개하고 있는 許雪姬, 「'臺灣의 日記 연구' 회고와 전망」, 『민족문화연구』 vol.66, 2015가 한국어로 번역되어 있다. 그리고 王世慶, 「介紹臺灣史料 : 檔案、古文書、族譜」, 張隆志 編, 앞의 책, 2020, 207-209쪽을 참조. 여기서는 총독부의 공문 및 보고서뿐만 아니라 專賣局·척식주식회사·토지조사·토지 매매 및 등기·호적 관련 자료를 간략하게 정리하고 있다.

40 洪麗雯의 연구는 식민시기의 목장의 생성과 변천을 설명하면서 식민 시기에 개설된 목장을 대만 낙농업의 시초로 보는 것이다(洪麗雯, 「日治時期臺灣牛乳飲用的開展與文化意涵」, 『中國飲食文化』 7-2, 2011, 79-120쪽). 또한 각 지역별로 식민시기 임업(林業)과 광업(鑛業) 개발 및 관련 정책을 분석한 연구도 많이 축적되어 있다. 한편으로는 국가적 차원에서도 식민시기의 근대화 유적을 지정 및 보존하는 지원이 이어지고 있다. 2019년에 타이중 지역의 식민시기 벌목소와 목공소를 국가 문화재로 지정한 것이 중요한 사례라고 할 수 있다. (諸葛正, 「日治後期臺灣木工藝產業的環境成長與相關產品、技術上的變化」, 『朝陽學報』 13, 2008; 陳鴻圖, 「日治時期台灣水利事業的建立與運作－以嘉南大圳為例」, 『輔仁歷史學報』, 2001).

41 식민시기의 생활에 관해서는 呂紹理, 『水螺響起: 日治時期台灣社會的生活作』, 遠流出版公司, 1998를 참조할 필요가 있다. 아울러 식민시기의 박물관, 기념비 등을 통하여 식민지 권력의 형성이 어떻게 이루어졌는가에 관해서는 呂紹理, 『展示臺灣 : 權力、空間與殖民統治的形象表述』, 麥田出版社, 2011을 참조.

만의 근대화를 식민 통치의 경험과 같이 외부 영향에 비중을 두는 관점과, 이와 반대로 대만인이 가지고 있던 내재적 동력 및 잠재력에 따른 발전임을 강조하는 관점이 서로 대립하고 있다. 이 논쟁의 대표적인 사례로는 대만 철로의 시조에 관한 논쟁이다. 지롱(鷄籠, 현재 대만 북부의 기룽)과 타이베이를 잇는 대만 최초의 철도[42] 부설을 두고, 청의 대만순무(臺灣巡撫) 류밍촨(劉銘傳)과 대만총독부 철도부장 하세가와 킨스케(長谷川謹介) 중 누구를 대만 철도의 아버지라고 할 수 있을 것인지를 두고 식민지 근대화에 관한 논쟁이 일어난 것이다.

대만 역사에서 대륙으로부터의 영향력에 무게를 두는 측은 류밍촨이 부설한 철도 노선이 대만 철도의 시초임을 주장한다. 이에 반대하는 측은 19세기 말 대만 방어를 위해 류밍촨이 철로를 최초로 부설한 사실은 틀림이 없으나, 당시 기술과 자본의 부족으로 원래 계획했던 노선의 절반에도 미치지 못했다는 점을 지적한다. 즉 류밍촨의 철로는 당시 시대의 상황, 기술의 부족 등으로 인해 제한적인 활용만 가능했으며, 일본 식민시기가 되어서야 하세가와 킨스케가 설계한 철로가 오늘날 대만 철로의 실질적인 기원임을 주장하는 것이다. 이 논쟁은 "인동일본-인동중국"의 대만 근현대사의 역사 인식 및 정체성 논쟁을 보여주는 현대의 사례 중 하나라고 할 수 있다.

---

42 본래는 基隆-台北-竹塹(현재의 新竹)-台南의 노선이 계획되어 있었다.

대만 철도 기원 논쟁의 핵심은 식민지 근대화에 관한 논쟁뿐만 아니라 탈중국적인 역사 인식과도 관련이 있다. 그러나 식민 통치를 통한 경제적인 발전을 강조하는 관점은 대만의 근대화가 제국 일본의 식민지 경영과 그 목적에 부합한다는 점을 인정하면서도, 식민 통치에 대한 부정적인 입견(立見)에는 결과론적인 해석만을 내리고 있는 사실도 알아둘 필요가 있을 것이다.[43]

3. 20세기 중반 이후의 현대사를 보는 관점

20세기 중반 이후 대만사 연구는 기본적으로 대만의 역사적 맥락에서 외부 개입과 영향을 인정하고, 이를 장기적인 관점(Longue durée)을 통해 대만 본토 역사의 일부로 인정하는 것에 있다. 앞서 설명했듯이 현재 대만사의 주요 서술은 국민당 정권을 스페인-네덜란드-청-일본과 같은 "외래정권(外來政權)"의 하나로 인식하는 대신, 대만인을 인식의 주체로 하면서 외래정권과 대만 본토와의 상호작용 및 관계에 주안점을 두고 있다. 특히 국민당 시기의 통치에 대해서는 권위주의와 백색테러의 부정적인 영향을 규명하려는 경향이 강하게 나타나고 있다.

1945년, 태평양 전쟁에서 일본이 패전하면서 한국과 마찬가지로 대만 역시 일본으로부터 독립할 수 있었다. 최근 전후 대만의

---

43 戴國輝, 「晚淸期臺灣的社會經濟 : 並試論如何科學地認識日帝治台史」, 張隆志 編, 앞의 책, 2020, 240-241쪽.

사정을 밝히는 연구는 개인의 차원과 자료에서 접근하여 이 시기의 시대상을 서술하려는 연구와 냉전사의 시각에서 대만의 국제적 상황을 설명하려는 연구가 진행되고 있다.[44] 전자의 인식과 접근 방법은 국가적 차원에서 접근하게 되면서 발생할 수 있는 중국 본토의 연계보다, 개인의 기록과 관점을 중심으로 광복 전후의 상황을 설명하면서 대만인들의 상황을 직접 다루고자 하는 것으로 볼 수 있다.[45]

후자의 경우 가운데는 우선 린샤오팅(林孝庭)의 연구가 주목을 받고 있다. 린샤오팅은 미국 후버 연구소에서 소장하고 있는 냉전

44　湯熙勇,「恢復國籍的爭議: 戰後旅外台灣人的復籍問題(1945-1947)」,『人文及社會研究集刊』17-2, 2005; 曾文亮, 王泰升,「被併吞的滋味: 戰後初期台灣在地法律人才的處境與遭遇」,『台灣史研究』14 : 2, 2007; 李東華,「光復初期(1945-50)的民族情感與省籍衝突 -從臺灣大學的接收改制做觀察」,『臺大文史哲學報』65, 2006. 제2차 세계대전 전후 대만인들의 저항 활동에 관하여, 그 가운데 한국에서의 독립운동 뿐만 아니라 대만인들도 제국 일본에 대해 저항해왔다는 점을 밝히고 있다. 그러나 이 논문에서는 중국 본토의 항일과 연계된 민족적인 차원의 저항이 아니라 대만인들이 자신들의 이권과 영역을 지키기 위해 스스로 주동하여 일본에 저항했다는 점을 강조하여 서술하고 있다. 한국에서 말하는 민족 차원의 저항운동과는 항일이라는 점에서 공통점이 있다고 할 수는 있으나 어디까지나 대만인들의 정체성과 독립성을 강조하는 목적에서 서술되고 있는 점이 특징이라고 할 수 있을 것이다. 전후 대만 사회의 혼란상에 관해서는『吳鴻麒日記』(1946.11.10.~1947.3.11.)와 같은 당대 사람의 일기 등도 활용되고 있다.

45　제2차 세계대전 종전 직후의 대만의 상황과 관련하여, 黃英哲,『去日本化、再中國化 : 戰後臺灣文化重建(1945-1947)』, 麥田, 2007; 陳翠蓮,「去殖民與再殖民的對抗 : 以一九四六年「台人奴化」論戰為焦點」,『台灣史研究』9-2, 2002; 蘇瑤崇,「「終戰」到「光復」期間臺灣政治與社會變化」,『國史館學術集刊』13, 2007 등의 연구 성과를 참조. 또한 대만 근현대 역사 청산 문제와 관련해서는 陳翠蓮,「台灣戰後初期的「歷史清算」(1945-1947)」,『台大歷史學報』58, 2016을 참조.

시기 대만 및 동아시아 국제정세 관련 자료를 활용하여 장제스와 장징궈 시대, 즉 1950년대부터 1980년대의 대만과 미국 · 중국의 관계의 실상을 밝혔다.[46] 린샤오팅의 연구는 당시 대만이 직면했던 국제사회의 압박과 성적(省籍, 내·외성인) 문제 그리고 대만독립·정치 본토화·민주화의 관계·경제 발전이라는 여러 주제의 관계를 이어서 본다는 점을 참고할 필요가 있다.

1947년 가오슝에서 발발한 2·28사건은 근현대 대만의 정치와 사회 갈등의 가장 중요한 분기라고 할 수 있는 사건으로, 관련 자료와 연구서가 계속 정리 및 출간되고 있다. 특히 2·28과 관련한 연구는 정치·사회적 관심과 맞물려 사건의 경위·진상·책임소재 여부에 대한 논쟁이 계속 진행되고 있으며,[47] 최근 관련 연구 가운데서는 국민당의 백색공포와 권위주의 정치의 실행에 초점을 두고, 국민당의 독재 체제와 민중 탄압을 비판적으로 보는 것이 주류적인 관점으로 자리 잡고 있다.[48]

46　林孝庭의 대표적인 연구로는 林孝庭, 『臺海 · 冷戰 · 蔣介石: 解密檔案中消失的臺灣史 1948-1988』, 聯經出版, 2015; 『蔣經國的臺灣時代 : 中華民國與冷戰下的台灣』, 遠足文化, 2021 등의 저서가 있다.

47　行政院新聞局編, 『二二八事件專案報告』, 行政院新聞局, 1989; 張炎憲 等, 『二二八事件責任歸屬研究報告』, 二二八基金會出版, 2006가 있다. 아울러 台中, 彰化 등지에서도 각 지역의 二二八事件 관련 자료를 출간하였다.

48　이와 관련하여, 陳翠蓮, 『重構二二八 : 戰後美中體制、中國統治模式與台灣』, 衛城, 2017; 姚人多, 「政權轉移之治理性 : 戰後國民黨政權對日治時代保甲制度的承襲與轉化」, 『台灣社會學』 15, 2008; 薛化元 等, 『戒嚴時期白色恐怖與轉型正義論文集』, 吳三連基金會, 2009 등이 있다. 任育德, 『向下扎根: 中國國民黨與台灣地方政治的發展1949-1960』, 稻鄉, 2008; 龔宜君, 『外來政權與本土社會: 改造後國民黨政權社會基礎的形成(1950-1969)』, 稻鄉, 1998; 王泰升, 「國民黨在中國的「黨治」經

같은 맥락에서, 전후 대만인의 국제적 지위 문제를 국제법상의 문제로 해석하는 관점이 있다. 2차 대전 직후 '전승국의 국민'으로서의 지위와 일본 식민지의 국민으로부터 '해제'된 국민의 처지라는 두 가지 범주가 함께 적용되는 대만인의 애매한 국제적 지위의 문제는, 당시 한국의 상황과도 유사한 문제를 지적하고 있다. 한때 적성국가(敵性國家)의 국민이었다는 지위로 인해 적산(敵産)의 처리에서 불리한 처결을 받거나, 일본 본토의 대만인의 경우 시부야 사건과 같이 전승국의 국민으로서 일본인들로부터 차별과 일본에 있는 연합군 최고 사령부(GHQ)의 방관이라는 고충을 겪어야 했다.

즉, 전승국 중화민국의 국민이라는 대만인들의 지위는 여타 피식민 국가의 국민과 다른 관점에서 대만의 상황을 이해해야 하는 조건 중 하나로 작용하면서 대만 현대사의 서발턴으로 존재하고 있다. 또한 이러한 역사적 환경은 전후 대만 국제관계사 연구에서도 근본적인 관점의 차이를 조성하는 데 영향을 주었다.[49]

驗 : 民主憲政的助力或阻力?」, 『中央研究院法律研究所法學期刊』 5, 2009.09, 69-228쪽; 松田康博 著, 黃偉修 譯, 『台灣一黨獨裁體制的建立』, 政大出版社, 2019, 255-317쪽; 金以林, 『國民黨高層的派系政治: 蔣介石最高領袖地位是如何確立的』, 社會科學文獻, 2009; 龔宜君, 앞의 책, 2011 등의 연구를 참조. 국민당의 권위주의 통치와 백색공포(白色恐怖)에 관한 연구 가운데 천취리엔(陳翠蓮)은 권위주의 시기에 대해 비판적인 자세를 견지하면서 권위주의 정권하에서의 백색테러와 학생운동을 연구했다. 四六事件과 같이 1945년부터 1980년 정치 민주화가 이루어지기 전까지 국민당의 민중 탄압과 실상을 밝히면서 국민당의 권위주의 체제가 사회 각층과 대학으로부터 많은 저항을 불러왔음을 밝혔다. 대표적인 저작으로는 陳翠蓮, 앞의 책, 2017이 있다.

49 전후 대만인의 국적 관련 연구로는 歐素瑛, 「戰後初期在台日人之遣返」, 『國史館學術期刊』 3, 2003, 201-227; 楊子震, 「帝國臣民から在日華僑へ: 澀谷事件と戰後

Ⅳ. 결론을 대신하여: 즉자(卽者)와 대자(對者)의 사이에서

본문에서는 현재 대만의 정치·사회적 상황 속에서 대만사 연구의 경향을 조망하고, 대만의 역사 속에서 서발턴의 가능성을 모색해 보고자 했다.

대만사 연구와 서발턴의 접점은 크게 사회적 원인과 정치적 원인, 두 측면에서 접근할 수 있을 것이다. 두 원인은 각각 독립적으로 작용할 때도 있지만 상호 밀접한 영향 관계 속에서 사건과 현상의 원인(遠因)으로 작용한다. 대만으로의 이주, 경제 환경의 변화, 자연재해, 그리고 정치 주체의 변화와 권력의 확장 등은 대만 서발턴의 주요 소재가 될 수 있으며, 대만 사회 내부에 있는 종족과 신앙, 족군(族群) 등을 서발턴의 실제 사례로 비정할 수 있을 것이다.

최근 대만사 연구 경향과 대만의 탈중국화 현상과의 관계는 대만과 대만인을 대만사 서술의 주체로 두고 대만사의 고유성과 대만인의 정체성을 명확히 규정하면서 대만 사회와 역사가 내포하고 있는 다원적 가치관을 반영하려고 한다. 그리고 대만과 대만사가 대자가 아닌 즉자로 인식하는 움직임으로 나타나고 있다.

현재의 대만 사회는 양안 관계에서 중국과 대비되어 규정되는 대자(對者)적 존재가 아닌 대만인의 대만이라는 독립적인 정체성을 인정받는 즉자(卽者)로서 인식되길 원하고 있다. 20세기 후반

初期在日台灣人の法的地位」, 『日本台灣學會報』 14, 2012, 70-88쪽이 있다.

이후부터 대만 내부의 정치·사회에서는 탈중국의 분위기가 조성되었으며, 과거 외래정권의 역사관을 타자화하거나 단절시킴으로써 '새로운 대만'을 위한 정체성의 기반을 조성하기 위한 역사 공작이 계속 진행되고 있다.

즉 대만의 서발턴은 대만의 역사적 맥락과 정체성을 하나로 연계하는 것에 바탕을 둘 수 있는 것으로, 17세기 네덜란드의 식민통치부터 시작하는 외래정권의 대만 통치는 대만으로의 이주뿐만 아니라 대만 내 인구 이동에 중대한 변화를 불러왔다. 이주민과 원주민 간의 이해관계는 대만의 정치·사회관계에 크고 작은 영향을 주기도 하였다. 본문에서 다룬 현재 대만사 연구의 관점은 '타국'이나 '타민족'이라는 타자를 통한 것이 아니라, 과거의 청·일본·국민당으로 이어지는 외래정권 통치하의 대만과 그 역사를 타자화시키고 있음에 주목할 필요가 있다.

대만의 역사에서 청·일본·국민당과 같은 외래정권의 도래와 통치는 대만으로의 이주와 대만 영내의 인구 이동의 중요한 배경으로 작용했다고 할 수 있으며, 이주민과 원주민 간에 발생한 이해관계와 집단의 실력은 대만 사회의 변화에 지속적인 영향을 주면서 서발턴을 형성해왔다. 정치구조의 변화·확장된 정권·기층 조직의 영향력 변화·인식의 변화는 전쟁·정권의 교체·백색테러 등과 같은 사례로 나타났으며, 대만 서발턴 형성과도 밀접한 관련성을 가질 수 있다.

또한 사회적 측면에서 대만 서발턴은 대만의 지리·경제적 요소를 통해서도 이해할 수 있다. 지진, 태풍과 같은 자연재해로 인한 난민의 발생도 여기에 포함될 수 있을 것이다. 또한 대만으로의 이주와 유랑의 발생은 이민 사회라는 대만 사회와 정체성의 특징에서 기인하고 있으며, 활동 공간의 변화와 직접적인 관련 속에 있다. 이 현상은 자연재해와 같은 우발적 요소가 지리·경제에 미친 영향으로 이해될 수 있을 것이다.

그러나 이러한 대만 사회의 지향은 또한 자기의 존재 근거와 전통을 동요시킬 가능성이 있기에, 내부 분쟁 혹은 정치적 수단으로 역사학이 존재하는 상황으로 이어질 수밖에 없다. 현재 탈중국화의 분위기 속에서 독립 국가로 자기 정체성을 찾고자 하는 대만인에게 새로운 역사 인식과 서술은 충분히 설득력을 갖춘 접근일 수는 있겠지만, 한편으로 기존의 정체성을 버리고 부정해야 한다는 것을 의미하기도 한다.

대만사의 역사 인식과 접근방법은 지금도 진화하는 과정 중에 있다. 특히 2000년대 전후 "대륙에서 해양으로", "시간에서 공간으로"라는 대만사 연구의 패러다임 전환과 밀접한 관련이 있다. 이러한 전환은 대만과 대만인의 정체성에 대한 연구과 밀접한 관련이 있다. 신앙·종교, 족군(族群) 등 다양한 요소가 현재 대만 사회 갈등의 지표 및 실체가 되고 있음을 증명하고 있으며, 이러한 주제는 역사적 맥락에서 공통 의식의 형성과정을 이해하는 연구에서 다루어지고 있다.

대만 서발턴의 대상 또한 평포족(平埔族)·한인(漢人)·생번(生番)

그리고 객가(客家)에서부터, 20세기 중반 이후 국민당 세대와 본토 세대와의 관계(外省族群)까지 다양하다. 그 가운데 현재 원주민의 처우와 사회적 불평등에 대한 정치적 운동과도 간접적인 관련이 있다. 또 사회적으로는 대만으로의 이주, 경제 환경의 변화, 자연재해에 착안하고, 정치적으로는 정치 주체의 변화와 권력의 확장이 대만 역사에 미친 영향을 규명할 수 있다면, 대만 서발턴 연구의 지평에는 확장의 가능성을 가지고 있다고 볼 수 있다.

즉 대만의 역사적 맥락에서 서발턴을 비정한다면, 대륙에서 한인의 유입 이후 대만 사회의 현실과 이 사회 변화 속에 발생한 정주(定住)와 이주(移住)의 서발턴도 규명할 수 있다. 또한 식민통치자와 피식민자의 관계 속에 있는 불평등과 비대칭성의 규명 및 고발에만 그치지 않는다면, 대만 사회의 저변에 존재하고 있었던 서발턴의 형성 과정과 현상에 직면할 수 있을 것이다. 아울러 현대 대만 정치와 사회에 자행되었던 권위주의와 백색테러 속의 피해자(受害者) 또한 그들의 역사적 경험과 증언을 통해 현대 대만 서발턴의 존재를 규명할 수 있는 사례로 볼 수 있다.

중국의 서발턴 연구: 개념, 주제, 쟁점

장윤미

Ⅰ. 머리말

현대 중국은 중국공산당이 인민을 영도하고 혁명을 성공적으로 이끌어 세운 국가이다. 혁명의 주체인 다수의 '인민들'은 기존 전제왕조와 분열된 사회에서 오랫동안 핍박받으며 생존해온 민중들이었다. 중국공산당 중심의 혁명사 서술에는 농민이라는 '저층(低層)' 주체가 함께 포함되기 때문에, 서발턴(subaltern)이라는 비교적 낯선 개념이 중국학계에 소개된 이후에도 쉽게 수용될 수 있었다. 그러나 전체론적(holism) 관점에서 사회를 구성하고 이해하는 중국 사회의 맥락에서 저층 개념은 전체 사회에 포함된 주체이면서도, 또한 숨겨져야 할 배제의 대상이기도 했다. 관(官)과 민(民)으로 오랫동안 분리된 위계적인 사회에서, 저층은 위급한 상황에서 보호해야 할 대상으로 드러나기도 했지만, 또한 지배권력에게 위험한 상황에서는 억압의 대상이기도 했다.

중국은 2018년 '중화민족'이란 개념을 처음으로 헌법에 적시하였고, 근현대 역사를 중화민족이 분투해온 역사로 서술하며 기존과는 다른 국가정체성을 추구하고 있다. 역사와 민족과 문화가 모두 '국가 현대화 건설'이라는 목표 속에 빨려 들어가는 전환적 시대에, 서발턴이라는 관점에서 중국을 읽어내는 작업은 기존 '발전 패러다임'의 중국 분석에서 놓쳤던 부분을 비판적으로 읽을 수 있는 또 다른 시각을 제공해줄 수 있다. '서발턴(subaltern)'은 1980년대 인도 사학계에서 식민주의와 민족주의 역사학에 깃들어 있는 엘리트주의 담론을 비판하기 위해 제기된 개념으로, 라나지트 구하(Ranajit Guha)를 비롯한 서발턴 연구그룹(Subaltern Studies Group)은 포스트식민적 관점에서 지속적으로 서발턴의 역사를 재구축해왔다. 서발턴은 분석의 다른 관점을 제공해주고, 특히 국가주의적 역사 서술을 비판적으로 성찰하게 해주는 중요한 개념이다.

이 글의 문제의식은 우선 서발턴/서발턴성 개념이 중국의 국가주의 기획과 함께 동시에 야기되는 소수자의 종속된 상태를 드러내는 데 매우 유용하며, 향후 중국연구에서 서발턴적 관점의 확보가 중요하다는 점을 제기하고자 하는 목적에서 출발하였다. 중국연구 패러다임의 전환 내지 새로운 제안이라는 문제의식을 안고, 이 논문에서는 우선 중국 학계에 서발턴 개념이 소개된 이후 어떠한 논의가 있었는지, 주요 연구 동향과 쟁점을 정리하고자 한다.

이는 향후 서발턴적 관점에서 중국을 비판적으로 읽어내기 위한 기초적 작업이면서, 이러한 전환적 관점의 연구를 통해 한국 사회에서도 권력관계에 종속되고 권력담론에 은폐되어 있는 서발턴/서발턴성의 동시대적 흐름을 포착하고자 한다.

II. 중국 학계의 서발턴 개념 도입과 '저층' 연구

2001년 인도 서발턴 연구자 파르타 차테르지(Partha Chatterjee)의 「서발턴을 주목하라」가 『독서』에 번역 소개된 이후,[1] 중국 학계의 각 분과학문에서는 서발턴 연구모델에 주목하기 시작했다. 서발턴적 관점에서 '저층' 문제에 주목하는 흐름은 역사학 연구뿐 아니라 사회학과 정치학, 문화비평 분야에서도 광범위하게 일어났다.[2] 사회학에서의 계층분화 연구, 인류학의 '타자' 연구, 역사학의 '서민(민중)' 시각은 중국 '저층' 연구의 주요 범주라 할 수 있다. '저층'에 대한 인터뷰나 조사를 통해 이들의 경험을 생생하게 전하는 대담록이나 르포가 주목을 받기도 했다.[3]

---

1 査吉特, 「关注底层」, 『读书』, 第8期, 2001.
2 赵树凯, 「"底层研究"在中国的应用意义」, 『东南学术』, 第3期, 2008.
3 대표적으로 다음의 대담록을 꼽을 수 있다. 廖义武, 『中国底层访谈录』, 长江文艺出版社, 2001. 이 책은 저자가 필명 '노위(老威)'로 공개해 큰 반향을 일으켰고, 2002년 6월 예일대 캉정궈(康正果)의 추천으로 대만 밀밭(麦田)출판사에서 3권 전권을 출간해 반향을 일으키며 「경향(倾向)」 문학상을 수상했다. 농촌의 현실을 생생하게 조사하여 묘사한 연구로는 다음이 있다. 叶照青, 朱大印, 耿昌军, 『来自中国社会底层的

중국 학계에서는 서발턴을 '저층'으로 번역하여 사용하지만, 중
국사회의 맥락에서 사용되어왔던 저층이 곧바로 서발턴을 의미하
지는 않는다.[4] 즉 인도의 서발턴 연구에서의 서발턴과 중국 학계
에서 사용되던 저층은 다른 개념이다. 광범위한 의미에서 저층 개
념은 주로 권력관계에서 종속된 민중이나 인민을 의미한다. 중국
에서는 사회주의 혁명의 서사에서 인민을 역사의 주체로 보는 주
류적 시각이 존재하기 때문에, 인민으로 상징되는 저층은 근대 역
사에서 늘 주목받아왔던 개념이다. 대표적인 저층인 '농민' 혁명
을 통한 왕조의 쇄신은 중국 역사의 주요 특징 중 하나였으며, 근
대 시기의 변혁은 혁명 엘리트들이 저층을 동원하고 조직한 결과
였다. 넓은 의미의 저층 연구와 저층의 정치행동은 중국에서도 자
체 역사가 있으며, 중국공산당의 "인민이 역사를 창조한다"는 명
제는 이러한 정치 현상을 요약한 것이라 할 수 있다.[5] 초기 마오쩌
둥(毛澤東)의 「중국사회 각 계급의 분석」과 「후난(湖南)농민운동고
찰보고」는 저층 시각을 드러낸 대표적 글로 꼽힌다.[6] 따라서 2천

報告』, 长江文艺出版社, 2004.

4   이 논문에서는 중국사회의 맥락에서 쓰여오던 저층 개념과 서발턴 개념이 도입된 이
후 번역된 '저층' 개념을 구분하여 쓴다. 중국의 저층을 서발턴적 관점에서 사용할 때
에는 '저층'으로 표기하여 쓴다. 이는 서발턴이 중국에 존재하는지에 주목하는 것이
아니라, 하나의 기표의 의미로 '저층'으로 표기한다.

5   마오쩌둥은 「연합정부를 논한다」라는 보고서에서, "인민, 오로지 인민만이 세계 역
사를 창조하는 동력이다(人民, 只有人民, 才是创造世界历史的动力)"라는 말을 남
긴다. 毛泽东, 「论联合政府」(1945年4月24日), 『毛泽东选集』第3卷, 人民出版社,
1991.

6   마오쩌둥은 1925년에 「중국사회 각 계급의 분석」을, 1927년에는 「후난농민운동고

년대 이후 소개된 서발턴이라는 개념을 이러한 저층 인식의 맥락에서 이해하고 공유하는 분위기가 있었다.

'서발턴(subaltern)'은 안토니오 그람시(Antonio Gramsci)가 『옥중수고』에서 처음 사용한 개념으로, '하층민' 또는 '하위 주체'를 의미한다. 그람시의 서발턴 개념은 지배 계급의 헤게모니에 종속된 사회집단으로 주로 권력을 가진 계급에 상대적인 계급을 지칭하며, 이는 당시 이탈리아 사회에서의 농민과 노동자를 가리킨다. 이후 인도라는 사회 문맥의 차용에서 서발턴 연구 이론에 '식민'의 의미가 추가되었다. 인도 서발턴 연구 그룹에서는 서발턴을 식민자에 상대적인 보편적인 피식민자로 언급했고, 가야트리 스피박(Gayatri. C. Spivak)은 '제3세계'라는 공간적 조건과 계층적 하위성, 그리고 젠더 문제를 결합하여 서발턴이란 개념을 재의미화했다.[7]

서발턴 이론이 유럽에서 아시아나 남미 등 다른 지역으로 전해지면서, 서발턴 개념은 해당 사회의 '장소성'에 따라 그 개념적 의미가 다르게 맥락화되었다. 2천년대 중국에 들어온 서발턴 개념은 '저층'으로 번역되었는데, 중국 맥락에서 '저층'은 서발턴 개념과 서로 통하기도 하고 다르기도 하며, 또는 이전의 저층 개념과 서

찰보고」를 잇달아 발표하며, 중국 혁명과정에서 농민의 중요성을 환기한다. 毛泽东, 「中国社会各阶级的分析」, 「湖南农民运动考察报告」『毛泽东选集』第1卷, 北京: 人民出版社, 1991.

7   관련 논의는 다음 책을 참고하라. 로절린드 C. 모리스 엮음, 가야트리 차크라보르티 스피박 외 지음, 태혜숙 옮김, 『서발턴은 말할 수 있는가?: 서발턴 개념의 역사에 관한 성찰들』, 그린비, 2013.

로 혼용해서 쓰기도 하였다. 중국에서 '저층'은 서발턴이 인도 사회의 맥락에서, 그리고 식민지 이후의 맥락에서 식민자의 문화와 권력에 의해 억압된 집단을 강조하는 것과는 달리, 매우 중국적인 특징을 반영하는 개념이라 하겠다. 중국에서 '저층'은 주로 시장경제 시대에 들어 빈부격차가 커지면서 생긴 사회계층분화 이후 가장 밑단 하층에 처하게 된 빈곤집단을 말한다. 구체적으로 빈곤한 농민과 도시로 진출한 농민공, 그리고 도시 내 실업노동자 등을 가리키며,[8] 전반적으로 빈곤한 생활, 경제적 의존, 취약한 개발능력 등의 특징을 갖는다.[9] 여기에는 인도와 유사한 식민 및 포스트 식민의 문맥이 생성되지 않으며, 이 집단의 정치 주체성 역시 그다지 강조되지 않는다. 달라진 정책환경 속에서 생겨난 계층분화의 현상을 보여주면서도, '저층'이란 말 자체에 위계의식이 반영되어 있다. 저층은 '상층'에서 바라본 '아래층'이다. 말 그대로 '맨 밑바닥에 있는 계층'은 사회적인 관심을 두고 보호해주어야 하는 대상으로 인식된다. 또한 중국에서 저층은 경제적, 문화적 자원이 부족하기 때문에 오랫동안 엘리트나 지식인에 의해 대표되어왔다.

서발턴 개념은 서로 다른 사회 환경에서의 관계가 매우 불확정적이며 '저층'과 '상층'의 관계도 확정하기 어렵다. 서발턴은 그 집단이 처한 사회 상태에 대한 설명이 필요한 매우 상대적인 개념으

---

8   孙立平, 「资源重新积聚背景下的底层社会形成」, 『战略与管理』, 第1期, 2002.
9   文军, 吴晓凯, 「大都市底层社会的形成及其影响: 以上海市的调查为例」, 『华东师范大学学报』, 第5期, 2015.

로, 서로 다른 사회 문맥에서 자신의 개념을 확립해나가야 하며, 그런 측면에서 본질주의적 정의를 가지기 어렵다. '저층'에 대한 공인된 정의가 없으므로, 이는 동시에 많은 분과에서 접근할 수 있고, 또한 서로 다른 관점에서 이론적 해석과 발전이 가능하다는 의미가 있기도 하다.

연구 패러다임으로서 '서발턴'은 엘리트 통치에 대한 저층 민중의 헤게모니적 항쟁을 기본적인 연구 지향으로 삼고 있지만, 중국 학계에서는 '저층'과 '항쟁'을 필연적으로 연관시키기보다는 '상층'과 '중층'에 상대적인 사회 계층적 의미와 사회적 약세 지위에 기반을 둔 가치 배려에 더 중점을 두고 있다. 중국 관방에서 발표하는 사회학 보고서나 학계에서의 저층에 대한 논의에서는 모두 이러한 관점을 살펴볼 수 있다. '서발턴' 개념을 '저층'으로 번역하고, 이 개념이 다시 중국에서 오랫동안 사용되어온 저층 개념과 혼용되면서, 중국 '저층' 연구의 서발턴적 시각과 연구방법의 확장 가능성을 제약하고 있다.

이는 중국에서 저층과 비슷한 개념들이 대개 지배 권력과 통치 담론 속에서 규정되어왔다는 사실에서도 알 수 있다. '저단인구',[10]

10　'저단인구(低端人口)'는 베이징에 사는 저소득, 저학력, 산업 가치사슬의 가장 밑단에 종사하는 노동자들이나 소상공인들이 고용한 이주노동자를 의미한다. 저단이란 말은 원래 '고단'에 상대되는 개념으로 산업사슬 부가가치의 고저(高低)를 나타내는 말이지, 사람에게 써서는 안 되는 말이다. 그러나 베이징시 정부 문건에서 이 용어는 빈번하게 등장해왔었고, 언론이나 학계에서도 광범위하게 쓰여왔다. 2017년 11월 18일 베이징 외곽에 있는 다싱구(大興區)에서 대형 화재사고가 발생하여 19명이 사망하는 사건이 발생했는데, 이때 베이징시가 도시 정비라는 이유로 '저단인구'라

‘외래인구’, ‘약세군체’ 등이 대표적이다. 위가 아니라 ‘아래’에 있는 ‘저단(低端)’, 내부가 아니라 ‘바깥’에서 온 ‘외래(外來)’, 힘을 갖지 않은 ‘약한(弱勢)’ 군체 등으로 ‘저층’을 규정해왔다. ‘저층’이란 존재는 분명 위에 있는 ‘상층’과 내부에 있는 ‘중심’, 그리고 힘을 가진 ‘강자’의 관점에서 규정되고, 발견해온 것이다.[11] 따라서 중국에서 ‘저층’은 위계적 구조에서 가장 밑단에 위치했을 뿐 아니라 종종 주변화되고 힘이 없는 군체로 묘사되어왔다. 일반적으로 ‘저층군체’는 종종 ‘약세군체’와 함께 혼용되어왔다. 이는 두 개념이 대응하는 구체적인 집단의 일치도가 크기 때문이며, ‘통치’ 관점에서 보았을 때 가장 아래층에 놓인 군체는 힘이 없는 존재로 다뤄졌기 때문이다.

이와 동시에 중국 당국은 이들 ‘저층’ 군체를 ‘행정적’ 관점에서 서로 다른 집단으로 분리해낸다. 예컨대 도시 노동자와 농민공(農民工)은 같은 노동을 하지만, 도시에서 공공재에 접근할 수 있는 권한과 자격이 다르게 부여된 서로 다른 노동집단으로 규정되었고, 법 적용이나 사회보장 혜택에 대한 접근에서도 차등을 두

는 용어를 사용하며 이주 노동자들의 주거지를 정리하면서 전력과 난방 공급을 중단했다. 이 사건으로 저단인구는 차별과 편견을 가진 용어로 논란을 가져왔다. 관련된 연구로는 다음을 참고할 것. 王信贤, 「习近平新时代的社会治理: 北京驱离‘低端人口’的观察」, 『展望与探索』, 第16卷 第1期, 2018; 윤종석, 「베이징은 어떤 시민을 원하는가?: 외래인구 사회관리와 2017년 ‘저단인구’ 퇴거 사건」, 『사회와역사』, 116권, 2017.

11 魏程琳, 「发现底层: 1990年以来中国阶层研究的进路与转向」, 『西南大学学报』, 第5期, 2016.

어왔다. 또한 같은 국유기업 노동자들이라 하더라도 개혁과 발전의 흐름 속에서 자기 계발을 통해 능력을 연마한 노동자와 시대에 뒤처진 능력없고 의존적인 존재로 실직(下崗)노동자를 구분하였다.[12] 이러한 '저층' 노동자들은 '통치'에 반응하며 양가적 감정을 드러낸다. 국유기업 노동자들을 참여관찰한 조문영의 지적처럼, "'우리 노동자'들이 사회주의 조국 건설에 기여했다는 주장은 '우리 노동자'들이 중국의 발전을 가로막았다는 자기비하와 공존했다"[13]는 것이다.

물론 자신의 이익이 침해될 때 저층집단 역시 저항하고, 일련의 권리보호 전략 구축과 행동 자원의 동원을 통해 강력한 주체적 행동 역량을 드러낸다.[14] 그러나 중국 학계에서 집중해왔던 '저층' 개념에는 기본적으로 계층분화로 인한 분층(分層)은 당연한 현상이고, 여기서 맨 아래에 놓인 '저층' 현상 역시 불가피하며, 따라서 이러한 '저층'의 자기 계발과 문제를 해결하기 위해 온 사회가 관심을 두고 이들을 보호하고 대책을 마련해주어야 한다는 국가의

12　당시 개혁 담론을 확산시키는 선전 속에서 국유기업은 '큰 밥그릇(大鍋飯)'으로 게으름뱅이를 키우며, 생산수단을 심각하게 낭비하고 생산효율을 저하시키며 인재를 억제한다는 부정적인 평가가 따라붙었다. 또한 당시 당정의 공식 문건에서는 국유기업 노동자들이 "기다리고, 의존하고, 요구하는(等, 靠, 要)" 사상을 포기하도록 지도하여 올바른 직업관을 심어줘야 한다고 강조한다. 장윤미, 「중국 국유기업 구조조정과 노동자 마음: 몫을 잃은 자들의 마음」, 『중소연구』, 41권 1호, 2017.

13　조문영, 『빈곤과정: 빈곤의 배치와 취약한 삶들의 인류학』, 글항아리, 2022.

14　赖伟军, 吴志明, 「底层中国的主体性建构: 一个研究评述」, 『中国农业大学学报』, 第3期, 2011.

'구제'에 호소하는 '통치(성)'의 관점이 반영되어 있다. 시진핑 집권 이후 저층에 대한 정책은 두 가지 상반된 방향이 동시에 나타나고 있는데, 하나는 향촌 건설이라는 새로운 국가적 프로젝트에 맞춰 농민과 촌민의 요구를 적극적으로 반영해야 한다는 분위기를 조성하고 있고, 이와 동시에 국가적 프로젝트에서 배제되는 소수자 저층의 목소리를 들을 수 있는 각종 루트와 기제 자체를 원천적으로 통제하는 과정이 진행되고 있다. 중국 학계의 연구도 이러한 흐름을 반영하고 있다.[15]

Ⅲ. 중국 '저층' 연구의 주제와 시각

중국에서 저층 연구는 크게 두 가지 범주로 나눌 수 있는데, 하나는 사회학계에서 계층분화적 관점에서 진행된 연구가 있다. 여기서 저층이란 주로 시장화 과정에서 빈곤층으로 전락하고, 수직적인 계층분화구조에서 가장 밑단에 있는 계층이다. 1992년 루쉐이(陸學藝)가 중국의 13개 촌락을 조사해서 쓴 『개혁 중의 농촌과

---

15 张爱凤, 「"底层发声"与新媒体的"农民叙事": 以"今日头条"三农短视频为考察对象」, 『广州大学学报(社会科学版)』, 第4期, 2019. 이 논문에서는 신매체 플랫폼이 저층의 농민에게 말을 할 기회를 부여하여, 전통매체 시대 "서사의 객체"에서 신매체 시대 "서사의 주체"로 전환되었고, 침묵의 "타자"에서 스스로 표현하고 말하는 주체로 거듭났다고 파악하고 있다.

농민』과[16] 1995년 리페이린(李培林)이 편집한 『중국 신시기 계급 계층 보고』는 대표적인 계층분화 연구서이다.[17] 이후 루쉐이는 중국의 계층을 조직자원, 경제자원, 문화자원의 점유 정도에 따라 10대 계층으로 구분하고, 가장 밑단에 있는 저층으로 농민, 노동자, 농민공, 실업·반실업자 계층을 꼽았는데, 당시 이들 저층은 전체의 78%를 차지했다.[18] 이는 서발턴 개념과는 다른 것이지만, 이후 서발턴적 관점에서 진행한 많은 '저층' 연구에 상당한 영향을 미쳤다. 1980년대 토지승포권에 대한 관심에서 1990년대 삼농(三農) 문제, 21세기 이후 농민공과 유수(留守) 문제, 도시화 토지점유 문제 등에 이르기까지, 개혁정책의 변화는 중국 사회과학 연구의 '구조주의적 틀'에 큰 영향을 미쳤다. 특히 쑨리핑에 의해 '단절(斷裂)'이라는 개념이 제기된 이후에는,[19] 갈수록 사회구조의 아래층으로 밀려나고 단절된 구조적 특징을 보이는 '저층'의 상황에 주목하는 연구가 증가했다. 그러나 '저층' 형성의 계층분화에 주목한 중국의 연구들은 대개 수직적인 위계구조를 하나의 주어진 틀로 받아들였다. 국가 주도의 개발주의 논리에서 은폐된 폭력성의 구조를 밝히거나, 저층에 대한 국가의 개입이 어떠한 방식으로 이루어졌는지에 관한 분석적 연구는 드물다.

---

16 陆学艺,『改革中的农村和农民: 对大寨、刘庄、华西等13个村庄的实证研究』, 中共中央党校出版社, 1992.

17 李培林主编,『中国新时期阶级阶层报告』, 辽宁人民出版社, 1995.

18 陆学艺主编,『当代中国社会阶层研究报告』, 社会科学文献出版社, 2002.

19 孙立平,『断裂: 20世纪90年代以来的中国社会』, 社会科学文献出版社, 2003.

또 다른 범주로는 서발턴 연구의 이론과 분석틀을 가져와서 중국의 '저층' 문제를 분석한 연구가 있다. 이러한 연구들은 "항쟁의 정치", "권리 주장", "서발턴 정치" 등의 관점에서 저층군체 항쟁의 목표가 "자원성 권익항쟁"에서 "정치성 권리항쟁"으로 변화되었다고 본다.[20] 서발턴의 주체나 행동 논리에 주목한다는 점에서 기존의 저층 연구와는 다른 경로를 진화시켜왔다고 볼 수 있다. 문학 영역에서도 "저층 저작", "저층 서사", "저층 문학" 등의 개념이 등장하였는데, 리윈레이는 저층 문학이 주로 주변부 사람들의 삶을 그린다고 보면서, 이를 "인민문예" 혹은 문예적 "인민성"의 전개라고 보았다. 새로운 시대적 변화에 휩쓸리고 주변화되는 '저층'에 주목하면서, 하층민의 고난을 묘사하고 권력관계를 드러내는 이러한 저층문학의 대두는 신좌파와 자유주의 논쟁 등 사상계에서의 논쟁이 허용된 상황에서 등장한 것으로 보았다.[21] 비평가 멍판화(孟繁華)는 저층담론에 관한 논쟁이 1993년 "인문정신 논쟁" 이후 유일하게 공공영역의 문학논쟁에 들어온 것이라고 파악했다.[22]

이러한 서발턴적 시각에서 진행된 '저층' 연구는 대부분 이들의 집단적 행동에 주목했다. 중국 학계에서 '저층' 집단의 '행동'에 주

---

20 于建嶸, 「底層社会的权利逻辑」, 『南风窗』, 第5期, 2008, pp.22-23.
21 리윈레이, 「21세기 중국문학에서의 저층문학」, 『창작과 비평』, 40권 4호, 2012. 리윈레이는 차오정루(曹征路), 왕샹푸(王祥夫), 류지밍(劉繼明), 천잉쑹(陳應松), 후쉐원(胡學文), 뤄웨이장(羅偉章) 등 저층 문학의 대표작가와 작품을 소개한다.
22 孟繁华, 「"到城里去"和"底層写作"」, 『文艺争鸣』, 第6期, 2007, pp.45-47.

목하게 된 것은 실제로 중국에서 '군체성 사건(群體性事件)'이 증가했기 때문이다.[23] 중국의 군체성 사건은 1993년 1만 건을 초과했고, 2005년에는 6만 건 이상, 2007년에는 8만 건을 초과했다.[24] 이러한 군체성 사건은 조직적인 '운동'이라기보다는 군체들의 '저항'이다. '저층'의 집단행동이 급증하자 사회학자들을 중심으로 대규모 '저층' 사회의 부상과 '저층' 집단의 이익표출기제의 부재에 주목하기 시작했다.[25] 이와 함께 제임스 스콧(James Scott)의 "약자의 무기" 개념과 인도의 서발턴연구 이론과 개념을 분석 도구로 도입하여, 중국 '저층'의 행위를 분석하고 해석하였다.[26] '저층'의 행동

---

23 '군체성 사건'이란 특정 집단 또는 불특정 다수가 모여 일시적으로 형성된 군중들에 의한 대규모 집단행동이나 목소리 내기 또는 신체적 충돌 등의 군체 행위의 방식을 일컫는다. 적법한 근거는 없지만 다수의 군중이 일정한 호소나 주장을 표출함으로써 자신의 이익을 쟁취 혹은 수호하거나 불만을 터뜨려 사회질서와 사회안정에 영향을 미치는 각종 사건을 말한다. 사회적 조직권이 합법적으로 보장된 사회에서의 집단행동은 일정한 목표를 쟁취하기 위한 조직화한 운동으로 볼 수 있지만, 중국에서는 동일한 목적을 가진 집단이 조직적으로 행동하는 것이 아니라, 군중 무리가 불만을 터트리는 행위이기 때문에 '군체'적 성격을 갖는 사건이라고 표현한다. 따라서 중국 '저층'의 집단행동 역시 정확히 말하면 '군체'로서의 행위이지, 합법적이고 조직적인 집단행동은 아니다.

24 중국사회과학원에서 발행하는 청서에서는 2003년 처음으로 군체성 사건을 공식 발표했는데 그 해에 58,000건에 달했다. 2004년에는 74,000건, 2005년에는 87,000여 건에 달했고, 2007년에는 10만 건이 넘었다. 2008년 이후 중국 당국은 더 이상 구체적인 수치를 발표하지 않고 있으며, 쑨리핑(孫立平) 교수는 2010년 군체성 사건이 최소 18만 건에 달할 것이라고 추산했다.

25 孙立平,「资源重新积聚背景下的底层社会形成」,『战略与管理』, 第1期, 2002; 李暈,「当前中国社会的四个利益群体」,『学术界』, 第3期, 2000.

26 王庆明,「底层视角及其知识谱系: 印度底层研究的基本进路检讨」,『社会学研究』, 第1期, 2011.

에 주목한 연구들은 대체로 아래의 농민, 농민공, 국유기업 실직노동자 등 세 집단의 저항 행동에 주목한다.

1. 토지수용 과정에서 나타난 농민의 서발턴화

"'저층'을 어떻게 서술할 것인가"에 관한 방법론적 성찰은 '저층'의 시각에서 바라본 일상생활에 주목하게 만들었고, 이러한 연구 및 조사에서 광범위하게 채택된 방법은 구술사였다. 대표적으로 귀위화(郭於華)는 구술사를 바탕으로 '저층' 집단의 연구방법에 대한 사회학적 탐구를 수행했다. 귀위화는 '고난'의 사회적 속성을 통해 보통사람의 일상생활과 거시적 사회사 사이의 유기적 연결을 확립하고, 사회구조와 권력 관계의 관점에서 고난의 깊은 뿌리를 밝혀야 함을 보여준다. 사회학적 상상력의 도움으로 보통사람의 일상생활 실천에 문명을 구현하면, 농민의 생활사는 거시적인 사회 역사 과정과 연결되며, 이때 그들의 일상적 소소한 경험과 이야기는 비범한 의미를 가지면서 웅대한 서사의 유기적인 부분이 될 수 있다는 것이다. 이것이 바로 보통사람의 일상생활에서 역사를 구축하는 과정이라고 보았다.[27]

사실 중국의 농민은 언제나 고통을 받아왔으며, 신중국 이후에도 중공업 우선 전략과 도시에 집중된 지원 정책으로 종속적 지위

27　郭于华,「作为历史见证的"受苦人"的讲述」,『社会学研究』, 第1期, 2008.

에 있었다. 농민을 '저층'의 관점에서 분석하는 연구들은 주로 토지수용 과정에서 나타난 농민의 서발턴화 현상에 주목한다. 1990년대 말부터 이미 가중되는 세비 부담으로 인한 농민들의 세금저항 행동에 주목했고,[28] 2천년대 들어 농업세가 전면 취소된 이후에는 주로 토지분쟁을 둘러싸고 자신들의 권리를 지키기 위한 농민들의 투쟁과 철거 이주 과정에서 권력과 자본의 결탁 문제를 지적하기도 했다.[29] 토지권이나 환경오염, 지방정부의 무리한 세금 징수, 인신매매 등 농촌의 열악한 상황을 보고하는 르포 형식의 연구들도 많았다.[30]

농민 중에서도 특히 토지를 잃은 농민과 상방(上訪) 농민이 '저층' 집단의 대표가 되었다. 농민 집단에 관한 연구는 주로 '항쟁의 정치(Contentious Politics)'에서 출발하여 이들의 이익표출 행위에 중점을 둔다. 대표적으로 저샤오예(折曉葉)는 농민들이 불확실한 생존과 보장에 직면했을 때 "생계 전환과 지속적 보장"이라는 공정한 마지노선을 고수하고, 비대항적 보이콧 방식을 채택하여, 집단적 힘을 빌려 그들이 직면한 문제를 공론화함으로써 행동의 합

---

28 李连江, 欧博文, 「当代中国农民的依法抗争」, 吳国光主编, 『九七效应: 香港, 中国与太平洋』, 香港太平洋世纪研究所, 1997.

29 徐小涵, 「两种"反抗史"的书写: 斯科特和底层研究学派的对比评述」, 『社会学研究』, 第1期, 2010.

30 馀治平, 『万集乡下这些年: 中国底层社会治理的微观叙事与个案研究』, 上海三联书店出版社, 2014; 陈燕谷, 「序二: 关于"庶民"的历史」, 刘健芝, 许兆麟选编, 『庶民研究』, 中央编译出版社, 2005.

법성을 얻는다는 것을 발견했다.[31]

중국 농민의 집단행동을 어떻게 해석할 것인가의 문제를 두고 대표적으로 잉싱과 위젠룽의 연구를 꼽을 수 있다. 우선 잉싱(應星)은 농민의 이익표출행위에 대한 연구를 통해, "이익충돌-집단행동" 패러다임, 자원 동원 패러다임, 정치과정 패러다임은 모두 중국 농촌에서 지속하여온 집단행동의 흐름을 설명하기 어렵다고 지적하면서, 중국 농촌의 집단행동 재생산의 기초는 이익이나 이성이 아니라 '윤리'라고 주장했다. 그러면서 이러한 윤리가 스콧의 '생존윤리'에 그치지 않고 중국 문화 중의 독특한 개념, 즉 '기(氣)'에 있다고 보았다. 그는 기층정부의 강력한 탄압이 농민들의 반발을 불러왔으며, 농민들의 항쟁을 인격적 존엄과 최소한의 승인을 획득하기 위한 결사적인 투쟁으로 변모시켰다는 사실을 발견했다.[32] 후속 연구에서 잉싱은 중국 사회의 특별한 감정 표현 방법인 '기장(氣場)'의 개념으로 군체성 사건의 발생 메커니즘을 연구하려고 시도했으며,[33] 또한 향토 중국에서 '기'가 내포하는 의미를 분석하며, '기'가 중국 향토 본색의 사회행동을 이해하는 독특한 개념이라고 보았다.[34] 잉싱의 이러한 연구는 중국 사회학의 사상전통

---

31 折晓叶,「合作与非对抗性抵制: 弱者的"韧武器"」,『社会学研究』, 第3期, 2008.
32 应星,「'气'与中国乡村集体行动的再生产」,『开放时代』, 第6期, 2007.
33 应星,「'气场'与群体性事件的发生机制」,『社会学研究』, 第6期, 2009.
34 应星,「'气'与中国乡土本色的社会行动」,『社会学研究』, 第5期, 2010. 잉싱이 보기에 '기'는 향토 전통에서 비교적 탄력적인 범주를 갖고 있으며, 중국인들이 인정사회에서 삶의 곤경에서 벗어나 사회적 존엄을 추구하고 도덕적 인격을 실현하는 사회행동을 채택하는 근본적인 원동력이며, 본능과 이성, 도의와 이익의 열정을 융합한 것

을 재인식함으로써 중국 학계가 자기 인식에 기반을 둔 학문 토양을 구축해야 한다는 문제의식을 느끼도록 촉발했다.

또한 위젠룽(於建嶸)은 중국학자 중에서 가장 '저층' 입장을 드러내는 학자로, 이러한 시각은 『웨촌(嶽村) 정치』, 『중국 노동계급 상황: 안위안(安源)실록』, 『당대 중국 농민의 권리항쟁: 후난 형양(衡陽) 고찰』 등과 같은 초기 저서에 반영되어 있다.[35] 그는 중부 지역 일부 농민들의 "조직적 항쟁"을 발견하고, 이러한 농민들의 "법 항쟁(以法抗爭)"은 더욱 명확한 정치 신앙을 갖춘 농민 대표자들을 핵심으로, 각종 방식을 통해 안정적인 사회동원네트워크를 만들고, 현향(縣鄕) 기층정부를 직접적인 대항 대상으로 삼는다고 분석하였다.[36] 노동자·농민들의 집단적 권리보호가 1990년대 이후 '조직적 항쟁' 또는 '법 항쟁' 단계에 접어들어 정치화의 길을 걷고 있다고 주장한 것이다. 위젠룽은 중국 농민들의 권리보호 항쟁이 '정치적'인지 아닌지를 이해하는 열쇠는 바로 '정치'를 어떻게 이해하느냐에 달려 있다고 하면서, 오랫동안 정치는 엘리트들의 일로 여겨져 왔고, 권력, 통치, 관리라는 공공영역의 상위활동

이라고 보았다.

35   于建嶸, 『岳村政治: 转型期中国乡村政治结构的变迁』, 商务印书馆, 2001; 『中国工人阶级状况: 安源实录』, 明镜出版社, 2006; 『中国当代农民的维权抗争: 湖南衡阳考察』, 中国文化出版社, 2007. 위젠룽은 이후 『항쟁성 정치: 중국 정치사회학의 기본문제』(2010), 『저층 입장』(2011) 등의 논문이나 시사평론집을 펴내, 저층 사회의 정치적 논리를 강조하였다.

36   于建嶸, 「以法抗争: 当前农民维权运动的一个解释框架」, 『社会学研究』, 第2期, 2004.

과 연계됐다는 점을 지적하면서, '저층'의 정치도 사실상 대중 참여의 중요한 형태라고 보았다.[37] 이는 농민의 집단행동을 개혁 이후 강조되어온 법제화 추세와 함께 증가한 "법에 따른 항쟁(依法抗爭)"이라고 본 해외학자들의 연구와 비슷한 관점이다.[38] 중국 농민들은 중앙 정부의 정책을 이용하여 기층정부의 현지 정책에 대항하거나, 상방(上訪)의 방식으로 상급 정부의 권위에 호소하여 기층 간부의 법 왜곡 행위에 대항하는 특성을 보인다는 것이다.

그러나 잉싱의 견해에 따르면 위젠롱의 연구는 지나친 감정적 개입과 가치의 설정을 하고 있어, 풀뿌리 행위자의 이미지에 대한 사람들의 인식을 과도하게 이상화할 수 있다고 보았다. 잉싱은 기본적으로 농민층의 이익표출이 이미 '법 항쟁'의 새로운 단계에 들어섰다는 견해를 비판한다. 그는 농민들의 이익표출과 관련된 4개 사건을 비교 연구한 후, 풀뿌리 행동자는 엘리트와 완전히 동조하지도 않고, 또한 저층을 완전히 대표하지도 않으며, 스스로 독특한 행동목표와 논리를 가진 행동자라고 본다. 풀뿌리 행동자에 의한 풀뿌리 동원은 농민 집단의 이익표출 메커니즘을 표현방식 선택에 있어 임시적이고, 조직적으로 이중적이며, 정치적으로 모호하게

---

37   于建嵘, 「农民维权与底层政治」, 『东南学术』, 第3期, 2008.
38   李连江, 欧博文, 「当代中国农民的依法抗争」, 吴国光主编, 『九七效应: 香港, 中国与太平洋』, 香港太平洋世纪研究所, 1997. 이후 저자들은 농민들의 권리투쟁에 관한 영문 단행본을 출간한다. Kevin J. O'Brien, Lianjiang Li, *Rightful Resistance in Rural China*, Cambridege University Press, 2006.

만든다고 보았다.[39]

위젠룽은 중국 농민의 집단행동이 점차 '법'이라는 합법적 근거를 동원하며 정치적 권리를 주장한다고 보았지만, 잉싱은 농민들의 권리수호 행동이 기존 제도 틀에서 보았을 때 여전히 부분적인 "합법성의 딜레마"에 놓여 있다고 본 것이다. 2천년대 들어서도 거세게 일어났던 농민들의 토지분쟁을 둘러싼 집단행동은 당시 조건에서 여러 가지 한계에 부딪혔다. 특정 장소적 성격을 가진 "권력-이익구조 네트워크"의 한계에 직면하기도 했고,[40] 일부 대리경작농(代耕農)의 경우 향토의 "회원 자격"이 부족한 상황에서 법적인 권리수호의 어려움에 부딪히기도 했다.[41] 그러나 농민 집단행동의 성격과 의미를 어떠한 관점에서 해석하든지 간에, 2천년대 들어 세계화와 도시화라는 '발전'의 주류 담론 속에서 농민들의 강력한 항쟁 이야기는 점차 주변화되었고, 농민들은 가장 낮은 층으로 서발턴화되어갔다.

---

39 应星, 「草根动员与农民群体利益的表达机制: 四个个案的比较研究」, 『社会学研究』, 第2期, 2007.

40 吴毅, 「"权力-利益的结构之网"与农民群体性利益的表达困境: 对一起石场纠纷案例的分析」, 『社会学研究』, 第5期, 2007.

41 黄志辉, 麻国庆, 「无"法"维权与成员资格: 多重支配下的"代耕农"」, 『中国农业大学学报』, 第1期, 2011.

2. 노동자 '자격' 없는 농민 노동자, 농민공

시장화, 공업화, 도시화, 세계화를 특징으로 하는 개혁개방 시기에 농촌과 도시 사이의 틈새, 그리고 수직적인 국제분업체계 속에서 생존하고 행동해온 주체가 바로 농민공이다. '농민공'은 도시에서 노동자로 살아가지만, 호적은 농촌에 두고 있는 노동자를 지칭하는 용어로, 정부에 의해 붙여진 행정 명칭이다. 농민공 집단은 중국의 경제개혁 과정에서 커다란 공헌을 했지만, 제도적으로나 사회적으로 인정과 존중을 얻지 못했다.[42] 그런데도 국가의 거시적 제도의 부재는 농민공 항쟁의 직접적 대상이 될 수 없었고, 많은 경우 법적, 제도적 결함은 사회적인 기정사실로 받아들일 수밖에 없었다. 많은 연구와 보고를 보면, 농민공의 행동 주체성은 주로 공장체제 아래의 권익 침해에 대한 반항으로 나타났다. 국가 제도가 부재한 상황에서 농민공들은 죽음이라는 가장 비장하고 참혹한 방식으로 자신의 권익을 주장하기도 했지만, 이는 성공률이 매우 낮은 무기력한 선택이었다.[43] 농민공들은 자신의 권리수호를 위한 방식으로 합법적 수단과 비합법적 수단을 모두 선택했다. 처음에는 침묵을 유지하다 태업과 같은 약자의 무기를 사용했고, 이후 죽음으로 맞서다가 다시 '법' 근거를 가지고 집단 파업이나 상

---

42 于建嵘,「中国农民工的依法维权」,『云南财经大学学报』, 第6期, 2008.
43 徐昕,「为权力而自杀: 转型期中国农民工的"以死抗争"」,『乡村中国评论』, 第2期, 2008.

방, 도로 점거 등을 벌이기도 했다.[44] 농민공들은 권리수호 행동을 할 때 동향회(同鄕會)나 노향회(老鄕會) 등 향토사회의 자원을 이용했고, 이러한 "지연(地緣)적 권리수호조직"이 집단행동 과정에서 중요한 역할을 발휘하기도 했다.[45]

2021년 기준으로 2억 9천만 명이 넘는 규모의 농민공 계층을 하나의 서발턴 집단으로 보기는 어렵지만, 농민공에 관한 대표적인 연구들은 '저층'적 시각에서 이들의 행동을 집단적인 정체성이나 계급의식 형성 과정으로 보는 연구가 많다. 대표적으로 푼 응아이(Pun Ngai)의 『메이드 인 차이나: 글로벌 작업장의 여공들』은 농민공에 관한 가장 심도 있는 연구라 할 수 있다.[46] 푼 응아이는 선전(深圳)의 한 홍콩 자본 전자공장에서 진행된 심층적이고 상세한 민족지 연구(ethnographic research)를 통해, 중국 사회의 급속한 변혁 과정에서 나타난 여성노동자 주체의 구축 과정을 보여준다. 이 책에서는 포스트 사회주의 국가의 통제, 전 지구적 자본주

44　于建嵘, 「利益博弈与抗争性政治: 当代中国社会冲突的政治社会学解读」, 『中国农业大学学报』, 第1期, 2009.

45　江立华, 胡杰成, 「"地缘维权"组织与农民工的权益保障: 基于对福建泉州农民工维权组织的考察」, 『文史哲』, 第1期, 2007; 于建嵘, 「中国农民工的依法维权」, 『云南财经大学学报』, 第6期, 2008.

46　Pun Ngai, *Made in China: Women Factory Workers in a Global Workplace*, Duke University Press, 2005. 이 책은 2005년 미국 사회문제연구협회(Society for the Study of Social Problems)가 수여하는 C.라이트 밀스(C. Wright Mills)상을 받았다. 대만과 중국에서 같은 제목으로 중문판이 출간되었다. Pun Ngai, 『中国女工: 新兴打工阶级的呐喊』, 明报出版社有限公司, 2008; 潘毅, 『中国女工: 新兴打工阶级的呐喊』, 九州出版社, 2011.

의 상업과 시장 헤게모니 및 전통적인 중국의 가부장제라는 다중
적 압력하에서의 여성노동자들의 욕망과 항쟁을 보여준다.

　마르크스와 톰슨의 계급이론의 영향을 받아 2천년대 이후 중
국 노동연구의 초점은 이익 투쟁에서 계급 형성 이론으로 옮겨갔
다.[47] 찬과 푼(Chan & Pun)은 '프롤레타리아화'는 계급 형성의 첫
단계이고, 이러한 특성은 계급 정체성, 계급 감정 및 계급 행동에
영향을 미친다고 보았다.[48] 푼과 루(Pun & Lu)는 건설현장에서의
노동통제와 집단항쟁에 관한 연구를 통해, 계급대립과 충돌을 발
견하고 '반프롤레타리아화'의 딜레마에 처한 중국 농민공 행동의
정치적 함의와 계급주체 형성의 방향을 지적했다. 특히 농민공 집
단이 대대로 계승됨에 따라, 신세대 농민공들이 항쟁의 새로운 형
식을 발전시켰고, 자본과 권력의 압박에 대한 저항은 갈수록 커지
고 있다고 보았다.[49] 또한 이주노동자들이 모여 사는 '기숙사 노동

47　특히 당시 중국 사회학계에서 주목하던 계급 형성의 문제와 관련하여 커다란 영향
　　을 미친 학자는 톰슨이며, 한국 노동계급의 형성에 관한 구해근의 책도 중문판으로
　　번역되면서 많은 영향을 미쳤다. E.P.Thompson, *The Making of the English
　　Working Class*, Vintage, 1966, 나종일 외 옮김, 『영국 노동계급의 형성(상, 하)』,
　　창비, 2000; Hagen Koo, *Korean Workers: The Culture anc Politics of Class
　　Formation*, Cornell University Press, 2001, 신광영 옮김, 『한국 노동계급의 형
　　성』, 창비, 2002.
48　Chris King-chi Chan and Pun Ngai, "The Making of a New Working Class?
　　A Study of Collective Actions of Migrant Workers in South China", *The
　　China Quarterly*. Issue 198, June, 2009.
49　Pun Ngai and Lu Huilin, "Unfinished Proletarianization: Self, Anger and
　　Class Action among the Second Generation of Peasant-Workers in Present-
　　Day China", *Modern China*, 36(5), 2010.

체제'에 대한 현장조사를 통해 노동자 '저층'의 일상적 미시정치를 분석하면서, '저층' 계급의 경험에 뿌리를 두어야만 사회적 투쟁 무기의 활력을 되찾을 수 있다고 본 연구들도 있다.[50]

농민공의 인권과 권리 문제가 사회적인 쟁점이 되어 이들에 대한 공식적인 실태 조사가 진행된 것은, 애플, 노키아, 삼성 등 다국적기업의 주문을 받아 전자제품을 생산하는 폭스콘(Foxconn) 공장 기숙사에서 노동자 자살 사건이 잇달아 일어난 뒤였다. 2010년 10월 9일 중국과 홍콩, 대만의 20개 대학, 60명 이상의 연구자들이 폭스콘 공장의 현장을 조사한 뒤 이를 정리한 보고서를 공식 발표했다.[51] 보고서에서는 폭스콘의 불법 행위나 '수용소'식 관리 모델을 폭로하는 데 그치지 않고, 인간으로서 기본적인 존엄을 희생시키는 발전 모델에 대해 사회 전체가 함께 성찰할 것을 촉구한다. 이러한 조사와 보고서 작성이 신속하게 이루어질 수 있었던 것은 당시 중국 정부가 임금 인상 정책과 관련하여 외자기업에서의 인권 문제를 언론 보도를 통해 공론화한 배경을 꼽을 수 있다. 그러나 무엇보다 중국 학자들의 '저층' 집단에 대한 사회학적 개입

50　任焰, 潘毅, 「宿舍劳动体制: 劳动控制与抗争的另类空间」, 『开放时代』, 第3期, 2006; 潘毅, 陈敬慈, 「阶级话语的消逝」, 『开放时代』, 第5期, 2008.

51　「"两岸三地" 高校富士康调研总报告」, 9月, 2010. 조사에 참여했던 학자들 일부가 이후 관련서를 출간하며, 다국적기업 중심의 전 지구적 생산체계에서의 노동규율의 잔혹한 착취시스템을 비판했다. Jenny Chan, Mark Selden, Pun Ngai, *Dying for an iPhone: Apple, Foxconn, and The Lives of China's Workers*, Haymarket Books, 2020, 정규식, 윤종석, 하남석, 홍명교 옮김, 『아이폰을 위해 죽다』, 나름북스, 2021.

과 실천을 빼놓을 수 없다. 칭화대학이나 중산대학 등 중국의 주요 대학 내 사회학 관련 기관에서 개설한 '농민공 야간학교'나 '노동 NGO 세미나 반' 및 '영상 작품 아카데미'와 같은 프로젝트의 운영은 농민공 '저층'의 시각과 경험에서 자신의 목소리를 낼 수 있도록 조력해왔다.

연구자가 제도권 학자가 아닌 스스로 농민공으로 살면서 이들을 참여 관찰하고 농민공들의 주체적인 목소리를 담아낸 연구도 있다. 뤼투(呂途)는 이들에 관한 3부작을 통해 행정적, 사회적으로 불리는 농민공 호칭을 거부하고, 자신의 정체성을 뚜렷하게 보여주는 '신노동자'로 호명한다.[52] '신노동자(新工人)'에는 '농민'이라 붙여진 신분 정체성을 거부하면서, 스스로 '노동자'로서의 자각을 드러내는 주체의식이 담겨 있다. 뤼투는 베이징 외곽에 위치한 피춘(皮村)의 '베이징 노동자의 집(北京工友之家)' 활동을 통해, 전국 각 지역에서 온 이주 노동자들이 스스로의 자립과 변혁을 꿈꿀 수 있는 생활 자립 공동체 실천을 이어가고 있다.[53]

---

[52] 呂途,『中国新工人: 迷失与崛起』, 法律出版社, 2013,『中国新工人: 文化与命运』, 法律出版社, 2015,『中国新工人: 女工传记』, 生活·读书·新知三联书店, 2017. 뤼투의 저서 3부작은 모두 한국어로 번역 출판되었다. 정규식, 연광석, 정성조, 박다짐 역,『중국 신노동자의 형성』, 나름북스, 2017,『중국 신노동자의 미래』, 나름북스, 2018, 고재원, 고윤실 역,『우리들은 정당하다: 중국 여성노동자 삶, 노동, 투쟁의 기록』, 나름북스, 2020.

[53] 한국에서 피춘에 관한 소개는 주로 문학과 문화연구자들에 의해 진행되었다. 박민호,「피춘과 중국의 새로운 노동자 문화」,『중국학연구』, 74권, 2015; 김정수,「중국 '신노동자' 집단정체성 형성의 문화정치적 함의: 베이징 피춘 '노동자의 집'을 중심으로」,『중국문화연구』, 35호, 2017; 박자영,「이천년대 이후 중국노동자 문화현실과

3. 경쟁 사회에서 낙오한 국유기업 실직(下崗) 노동자

1990년대 말 진행된 국유기업 개혁 과정에서 전통적인 사회주의 노동자집단의 이익과 지위가 크게 하락했다.[54] 국유기업 소유제 개혁(改制) 과정에서 단위 내부의 "우량한 부분을 가려낸다(擇優)"라는 원칙에 따라 기업의 사업성 좋은 부분을 분할시켰고, 노동자들도 연령과 기술 정도에 따라 분화가 발생했다. 시대에 적응하는 능력 있는 노동자와 무능하고 의존적인 노동자집단으로 갈라졌다. 사회주의 시기 중공업 우선 전략으로 공업화된 지역은 대개 동북, 산서 등 중국의 내륙지역에 있다. 90년대 말부터 10여 년에 걸쳐 진행된 국유기업 구조조정과 함께 대대적인 노동자 해고가 이어지면서, 이들 지역 노동자의 목소리를 담아낸 현장조사와 보고서가 이어졌다.[55]

리칭콴은 신흥 공업지대의 노동자 저항뿐 아니라, 쇠락해가는

담론연구: 베이징 피춘의 사례를 중심으로」, 『중어중문학』, 76권 1호, 2019.

54 刘爱玉, 「国有企业制度变革过程中工人的行动选择: 一项关于无集体行动的经验研究」, 『社会学研究』, 第6期, 2003年.

55 2000년대 전후 동북지역 해고노동자에 관해 진행된 조사연구는 다음과 같다. 孟韬, 于立, 「恣源型国有企业的改制重组: 来自东北三省的调研」, 『社会科学战线』, 第5期, 2006; 于立, 孟韬, 「国有企业'买断工龄'的问题与规范: 以东北老工业基地资源枯竭型国有企业为例」, 『社会科学战线』, 第6期, 2004; 张子林, 黄艺红, 「保障东北下岗失业职工基本生活问题的再思考」, 『社会科学战线』, 第1期, 2007; 严元章, 「东北地区下岗工人基本状况访谈录」, 『中国与世界』, 第51期, 2001; 中国工人研究网编, 『通钢事件与国有情结』, 中国文化传播出版社, 2009.

러스트 벨트(Rust Belt) 지역의 노동자 저항도 함께 비교 연구를 진행하였다.[56] 동북지역의 오래된 공업 기지의 국유기업 실직 노동자와 주삼각(珠三角) 제조업 지역의 농민공을 대표로 하여, 노동자집단의 생존 상황과 생활 구조 및 항쟁 행위, 그리고 노동자 집단의 주체성과 자아 정체성 문제 등을 묘사했다. 다양한 노동자 집단에 대한 연구를 통해, 리칭콴은 당대 중국 노동자들의 집단적 정체성은 다원적이고 모순된 구조를 보여준다고 보았다.

우칭쥔(吳淸軍)의 국유기업 실직 노동자 연구도 계급 형성이라는 이론적 맥락에 있지만, 그는 전통적인 국유기업의 집단 정체성과 계급의식은 생산 과정이 아닌 생산 과정 밖에서 생겨난다고 보았다. 국유기업 노동자 항쟁의 본질은 고용 노동력과 자본 간의 투쟁이 아니며, 국유기업 노동자들의 집단 정체성과 계급의식을 초래하는 것도 공장 규율이 아니라 사회 제도의 변화와 기업 단위 경영진의 부패라고 보았다. 구조조정 과정에서 주변화된 국유기업 노동자들이 빈곤층으로 전락하여 집단적 빈곤으로 치닫고 있으며, 시장경제 과정에서 도시 '저층' 집단이 되었다는 것이다.[57]

동북지역에 있는 하얼빈에서 다년간의 참여관찰을 통해 국유기업 실직 노동자들의 빈곤 문제에 천착해온 조문영의 연구는 '저층'

56　Ching Kwan Lee, *Against the Law: Labor Protests in China's Rustbelt and Sunbelt*, University of California Press, 2007.
57　吳淸軍, 「中国城市的底层阶级: 国企改革中传统产业工人的转型」, 『中国与世界观察』, 第2期, 2007.

적 시각을 담고 있다.[58] 그동안의 연구를 종합한 최근 저작에서는 한국과 중국의 노동자, 사업가, 청년들의 개별적 빈곤 서사를 통해, "복지 통치에서 자활이나 자립 담론이 어떻게 빈곤을 개인의 문제로 환원하는지", 국가의 통치와 빈곤 산업의 단면을 생생하게 보여준다. 주류 공론장에서 배제된 말할 수 없는 '저층'뿐 아니라 "말할 수 있는 프레카리아트"까지, 그 누구도 빈곤의 문제와 무관하지 않음을 보여주며, "위기와 불안을 영속화하면서 무한 경쟁을 강요하는 자본의 통치에 맞서고, 이러한 통치(성)에 우리 모두 취약할 수밖에 없다는 공통 감각을 키워내야" 한다고 제안한다.[59]

한편 국유기업 실직 노동자들의 항의 행동의 근거를 계급적 관점이 아니라 사회주의 공장 경험에서 비롯된 문화적 신분의 의미를 따라 분석한 연구들도 있다.[60] 또한 한국과 중국의 학자들이 베이징, 상하이, 충칭 등 주요 도시에서 과거 사회주의 국가와 공장의 '주인'이라는 기억을 가진 노동자들에 관한 구술사 연구를 공동으로 진행하기도 했다. 이 공동연구는 노동자 자신이 경험하고 기

---

58   조문영, 「'결함 있는' 인민: 중국 동북 노동자 밀집 지역에서 기층 간부들의 '사구자치(社口自治)'가 갖는 딜레마」, 『현대중국연구』, 제13집 1호, 2011; Mun Young Cho, ""We Are the State": An Enterpreneurial Mission to Serve the People in Harbin, Northeast China", *Modern China*, 37(4), 2011; Mun Young Cho, *The Specter of "The People": Urban Poverty in Northeast China*, Cornell University Press, 2013.
59   조문영, 『빈곤과정: 빈곤의 배치와 취약한 삶들의 인류학』, 글항아리, 2022.
60   郭伟和, 「身份政治: 回归社区后的北京市下岗失业职工的生计策略: 沃尔玛中国玩具供应厂的经验研究」, 『开放时代』, 第5期, 2008; 佟新, 「延续的社会主义文化传统: 一起国有企业工人集体行动的个案分析」, 『社会学研究』, 第1期, 2006.

억하는 문화대혁명이라는 역사적 사건이 중국공산당이 서술한 공식 역사와 어떻게 다른지, 그리고 개혁이라는 발전의 신화 속에 감춰진 노동자 조반파(造反派)의 목소리를 '기억의 정치'라는 관점에서 풀어낸 연구이다.[61] 이러한 연구는 중국공산당이 역사에 대한 해석권을 독점하고 있는 중국 자체의 학계 토양에서는 수행하기 어려운 연구로, 개혁 이후 주변으로 밀려난 사회주의 노동자 '저층'이 경험한 목소리를 '발견'하고 드러나지 않았던 역사를 보여준다는 점에서 매우 커다란 의미가 있다고 하겠다. 이러한 '저층' 자신의 목소리를 듣는 구술사 연구와 노동현장에서의 조사를 바탕으로 한 연구들은 2천년대 이후 중국 학계에서 하나의 커다란 흐름을 형성하였다.

4. 후기산업사회의 '저층' 연구와 비판적 문화연구

앞의 농민, 농민공, 실직 노동자들은 급속한 공업화 및 도시화 과정에서 분화된 계층 문제나 자본과의 갈등에서 형성되는 프롤레타리아화 및 계급의 문제를 반영한다. 중국은 지금도 산업화가 진행되고 있는 사회이지만, 내륙의 농촌과 연해 지역 도시 간의 격

61　백승욱 편저, 『중국 노동자의 기억의 정치』, 폴리테이아, 2007. 이와 관련된 후속 연구로는 다음이 있다. 백승욱, 『중국 문화대혁명과 정치의 아포리아: 중앙문혁소조장 천보다와 조반의 시대』, 그린비, 2012; 천이난 지음, 장윤미 옮김, 『문화대혁명, 또 다른 기억: 어느 조반파 노동자의 문혁 10년』, 그린비, 2008.

차가 여전히 크기 때문에 전국이 동시에 같은 발전 단계에 있지 않다. 특히 거대한 국가 규모와 불균형한 발전전략으로 인해 먼저 고속성장을 달성한 대도시들은 2천년대 이후 후기산업사회의 특징도 함께 나타났다. 도시에서의 계급계층 분화는 이미 고착화되어 세대를 거쳐 세습되고 재생산되고 있으며, 인터넷과 AI 등 과학기술이 급속한 발전을 이루면서 중국의 '저층' 지형은 한층 더 복잡해졌다. 모든 사람이 휴대폰을 통해 인터넷에 실시간으로 접속하고 기존에 없던 새로운 노동의 형태가 등장하면서, 중국 학계에서도 기존에 존재했지만 보이지 않았던 문제들을 '저층'의 관점에서 새롭게 주목하기 시작했다.

이미 주목해왔던 환경오염이나 에이즈,[62] 농촌에 남겨진 아이들(留守兒童), 여성 등의 문제뿐 아니라 배달 라이더, 디지털 노동 등의 플랫폼 노동자,[63] 그리고 일명 '삼화대신(三和大神)'이라 불리는 청년노동자[64] 등이 대표적이다. 농촌 여성이나 여성 농민공의 건강, 생활 등 빈곤 문제에 대한 실태 조사나 연구는 이미 많이 진행

---

62 王洪伟, 「当代中国底层社会"以身抗争"的效度和限度分析: 一个"艾滋村民"抗争维权的启示」, 『社会』, 第2期, 2010.

63 罗峰, 「新一代数字劳动者, 过着怎样的生活？」, 『中国青年研究』, 4月14日, 2021.

64 '삼화'는 원래 중국 광둥성 선전시에 있는 최대 인력회사 이름이고, '삼화대신'은 일용직 노동으로 번 돈을 가지고 온라인 게임이나 인터넷 도박 등을 하며 희망과 꿈을 잃고 도시 외곽에서 극저비용의 생활을 이어가는 청년들을 가리키는 말이다. 삼화대신은 중국 경제발전을 상징하는 선전이라는 대도시 이면에 가려진 서브컬처를 보여준다. 闻效仪, 「城市栅栏之外的"三和大神"」, 『中国工人』, 第10期, 2018; 张锡明, 『"三和大神"的身份建构』, 上海社会科学院 석사학위논문, 2020.

되어왔지만,[65] 최근에는 신분 차별과 직업선택의 제약, 노동환경 측면에서 여성 농민공이 도시에서 겪게 되는 신분과 젠더차별의 문제를 분석하는 등 '저층'을 둘러싼 구조적 차별의 문제에 접근하는 연구들도 나타났다.[66] 또한 미수(秘舒)와 쑤춘옌(蘇春豔)은 저층 청년 계층지위의 사회 재생산(social reproduction) 과정에 주목한다. 이들은 폴 윌리스(Paul Willis)가 제기한 '간파(penetration, 꿰뚫어 봄)'라는 개념을 가지고, 도시의 하층 청년들이 자신의 개인경력과 가정생활의 체험에 기초하여 다양한 전략과 선택을 하지만, 결국 자신의 종속적 지위를 자발적으로 받아들임으로써 사회 재생산, 즉 계층 지위의 재생산을 완성한다고 보았다.[67]

이처럼 중국의 저층 연구도 관점이나 분석 틀 측면에서 다양해지고 있지만, 전반적으로 대다수의 연구는 저층에 있는 사람들을 대상으로 한 실태 조사나 이에 대한 정책 마련의 일환으로 이루어진 것들이 많기 때문에, 하나의 주체적 관점에서 '저층'의 권리나 상황을 분석하는 연구는 비교적 적다고 하겠다. 오히려 '저층' 주

---

65 刘欣, 「近40年来国内妇女贫困研究综述」, 『妇女研究论丛』, 第1期, 2015. 여성 농민공의 실태 조사를 바탕으로 한 연구는 다음과 같다. 李荣彬, 「女性农民工的阶层差异与社会融合: 基于2014年流动人口动态监测数据的实证研究」, 『青年研究』, 第5期, 2016; 陈婷婷, 「社会资本视阈下新生代女性农民工的身心健康: 基于全国调查数据」, 『中共福建省委党校学报』, 第2期, 2017; 江晓红, 「女性农民工城市生存现状的调查与分析: 以银川市女性农民工为例」, 『贵州大学学报』, 第6期, 2015.

66 锺曼丽, 杨宝翚, 「性别, 圈层与嵌入: 女性农民工城市融入研究」, 『新疆社会科学』, 第3期, 2021.

67 秘舒, 苏春艳, 「"洞察"与文化生产: 城市底层青年的社会再生产」, 『中国青年研究』, 8月, 2016.

체의 목소리 그 자체를 드러내는 연구들은 문학이나 독립다큐 등을 통해 찾아볼 수 있다. 2017년 4월에는 한 여성 이주노동자가 「나는 판위수(範雨素)다」라는 자필 에세이를 중국의 소셜네트워크 위챗에 올린 뒤, '저층'에 대한 공감과 노동자문학의 새로운 가능성을 보여주기도 했다. 중국사회에서 가장 저층에 놓여 있고 주류문화에도 등장하지 않았던 '이주', '노동자', '여성'이 자신의 목소리를 직접 발화함으로써, 자신이 동정의 대상이 아니라 스스로 선택하고 책임지는 주체로 묘사했다. 나아가 비슷한 고통을 겪고 있는 사람들에게 손을 내밀면서 소외된 계층과의 공감을 나누는 새로운 자의식으로 발전된 모습을 보여준다.[68]

한편 인터넷에 올라온 콘텐츠 분석을 통해 차별적 시선이 담긴 '구별짓기'의 문제를 비판적 시선을 바라본 연구도 있다. 2016년 6월 인터넷에는 X박사가 쓴 「잔혹한 저층 이야기: 동영상 속의 중국농촌」이란 글이 올라왔다. 그는 콰이쇼우(快手)[69]라는 앱만 있으면 중국 농촌을 알 수 있다고 하면서, 농촌의 대표적인 인물로 자학하는 아줌마와 할아버지와 아이, 미성년 부모 등을 꼽으며 저속하고 비루하며 폭력적이고 야만적인 농촌의 이미지를 만들어내는 세태를 꼬집었다. 문화연구자 장징(張靜)은 농촌을 보여주는 쇼츠

---

68   김정수, 「'저층문학'에서 '노동자문학'으로: <나는 판위수입니다>를 중심으로」, 『중국문학연구』, 68권, 2017; 张梦莹, 『底层的自我表述: 以馀秀华和范雨素为例』, 대만 영남(岭南)대학 석사학위논문, 2019.
69   2011년 중국의 엔지니어들이 개발한 쇼트 클립 비디오(Short-Form Video) 플랫폼 기업이다.

클립에 대한 텍스트분석, 담론분석, 사회적 맥락 분석을 통해 재미와 오락으로 소비되는 농촌문화 이면에 놓인 차별화된(異化) 구조의 문제를 분석한다. 낙후된 농촌과 선진적 도시라는 이원적 대립을 통해, 중국에서 농촌은 말을 잃은 것만이 아니라 문화적 담론에서도 차별받고 있다는 것이다.[70]

Ⅳ. 중국 '저층' 연구의 특징과 쟁점

앞 장에서는 개혁 시기 진행되어온 '저층'에 관한 중국 학계의 연구를 주제별로 살펴보았다. 중국의 '저층' 연구에는 서발터니티(底層性)의 문제의식을 담고 있지만, 중국 정치체제의 맥락 속에서 다음과 같은 몇 가지 특징을 보인다. 여기에서는 중국 '저층' 연구의 배경, 목적, 관점, 그리고 논의의 범주 및 쟁점 등과 관련된 몇 가지 특징을 정리해보도록 한다.

첫째, 중국에서 '저층' 연구는 '전환(轉型)사회'라는 시대적 특징과 함께 실제로 광범위한 저층이 형성되었다는 현실적 문제의식에서 출발하였다. 사회구조 형태에 거대한 변화가 수반되는 '전환'적 특징으로는 기존의 재분배사회에서 시장사회로의 전환, 기존의 숙인(熟人)사회에서 유동사회로의 전환, 기존의 향촌사회에

---

70   张静,「从失语到异化: 快手平台农村主体的形象构建」, 人民网研究院, 2020/01/09.

서 도시사회로의 전환 등이 있다. 시장화, 공업화, 도시화와 함께 유동사회로 전환됨에 따라, 기존의 노동이나 생존방식뿐 아니라 삶의 양태 및 사회적 관계 모두 변화되었으며, 기존의 단순했던 계급계층 구조 역시 급속한 분화가 진행되었다. 요컨대 중국 학계에서 저층에 주목하기 시작한 것은 시장화 개혁과 함께 진행된 '전환사회'라는 조건, 그리고 이러한 조건에서 주변화된 '저층'집단의 현실과 '저층 정치'의 복잡성을 파악할 수 있는 연구가 필요했기 때문이다.

특히 중국 사회학계는 1980년대 초 서구 사회학의 이론과 학제를 도입한 뒤 계급계층분화에 관한 실증적 조사나 연구뿐 아니라 다양한 사회 이론들을 소개해왔다. 특히 저층 연구는 개별 이론의 단순한 적용이 아니라, '전환'의 과정과 양태가 복잡한 만큼 이를 분석하는 이론에는 전환이론, 노동연구, 항쟁정치, 사회운동, 서발턴 연구, 포스트모더니즘 등 서로 다른 이론 패러다임이 융합되어 있다. 당연히 저층을 설명하는 여러 가지 이론들이 소개되면서 서로 충돌하고 교합되는 과정이 있었으며, 문제의 초점과 시각에 따라서도 내부적으로 긴장감이 넘쳤을 뿐 아니라, 잉싱같이 중국 사회학의 토착화(本土化)를 지향하는 학자들은 중국의 전통적인 현지 자원과의 결합을 시도하며 새로운 이론의 구축과 혁신을 시도하기도 했다. 중국에서 다양한 저항과 항쟁이 급증하면서 뚜렷한 정치적 지향을 갖는 연구도 늘어났고, '저층' 연구도 그중 하나로 상당한 목적지향적 성격을 보여주기도 했다.

둘째, 중국 대다수의 '저층' 연구들은 상당한 '공리주의'적 관점을 보인다. 중국의 사회과학자들은 페리나 스콧과 같은 서구학자들과의 학술교류 과정에서 '저층' 연구에 대해 이해했고, 전환기 중국의 현상과 문제를 파악하는 데 이를 적극적으로 도입했다. 이러한 '저층' 연구를 농촌연구와 결합하면 중국에서도 확장할 수 있다고 판단했기 때문이다. 그런데 저층 연구는 학계뿐 아니라 관방에서도 주목을 받았다. 중국의 정책당국자들은 저층 연구를 통해 변화하고 있는 기층정치의 현실을 정확하게 파악할 수 있으며, 기층의 안정적인 질서를 유도하고 보장하는 데 유리하다고 보았기 때문이다.[71] 계층 분화나 불평등 문제를 파악하고 이를 바로잡음으로써, 중국의 사회건설과 지속가능한 발전에 도움이 될 것이라는 효용적 목적이 있었다.

중국은 '사회주의'를 표방하는 국가로, 총체적 관점에서 전체사회의 균형과 조화, 그리고 안정적인 질서 유지를 매우 중시한다. 그런데 재분배사회에서 시장사회로 전환됨에 따라 사회전환과 발전을 주도하는 "총체성(總體性) 엘리트집단"[72]의 등장과 동시에, 발전의 과정에서 빠르게 주변화된 "침묵하는 대다수(沉默的大多數)"[73]도 형성되었다. 이들 '저층'은 개혁과 발전의 열풍 속에서 "목소리를 잃고(被失聲)," 상대적으로 취약한 경제사회적 지위에

---

71 赵树凯,「"底层研究"在中国的应用意义」,『东南学术』, 第3期, 2008.
72 孙立平,「总体性资本与转型期精英的形成」,『浙江学刊』, 第3期, 2002.
73 郭于华,「倾听无声音的底层」,『读书』, 第6期, 2008.

놓여 있다. 개혁과 함께 주변으로 밀려난 '저층'은 자신의 어려움을 호소하고 표출할 수 있는 통로를 찾지 못해 늘 이익을 침해당해왔을 뿐 아니라, 자신의 언어로 발화하는 담론체계 역시 부재했다.

이러한 '저층'의 '궤멸(潰敗)'[74]은 사회 전체의 시각에서 보았을 때 건전한 발전을 가로막는 걸림돌이 될 수 있으며, 개혁 자체를 위태롭게 만드는 불안의 요인이다. 따라서 사회 전체의 조화라는 관점에서 보았을 때, '저층'의 시각에서 출발하여 "저층이 말하는 공간을 개방하고, 저층의 작은 목소리에 귀를 기울이며, 저층의 언설을 기록"하는 것이 필요했다. 동시에 '저층'이라는 시각은 "저층 민중의 일상생활세계를 통해 학술지식의 생산과 재생산 자원을 발견할 새로운 기회를 부여"하기도 했다.[75] '약자'인 농민이 이익표출과 저항의 과정에서 새로운 역량, 즉 "약자의 힘"을 갖추게 되었고,[76] "약자의 무기"이든 "무기가 된 약자"이든 간에 '저층'이라는 새로운 시각을 통해 중국사회의 현실에 더욱 가깝게 접근할 수 있었다.

---

74 '궤멸(潰敗)'이란 중국 사회학계에서 '단절(斷裂)', '균형상실(失衡)' 등 여러 개념을 제기해왔던 쑨리핑(孫立平)이 제시한 개념이다. '사회궤멸'은 정권과 제도의 틀을 위협할 정도의 심각한 사회적 충돌을 의미하는 '사회동요(社會動蕩)'와는 다른 개념으로, 사회유기체의 세포 괴사나 기능 실패, 즉 자체의 조직과 세포가 심각한 병에 걸렸다는 것을 의미한다. 2011년 2월 14일 인민망에서는 쑨리핑의 글 「중국사회가 궤멸로 향해가고 있다」를 실었다가 이후 삭제되었다.

75 王庆明, 「底层视角及其知识谱系: 印度底层研究的基本进路检讨」, 『社会学研究』, 第1期, 2011.

76 董海军, 「"作为武器的弱者身份": 农民维权抗争的底层政治」, 『社会』, 第4期, 2008.

가장 오랫동안 '저층'의 역사 현장과 시각에서 연구해온 위젠룽역시 중국의 대표적인 관방 연구기관인 중국사회과학원 소속의 정치학자이다. 위젠룽은 저층집단에 의한 정치 항쟁을 통해 '저층 정치'의 존재를 인정하고 그 논리를 이해하고자 하지만, "저층집단이 보여주는 정치 항쟁은 국가 정권의 주도 아래 공민사회의 힘을이용해 어떤 구체적인 이익을 도모하려는 것으로 표현된다"고 주장한다. 결국 그가 드러내고자 하는 바는 국가가 정치적으로 저층사회를 재인식하면서 저층사회 공민의 개인권리를 확인하고 보호해야 한다는 것이다.

셋째, 바로 이러한 관점은 저층에 대한 국가의 가부장적이고 온정주의적인 시각을 드러낸다. 중국 학계에서 저층에 관한 대다수연구는 사회안정을 유지하여 경제발전을 촉진하고 사회주의제도의 우월성을 체현하기 위해서, 혹은 국가라는 보호자의 시각에서사회적 약자를 대하는 관점이 많다. 사회적 약자나 저층은 국가와지역 공동체의 보호와 관심이 필요한 대상으로 간주하며, 이들을주체로 보는 연구 시각은 상당히 부족하다.[77] 저층의 목소리는 발화되고 재현되는 순간, 지배 담론에 포섭되는 경향을 보인다. 서발턴이 '저층'으로 번역되면서, 다양한 장소와 상황에서 주변화되는중국의 서발턴을 단순히 '수직적 구조' 내의 밑단에 위치한 집단으로 인식되도록 만들었다. 저층이란, 말 그대로 수직적 분층 구조의

---

[77] 董海军, 「"作为武器的弱者身份": 农民维权抗争的底层政治」, 『社会』, 第4期, 2008.

맨 아래에 위치한 집단으로, 이들의 문제는 전체 구조 안에서 해결해야 하는 문제로 귀결되기 쉽다. '수직'이라는 위계적 구조 속에서는 "어떻게 저층을 상층으로 이동하게 할 것인가", 혹은 "어떻게 상층이 저층에게 관심을 기울이게 할 것인가"의 문제로 단순화되기 쉽다.

따라서 전반적으로 중국 학계에서의 '저층' 연구는 가난에서 허덕이던 사람들이 경제성장으로 인해 저층에서 탈피했다는 '개발주의'적 관점에서 이루어진 것이 적지 않다. 또한 서발턴의 목소리를 지우거나 들리지 않게 만드는 다면적인 폭력적 구조의 특징을 파악하기 어렵게 만든다. '저층' 자체가 사회구조 안에 놓인 구성물로, '저층'의 문제는 국가와 공동체의 관심과 노력으로 해결될 수 있는 문제가 된다. 이러한 관점에서 많은 중국의 연구들이 새로운 장소에서 사회관계와 자신의 정체성을 재구성해내는 저층의 능동성을 쉽게 간과하고 있다.

인도의 서발턴은 '식민'의 역사에서 역사에 등장하지 않을 뿐 아니라 자신을 드러내는 기록도 남기지 못했다. 이러한 민초들의 역사를 기록하고 그들의 관점에서 역사를 서술하려는 것이 서발턴의 역사학이라 할 수 있다. 그러나 중국공산당 중심의 혁명사 서술에서 저층의 '인민' 주체는 혁명 엘리트에 의해 대변되어왔다. 시장화 과정에서 주변화된 '저층'은 당 중심의 거시적인 혁명 서사에 포섭된 채, '당의 영도' 아래 문제를 해결해나간다는 서사로 다시 이어지고 있다.

넷째, 중국 사회학계에서는 '저층' 집단을 시장화 개혁 이후 경제발전 과정에서 나타난 하나의 결과로 파악하는 경향이 있지만, 사실 '서발터니티'를 만들어내는 차별의 구조는 복합적이고 중층적이다. 서발턴이란 개념은 단순히 경제적 소득을 기준으로 한 계층분화 틀에서 규정되는 것이 아니라, 민족적, 계급적, 성적으로 억압받고 있는 하위주체성(subalternity)을 갖는 존재다. '자신의 언어'로 자신의 의사를 표현할 기회조차 부여받지 못한 상황에 놓여 있는, 혹은 지배 계급에 의해 규정된 문화와 지식권력에서 제외된 하위주체들이다. 따라서 서발턴이란 자본과 시장 논리에 의해 형성된 위계적 구조뿐 아니라, 국가나 엘리트 주류 계급에 의한 정치적, 문화적 위계 구조에서도 나타난다.

근대 역사 이후 중국 역시 여러 겹의 시간성이 존재하고, 지역마다 위계적 공간성을 형성해왔다. 개혁 이전인 사회주의 건설 시기에도 정치적, 문화적으로 완전히 배제되고 목소리조차 내지 못했던 '흑오류(黑五類)'[78]라는 서발턴이 존재했다. 또한 문화대혁명 동안에는 주류적 사회세력이었지만, 개혁개방으로 정책의 방향을 바꾸는 과정에서 주변화된 '조반파(造反派)' 역시 서발턴의 시각에서 읽어낼 수 있다. 개혁 초기 중국공산당에 의해 단행되었던 '발

---

78 '흑오류'란 건국 초기부터 문화대혁명이 끝날 때까지 지주, 부농, 반혁명분자, 불량분자, 우파 등 5가지 부류의 정치 신분을 지칭하던 호칭이다. 이들은 특히 계급투쟁이라는 환경 속에서 많은 탄압을 받았다.

란반정(撥亂反正)'[79]의 역사에서는 혁명간부와 문화엘리트에 대한 '명예회복(平反)'과 동시에, 문화대혁명에 참가했던 조반파를 '삼종인(三種人)'[80]으로 낙인 찍어 역사에서 지워버렸던 과정이 있었다. 드러냄은 동시에 지우는 과정이기도 하다. 개혁파의 등장 이면에는 문혁 세력에 대한 배제와 지우기가 있었다. 그러나 중국 맥락의 '저층' 연구에서는 당에 의해 허용되지 않는 범주에 있는 정치적, 문화적, 역사적 서발턴에 대한 연구는 전혀 공론화될 수 없다는 한계를 갖고 있다.

다섯째, 중국에서 공인된 '저층' 연구는 또한 시장화 이후 더욱 뚜렷해진 계급 문제를 흐릿하게 만들기도 한다. 개혁 이후 중국공산당이 '계급투쟁'의 노선을 버리면서 '계층'은 중국 사회구조를 이해하는 중요한 화두가 되었는데, 이는 계급정치 논의의 가능성을 원천적으로 막으면서 탈정치화된 담론을 연속시키는 효과를 가져왔다. 중국 학계에서의 사회 계층과 사회 불평등에 관한 연구가 오히려 계급 담론을 더욱 억압하고, 빠르게 변화하는 중국 사회에서 발생하는 계급 갈등과 충돌에 대한 새로운 이해를 제한하기도

79　개혁 초기 중국 지도자들은 문화대혁명을 종식하기 위해 '발란반정'의 인식을 공유했는데, 이는 어지러운 세상을 바로잡고(撥亂) 바른 상태를 회복(反正)하는 것을 말한다. 이를 공식적으로 정리한 당의 문건이 1981년 중국공산당 제11기 6중전회에서 채택한 「건국 이후 당의 약간 역사문제에 관한 결의」이다.

80　'삼종인'이란 세 가지 유형의 사람이란 뜻으로, 반혁명집단을 추종하며 반란을 일으킨 사람, 심각한 패거리 사상을 가진 사람, 때리고 부수고 약탈하는 사람을 말한다. 문화대혁명이 끝난 뒤 중국공산당은 삼종인에 대한 청산을 단행한다.

했다.[81]

중국에서는 특정 시기에, 일정한 정책 목적에 따라 저층의 목소리에 적극 귀 기울여왔다. 사실 중국에서는 저층의 목소리가 잘 알려지지 않고 이들의 목소리를 들을 수 없는 문제가 아니라, 오히려 저층에 관한 많은 실태 보고와 조사가 있다. 정책 당국의 입장에서 저층은 적극적으로 문제를 해결하려고 하는 대상이었고, 학계의 관심이었다. 그러나 이 과정에서 중국 학계는 개혁개방을 중국사회 전체의 발전을 위한 하나의 불가피한 추세로 수용했고, 이러한 기본적인 틀 위에서 생겨난 계층분화와 '저층'의 양산은 사회적 관심과 온정적 정책 지원으로 해결할 수 있는 문제라고 보았다. 이러한 적극적 조사와 연구는 오히려 지배이데올로기의 순기능을 확산시켰다.

여섯째, 중국 '저층'이 분명 서발턴성(subalternity)을 지녔고, '저층' 스스로 이러한 서발터니티를 극복하고 주체로 나아갈 수 있는 가능성도 배제할 수 없지만, 중국에서는 '저층'의 서발턴성을 특정 지역의 문제로 '지방화'하는 문제가 있다. 예컨대 2022년 중국사회와 온라인에서 이슈화되었던 일명 '쇠사슬녀(鐵連女)' 사건과 탕산(唐山)의 한 식당에서의 여성 폭행 문제는 여성의 안전과 인권 문제에 대한 사회적인 경각심을 불러일으켰음에도 불구하고, 주류 여론은 "중국의 낙후된 농촌과 후진적 지역의 문제"로 돌리

---

81 潘毅, 陈敬慈, 「阶级话语的消逝」, 『开放时代』, 第5期, 2008.

는 '인식론적 폭력(epistemic violence)'을 드러냈다. 쇠사슬녀와 연대하고자 하는 도시 여성들의 지원은 지방의 공권력과 주류 언론에 의해 차단됐고, 탕산 사건은 국가의 엄격하고 권위적인 판결에 의해 폭행자가 처벌됨으로써 해결됐다. 결국 여성이 일상적으로 느끼는 구조적인 차별의 문제는 '지역'과 '개별'의 문제로 환원되었다.

중국의 거대한 국가 규모와 지방마다 다른 정치문화와 역사 기억 및 경험, 그리고 오랫동안 지속하여왔던 강한 '지역 정체성'으로 인해, 중국에서 발생하는 특정한 사회 문제가 단일한 쟁점으로 이슈화되기 어려운 점이 있다. 다양한 서발터니티의 문제를 '지방화'할 뿐 아니라, 특정 지역이 다른 지역에 대해 갖는 편견이나 경제문화적인 우월성을 드러내며, 다른 지역을 타자화하고 열등화하는 인식을 보이기도 한다. '베이퍄오(北漂)' 등 도시 주변에서 떠도는 청년 유동인구의 문제 역시, 이러한 현상이 내포한 서발턴성의 문제를 드러내기보다는 베이징이라는 한정된 공간에서의 치열한 경쟁의 문제로 치환된다. 민간 영역에서는 중국 '저층'의 서발턴성을 보여주는 독립적인 조사나 다큐가 언제나 존재해왔지만, 이러한 독립매체의 목소리는 사회적으로 공유되지 못하는 기록으로 남겨짐으로써, 주류 매체와 독립 매체 간에 사회를 담아내는 시선의 간극은 날로 커지고 있다.

V. 맺음말: 시진핑 시대 '저층' 연구의 한계와 가능성

개혁개방 시기 중국은 홍콩을 비롯하여 해외 학계와의 학술교류를 통해 새로운 사회현상을 분석하려는 방법과 이론을 도입하면서, 중국 학문의 토착화 문제도 함께 논의해왔다. 특히 홍콩은 중국 사회학의 학제 및 학과 건설이나 시각과 방법 측면에서 커다란 영향을 미쳤는데, 2019년 홍콩의 반중 시위가 크게 일어나고 중국공산당이 2020년 홍콩 국가보안법을 제정·시행하면서, 중국 학계와 해외 학계와의 교류는 거의 단절되었다.

중국공산당은 중국특색사회주의의 길을 걷겠다는 노선을 확고히 정립한 뒤로 중국의 이론 및 제도를 강조해왔으며, 이러한 기조는 중국의 전통문화나 가치 등을 동원하여 대내외적으로 중국적인 규범을 세우려 하는 모습을 보인다. 2016년 5월 17일 시진핑이 주재한 「철학사회과학공작좌담회」에서는 철학사회과학 영역에서 마르크스주의의 지도적 지위를 견지한다는 방침 외에, "중국특색의 철학사회과학" 구축을 강조한다. "학술적 명제나 사상, 기준, 담론 등이 중국의 종합국력이나 국제적 위상에 걸맞지 않으며, 지도사상이나 학과 및 학술체계, 담론체계에서 충분히 중국특색적인 중국 스타일과 방법, 기풍을 구현해야 한다"고 강조한다. 철학사회과학 업무에 대한 당의 영도 강화를 강조하면서 특히 '정치영

도’와 ‘업무지도’ 강화를 강조하였다.[82]

이러한 변화를 거시적으로 보면 2008년 세계금융위기 이후 진행되어온 세계질서의 대변동과 관련된다. 사회과학 분야에서는 현실사회 변화에 대한 조망과 권력 문제에 대한 비판은 무뎌지고, 중국의 길을 가기 위한 문제해결과 정책지향이 두드러졌다. 달라진 정책 방향에 따라 중국 학계에서는 통치(治理), 전통, 혁명 등의 담론에 집중했고, 역사적 관점을 결합한 역사사회학이나 근현대 시기의 정치연구가 증가했다. 중국의 ‘혁명’을 단순한 과거 역사가 아니라, 중국 학술을 위한 문화적, 이론적 자원으로 재해석하고 재개념화하는 작업도 진행되었다.[83] 문화연구계에서도 2010년 이후 혁명과 실천의 역사를 재서술, 기존의 문화연구에서 논의의 초점이 아니었던 영역이 다뤄지면서, 보다 거시적이고 역사적인 시각으로 문화연구의 축을 이동하는 작업이 이루어졌다.[84]

시진핑 시대 들어 중국공산당의 지배전략에서 몇 가지 변화를 보인다. 우선 중국 체제가 점차 ‘본질주의’적 특징과 색채가 강해지고 있다. 2018년 3월 11일 전국인대 13기 제1차 회의에서 수정된 「헌법」에서는 “중국공산당 영도는 중국특색사회주의의 가장 본질적인 특징이다”라고 규정하며, 처음으로 헌법 본문에 공산당

---

82 习近平, 「在哲学社会科学工作座谈会上的讲话(2016年5月17日)」, <新华社>, 2016/05/18.
83 왕후이, 『단기20세기: 중국 혁명과 정치의 논리』, 글항아리, 2021.
84 박자영, 「문화연구는 무엇을 할 수 있는가: 최근 중국문화연구에 대한 일 검토」, 『중국현대문학』, 제92호, 2022.

영도를 명시했다. 중국특색사회주의의 '본질'적 요소로 '당의 영도'를 규정했다는 것은, 이를 절대적 진리로 간주하며 이와 관련된 그 어떠한 논쟁과 해석도 허용하지 않겠다는 의미이다. 특정한 존재에 어떤 근원적인 목적이 있다고 보는 '본질주의'적 사고는, 흔히 특정 집단의 목적을 위한 수단적 가치를 강조할 때 드러난다. 중국특색사회주의의 본질적 특징을 부여받은 당의 영도는 '중화민족의 위대한 부흥'이라는 국가적 목표를 위해 합리화되고 있으며, 모든 인민은 국가의 구성원으로서 이러한 본질적 목적에 충성하고 따라야 하는 것이 된다.

또한 시진핑 시대 "국가 거버넌스의 현대화"를 강조하면서, '저층' 연구는 사회변혁을 위한 관점에서 '통치(질서)'의 관점으로 바뀌었다. '저층' 연구의 포퓰리즘화 현상을 지적하는 보수적 분위기도 등장했다. 저층담론 소비를 주요 전략으로 하는 많은 '저층' 연구들이 특정 의미에서는 사회 통합에 보이지 않는 해를 끼칠 수 있으며, 또한 '저층'에게 상처를 입힐 수도 있다는 지적이다.[85] 이는 문제를 드러내지 말고, '긍정적 에너지(正能量)'의 사회적 분위기를 만들라는 중국공산당의 기조에 부합한다.

개혁 시기 중국의 '저층'은 숨겨진 존재가 아니라, 사회담론에 적극적으로 드러나며 '정치화'되어왔다. 사회주의 주류 담론의 종속적 위치에서, 안정과 질서 유지를 위한 하나의 하위주체로 자리

85　李小云, 「"墨茶"离世背后: "底层研究"正无形伤害底层」, 『文化纵横』, 1月, 2021.

매김되면서, 사회적 온정과 따뜻함을 보내야 하는 객체로 대상화
되었다. 중국공산당은 '저층'의 문제를 정치가 아니라 '통치'의 시
각에서 접근해왔다. 통치의 관점에서 볼 때 '저층'은 발화의 주체
가 아니라 구제의 대상이 된다.

이러한 추세는 단순히 중국에서의 변화만이 아니라, 달라진 국
제환경 속에서 국가 단위의 경쟁이 치열해지고 '정체성의 정치'가
두드러지면서 나타난 현상으로 볼 수 있다. 현재 민주주의체제에
서는 서발턴이라는 사회적 약자를 정치적으로 이용하는 우파 포퓰
리즘 시대에 접어들면서, 민주주의가 퇴행하고 있다.[86] 도시 빈민,
실업자, 여성, 장애인, 이주민 등을 공격하는 방식으로 지지층을
결집한다. 이러한 시대에 서발턴은 이미 강력한 정치적 동원의 자
원이 되어 '정치화'되었고, 공동체에서 배제된 존재로서 사회에 불
려 나왔다. 이러한 상황에서 서발턴이 자신의 목소리를 내지 못하
는 문제가 아니라, 목소리를 내도 이들의 메시지를 듣지 않고 왜곡
하며, 심지어 정치적 목적의 도구로 쓰였다 버려지는 구조적 폭력
이 존재하는 것이 문제이다.

이러한 시대에 서발턴/서발터니티란 무엇인가? 서발터니티의
관점에서 어떻게 현시대의 문제와 새롭게 마주할 것인가? '저층'은
언제나 상징질서에 저항하는, 스스로 발화한 언어가 있었다. 어떻
게 이러한 목소리에 귀 기울이고 우리의 문제로 재배치할 것인가?

86　Stephan Haggard, Robert Kaufman, *Backsliding: Democratic Regress in
the Contemporary World*, Cambridge University Press, 2021.

참고문헌

동아시아 서발터니티와 '방법으로서 관문도시'

가야트리 차크라보르티 스피박 외 지음, 태혜숙 옮김, 『서발턴은 말할 수 있는
　　　가?: 서발턴 개념의 역사에 관한 성찰들』, 그린비, 2013.

강옥초, 「그람시와 '서발턴 개념'」, 『역사교육』 제82집, 역사교육연구회, 2022.

게오르그 짐멜 저, 김덕영 옮김, 「다리와 문」, 『짐멜의 모더니티 읽기』, 새물결,
　　　2005.

구로카와 미도리, 후지노 유타카 지음, 김영주, 문명재, 양익모, 이경화 옮김,
　　　『차별의 일본근현대사: 포섭과 배제의 사이에서』, 제이앤씨, 2022.

권경선, 최낙민 지음, 『단둥, 단절과 이음의 해항도시』, 선인, 2018.

그린비+'연구공간 수유+너머' 편, 『목소리 없는 자들의 목소리-대중의 소수
　　　화』, 그린비, 2008.

그린비+'연구공간 수유+너머' 편, 『소수성의 정치학』, 그린비, 2007.

김동규, 「상처받을 수 있는 주체: 대칭성과 비대칭성 윤리 사이에서」, 『철학연
　　　구』 제128집, 2021.

김동규, 「서발터니티라는 방법」, 『인문사회과학연구』 제24권 제3호, 부경대학
　　　교 인문사회과학연구소, 2023.

김동규, 「트라우마와 연대: 상처 받을 수 있음의 공공성」, 『대동철학』 제91권,
　　　2020.

김동규, 「호러리즘과 임계적 공공성」, 『대동철학』 제79집, 2017.

김봉준, 「타이완의 서발터니티 연구」, 『동서대학교 중국연구센터 제2차 국내
　　　학술대회 자료집: 방법으로서의 관문도시와 동아시아 서발터니티 연
　　　구』, 2024.

김비환, 배항섭, 박소현, 박이진 편, 「동아시아공동체 담론의 현황과 새로운 이

론 모색」, 『동아시아연구, 어떻게 할 것인가』, 성균관대출판부, 2016.

김원, 「서발턴(Subaltern)의 재림: 2000년대 르포에 나타난 99%의 현실」, 『실천문학』 105, 2012.

김원, 『박정희 시대의 유령들: 기억, 사건 그리고 정치』, 현실문화, 2011.

김원, 『여공 1970, 그녀들의 反역사』, 이매진, 2006.

김택현, 『서발턴과 역사학 비판』, 박종철출판사, 2003.

김택현, 『트리컨티넨탈리즘과 역사』, 울력, 2012.

김학균, 「"서울은 만원이다"에 나타난 도시의 '서발턴' 고찰」, 『한국현대문학연구』 제41집, 2013.

김희숙, 『<고향>을 통해 본 서발턴의 형성과 저항』, 부산대학교출판부, 2020.

김희숙, 『한국근대소설에 나타난 서발턴 연구』, 부산대학교출판부, 2018.

김희숙, 『해방공간의 안회남 텍스트에 나타난 탈식민성 연구: <농민의 비애>와 <폭풍의 역사>를 중심으로』, 부산대학교출판문화원, 2021.

김희숙, 『황석영 텍스트의 탈식민성 연구』, 부산대학교출판부, 2017.

다케우치 요시미 지음, 서광덕 옮김, 『일본과 아시아』, 소명출판, 2004.

딩딩 지음, 홍명교 옮김, 「태국은 정말 식민지를 경험하지 않은 국가인가?」, 『플랫폼C』, 2022년 4월 22일 https://platformc.kr/2022/04/was-thailand-colonised/

마루카와 데쓰시 지음, 백지운, 윤여일 옮김, 『리저널리즘: 동아시아의 문화지정학』, 그린비, 2008.

박경환, 「제2장 관문도시의 이론적 기초와 인천의 발전방향」, 인천발전연구원 편, 『동아시아 관문도시, 인천!』, 인천발전연구원, 2006.

박도영, 「규제적 이념은 '억압된 것의 회귀'로서 도래한다: 가라타니 고진의 『세계사의 구조』에 대한 소」, 『마르크스주의 연구』 vol.11, no.4, 통권 36호, 2014.

백영서, 『동아시아담론의 계보와 미래: 대안체제의 길』, 나남출판, 2022.

부산박물관, 『부산, 관문 그리고 사람』, 부산박물관, 2021.

산드로 메자드라, 브렛 닐슨 지음, 남청수 옮김, 『방법으로서의 경계: 전지구화 시대 새로운 착취와 저항 공간의 창출』, 갈무리, 2021.

송은영, 「부산: 가난이 상품화되는 시대의 관광 도시」, 도시사학회, 연구모임 공간담화 지음, 『동아시아 도시이야기』, 서해문집, 2022.

송정숙, 「개항장으로서의 부산항과 기록」, 『한국기록관리학회지』 11권 1호, 2011.

슬라보예 지젝, 주디스 버틀러, 에르네스토 라클라우 지음, 박미선, 박대진 옮김, 『우연성, 헤게모니, 보편성: 좌파에 대한 현재적 대화들』, 도서출판 b, 2009.

에드워드 렐프 지음, 김덕현, 김현주, 심승희 옮김, 『장소와 장소상실』, 논형, 2005.

에마뉘엘 레비나스 지음, 김도형, 문성원, 손영창 옮김, 『전체성과 무한: 외재성에 대한 에세이』, 그린비, 2018.

오미일, 『제국의 관문: 개항장 도시의 식민지 근대』, 선인, 2017.

왕후이 지음, 송인재 옮김, 『아시아는 세계다』, 글항아리, 2011.

우쭤류 지음, 송승석 옮김, 『아시아의 고아』, 도서출판 아시아, 2012.

월터 미뇰로 지음, 이성훈 옮김, 『로컬 히스토리 글로벌 디자인』, 에코리브르, 2013.

유임하, 「김사량의 <노마만리> 재론: 서발턴의 탐색에서 제국주의와의 길항으로」, 『日本學』 제40권, 2015

윤여일, 『동아시아담론: 1990-2000년대 한국사상계의 한 단면』, 돌베개, 2016.

윤종석, 「중국의 거대한 인구이동과 새로운 도시화의 실험: '사람의 도시화'를 중심으로」, 『다양성+Asia』 20호, 2023.

이진경, 『역사의 공간: 소수성, 타자성, 외부성의 사건적 사유』, 휴머니스트, 2010.

이홍규, 「동아시아 공공성은 가능한가?: 새로운 동아시아지역주의의 사상적 기반」, 『아시아연구』 제25권 2호, 2022.

이홍규, 「동아시아 시민성을 향한 모색: 부산형 민주시민교육의 지향점」, 동서대 중국연구센터 편, 『동아시아 시민성을 향하여: 부산형 민주시민교육의 모색과 전망』, 소요-You, 2021.

이홍규, 「동아시아 지역주의와 평화: 역사, 구조, 함의」, 『아시아연구』 제23권 4호, 2020.

자크 데리다 지음, 남수인 옮김, 『환대에 대하여』, 동문선, 2004.

자크 랑시에르 지음, 안준범 옮김, 『프롤레타리아의 밤: 노동자의 꿈 아카이브』, 문학동네, 2021.

자크 랑시에르 지음, 양창렬 옮김, 『정치적인 것의 가장자리에서』, 길, 2013.

자크 랑시에르 지음, 진태원 옮김, 『불화: 정치와 철학』, 길, 2015.

장세진, 「동아시아라는 이름 아래 변혁의 상상력은 아직 유효한가: 백영서, 『동아시아 담론의 계보와 미래: 대안체제의 길』(나남출판, 2022), 『개념과 소통』 31호, 2023.

장윤미, 「중국의 서발턴 연구: 개념, 주제, 쟁점」, 『중소연구』 제47권 1호, 2023.

전성현, 「관문도시 부산과 '서발턴' 역사 연구의 필요성과 한계」, 『석당논총』 제87권, 2023.

조경희, 「도쿄 우에노의 로컬리티 형성과 이동하는 하층민들: 공원과 시장을 중심으로」, 윤영도, 이정은, 조경희(편), 『아시아의 접촉지대: 교차하는 경계와 장소들』, 그린비, 2013.

조너선 카우프만 지음, 최파일 옮김, 『상하이의 유대인 제국: 유대 기업은 현대 중국의 탄생에 어떻게 기여했나』, 생각의 힘, 2023.

조르조 아감벤 지음, 김항 역, 『예외상태』, 새물결, 2009.

조르조 아감벤 지음, 박진우 옮김, 『호모 사케르 주권 권력과 벌거벗은 생명』, 새물결, 2008.

존 베벌리 지음, 박정원 옮김, 『하위주체성과 재현: 라틴아메리카 문화이론 논쟁』, 그린비, 2013.

지그문트 바우만 지음, 김동택 옮김, 『지구화, 야누스의 두 얼굴』, 한길사, 2003.

채오병, 「비서구사회의 존재방식과 그 인식의 문제: 포스트식민주의 사회이론의 가능성」, 『사회와 역사』 제124집, 2019.

최성희, 「끊임없이 귀 기울이길 요청하는 서발턴」, 『코기토』 75호, 2014.

칼 슈미트 지음, 김항 옮김, 『정치신학: 주권론에 관한 네 개의 장』, 그린비, 2010.

콰메 앤서니 애피아 지음, 실천철학연구회 옮김, 『세계시민주의: 이방인들의 세계를 위한 윤리학』, 바이북스, 2008.

한국 프랑스철학회, 『현대 프랑스 철학사』, 창비, 2018.

홍성식, 「서발턴에 대한 진실한 기록, 1970년대 르포」, 『한국문예비평연구』 제42집, 2013.

히로타 마사키 지음, 이권희, 이경화, 김경희, 오성숙, 김경옥, 강소영 옮김, 『차별로 보는 일본의 역사』, 제이앤씨, 2022.

Gayatry Chakravorty Spivak, "Can the Subaltern Speak?", *Marxism and the Interpretation of Culture*, Macmillan, 1988.

Gyan Prakash, "The Impossibility of Subaltern History", *Nepantla: Views from South*, vol.1, issue 2, 2000.

Julian Go, *Postcolonial Thought and Social Theory*, Oxford Uni. Press, 2000.

郭于华, 「"弱者的武器"与"隐藏的文本": 研究农民反抗的底层视角」, 『读书』第7期, 2002.

郭于华, 「倾听无声音的底层」, 『读书』第6期, 2008.

郭于华, 「作为历史见证的"受苦人"的讲述」, 『社会学研究』第1期, 2008.

陶艳兰, 「无名者生命的诗: 中国女工多元主体的形成与抗争」, 『社会』第5期,

2011.

廖义武, 『中国底层访谈录』, 长江文艺出版社, 2001.

潘毅, 『中国女工: 新兴打工阶级的呼唤』, 九州出版社, 2011.

秘舒, 「困境中的选择与选择中的困境: 关于"新失业群体"择业与失业逻辑的研究」, 『青年研究』第8期, 2006.

余治平, 『萬集鄉下這些年: 中国底层社会治理的微观叙事与个案研究』, 上海三联书店, 2014.

王洪伟, 「当代中国底层社会"以身抗争"的效度和限度分析: 一个"艾滋村民"抗争维权的启示」, 『社会』第2期, 2010.

于建嵘, 『岳村政治: 转型期中国乡村政治结构的变迁』, 商务印书馆, 2001.

于建嵘, 『底层立场』, 上海三联书店, 2011.

陈燕谷, 「序二: 关于"庶民"的历史」, 刘健芝, 许兆麟选编, 『庶民研究』, 中央编译出版社, 2005.

叶照青, 朱大印, 耿昌军, 『来自中国社会底层的报告』, 长江文艺出版社, 2004.

廖于蘋, 「臺灣婦人慈善會研究」, 『清華大學歷史研究所學位論文』, 2014.

王昭文, 「殖民體制下的社會改革理想實踐: 以日治時代的愛愛寮為例」, 『輔仁歷史學報』14, 2003.

郑雯, 施暢, 桂勇, 「"底层主体性时代": 理解中国网络空间的新视域」, 『新闻大学』10期, 2021.

朱家嶠, 「日治初期之前居臺漢人分佈特質成因再探: 以宜蘭擺厘陳氏家族為例」, 『人文及管理學報』6, 2009.

許達然, 「械鬥和清朝台灣社會」, 『台灣社會研究季刊』, 23, 1996.

洪理達, 『中國剩女: 性別歧視與財富分配不均的權力遊戲』, 八旗文化, 2015.

참고사이트

『Online Etymology Dictionary』 subaltern 어원:

https://www.etymonline.com/word/subaltern#etymonline_v_22241

『Online Etymology Dictionary』 alter 어원:

https://www.etymonline.com/word/alter#etymonline_v_10924

서발터니티(subalternity): 개념들의 역학

연구논문

강옥수, 「그람시와 '서발턴 개념'」, 『역사교육』 82, 역사교육연구회, 2002, pp.135-161.

고병권, 「R을 쓴다」, 『소수성의 정치학』, 그린비, 2007, pp.4-9.

김동규, 「새장르 공공예술과 공공철학: 매체 이론을 중심으로」, 『사회와 철학』 제29호, 사회와철학연구회, 2015, pp.211-242.

김동규, 「호러리즘과 임계적 공공성」, 『대동철학』 제79집, 대동철학회, 2017, pp.169-193.

김동규, 「장애와 역량적 접근 그리고 공공성의 변증법」, 『한국문학논총』 제79호, 한국문학회, 2018, pp.5-33.

김동규, 「트라우마와 연대: 상처받을 수 있음의 공공성」, 『한국민족문화』 제68호, 부산대한국민족문화연구소, 2018, pp.27-62.

김동규, 「트라우마와 연대: 상처받을 수 있음의 공공성」, 『대동철학』 제91권, 대동철학회, 2020.

김동규, 「상처받을 수 있는 주체: 대칭성과 비대칭성 윤리 사이에서」, 『철학연구』 제128집, 대한철학회, 2021.

김동규, 「공공예술의 미학과 임계적 공공성」, 『철학연구』 164집, 대한철학회, 2022, pp.27-58.

김동규, 「새로운 비판이론을 위하여: 임계적 인식론」, 『대동철학』 제102집, 대동철학회, 2023, pp.77-103.

김택현, 「'서발턴(의) 역사'와 로컬 역사/로컬리티」, 『로컬리티인문학』 2, 부산
대학교 한국민족문화연구소, 2009, pp.149-184.

김헌기, 「마르크스주의 역사학에 대한 그람시의 개입: 서발턴과 재현」, 『西洋
史論』 140권, 한국서양사학회, 2019, pp.51-78.

채오병, 「비서구사회의 존재방식과 그 인식의 문제-포스트식민주의 사회이론
의 가능성」, 『사회와 역사』 제124집, 한국사회학회, 2019, pp.309-348.

최성희, 「끊임없이 귀 기울이길 요청하는 서발턴」, 『코기토』 75, 부산대인문학
연구소, 2014, pp.243-255.

단행본 및 번역서

김동규, 『개성은 왜 사회를 발전시키는가: 하버마스의 규범철학 연구』, 한울,
2010.

가야트리 차크라보르티 스피박 지음, 태혜숙 옮김, 「서발턴은 말할 수 있는
가?」, 『서발턴은 말할 수 있는가』, 그린비, 2013.

나오키 사카이, 존 솔로몬 공편, 강내희 외 옮김, 『번역, 생정치, 식민지적 차
이』, 문화과학사, 2012.

다케우치 요시미 지음, 백지운, 서광덕 옮김, 『일본과 아시아』, 소명출판,
2004.

로버트 영 지음, 김택현 옮김, 『트리컨티넨탈리즘 또는 포스트 식민주의』, 박종
철출판사, 2005.

마루카와 데쓰시 지음, 백지운 외 옮김, 『리저널리즘: 동아시아의 문화지정학』,
그린비, 2008.

마이클 하트, 안토니오 네그리 지음, 윤수종 옮김, 『제국』, 이학사, 2001.

사카이 다카시 지음, 김은주 옮김, 『폭력의 철학』, 산눈, 2007.

산드로 메자드라 외 지음, 남청수 옮김, 『방법으로서 경계: 전지구화시대 새로
운 착취와 저항 공간의 창출』, 갈무리, 2021.

에르네스토 라클라우 지음, 박대진 외 옮김, 「정체성과 헤게모니: 정치 논리의

구성에서 보편성이 지닌 역할」, 『우연성 헤게모니 보편성 좌파에 대한 현재적 대화들』, 도서출판b, 2009.

월터 미뇰로 지음, 이성훈 옮김, 『로컬 히스토리 글로벌 디자인』, 에코리브르, 2013.

위르겐 하버마스 지음, 홍윤기 외 옮김, 『이론과 실천』, 종로서적, 1981.

위르겐 하버마스 지음, 장춘익 옮김, 『의사소통행위 이론』 2권, 나남, 2006.

자크 랑시에르 지음, 양창렬 옮김, 『정치적인 것의 가장자리에서』, 길, 2013.

자크 랑시에르 지음, 진태원 옮김, 『불화: 정치와 철학』, 길, 2015.

자크 랑시에르 지음, 안준범 옮김, 『프롤레타리아의 밤: 노동자의 꿈 아카이브』, 문학동네, 2021.

조르조 아감벤 지음, 박진우 옮김, 『호모 사케르: 주권 권력과 벌거벗은 생명』, 새물결, 2008.

존 베벌리 지음, 박정원 옮김, 『하위주체성과 재현: 라틴아메리카 문화이론 논쟁』, 그린비, 2013.

주디스 버틀러 외 지음, 『우연성 헤게모니 보편성 좌파에 대한 현재적 대화들』, 도서출판b, 2009.

줄리아 크리스테바 지음, 서민원 옮김, 『공포의 권력』, 동문선, 2001.

질 들뢰즈, 펠릭스 가타리 지음, 김재인 옮김, 『천개의 고원』, 새물결, 2001.

칼 맑스 지음, 최인호 옮김, 「헤겔 법철학의 비판을 위하여」, 『칼 맑스, 프리드리히 엥겔스 저작 선집』 1권, 박종철출판사, 1994.

콰메 앤터니 애피아 지음, 실천철학연구회 옮김, 『세계시민주의: 이방인들의 세계를 위한 윤리학』, 바이북스, 2008.

한국 프랑스철학회, 『현대 프랑스 철학사』, 창비, 2018.

조르조 아감벤 지음, 박진우 옮김, 『호모 사케르: 주권 권력과 벌거벗은 생명』, 새물결, 2008.

조르조 아감벤 지음, 김항 옮김, 『예외상태』, 새물결, 2009.

외국논저

Adriana Cavarero, *Horrorism: Naming contemporary violence*, Columbia University Press, 2011.

Antonio Gramsci(Valentino Gerratana, ed), *Quaderni del carcere III, IV*, G. Einaudi, 1975, p.1696.

Antonio Gramsci(Marco Gervasoni, ed.), *Scritti Scelti*, Rizzoli, 2007.

Gayatry C. Spivak, *Marxism and the Interpretation of Culture*, Macmillan, 1988.

Gyan Prakash, "The Impossibility of Subaltern History," *Nepantla: Views from South*, vol. 1, issue 2, 2000, pp.287-294.

Hannah Arendt, "Philosophy and Politics," *Social Research: An International Quarterly*, Vol. 71. No. 3, 2004, pp.427-454.

Julian Go, *Postcolonial Thought and Social Theory*, Oxford Uni. Press, 2016.

Jürgen Habermas, *Technik und Wissenschaft als Ideologie*, Suhrkamp, 1967.

Jürgen Habermas, *Theorie des kommunikativen Handelns* Bd. 1., Suhrkamp, 1981.

Karl Marx, *Karl Marx and Frederick Engels, Collected Works* vol. 3., Lawrence & Wishart, 1975.

Ranajit Guha, "A note on the terms 'elite', 'people', 'subaltern', etc. as used above", *Subaltern Studies I*, 1982, p.8.

기타자료

subaltern 어원:

https://www.etymonline.com/word/subaltern#etymonline_v_22241

alter 어원: https://www.etymonline.com/word/alter#etymonline_

v_10924

관문 도시 부산과 '서발턴' 역사 연구의 필요성과 한계

『국제신문』

『별건곤』

『부산일보』

『조선시보』

『중앙일보』

RG 319 Aerial and Panoramic Photographs of Various Countries and
the United States

김택현, 『서발턴과 역사학 비판』, 박종철출판사, 2003.

낸시 프레이저 지음, 장석준 옮김, 『좌파의 길, 식민 자본주의에 반대한다』, 서
해문집, 2023.

데이비드 월러스 웰즈 지음, 김재경 옮김, 『2050 거주불능 지구』, 추수밭,
2020.

디페시 차크라바르티 지음, 이신철 옮김, 『행성시대 역사의 기후』, 에코라브르,
2023.

라즈 파델·제이슨 W. 무어 지음, 백우진·이경숙 옮김, 『저렴한 것들의 세계
사』, 북돋움, 2006.

로버트 J. C. 영 지음, 김택현 옮김, 『포스트식민주의 또는 트리컨티넨탈리즘』,
박종철출판사, 2005.

릭 돌피언·이리스 반 데어 튠 지음, 박준영 옮김, 『신유물론: 인터뷰와 지도제
작』, 교육서가, 2021.

몸문화연구소, 『신유물론』, 필로소픽, 2022.

몸문화연구소, 『자연문화와 몸』, 헤겔의휴일, 2022.

문규민, 『신유물론 입문: 새로운 물질성과 횡단성』, 두번째테제, 2022.

미미 셸러 지음, 최영석 옮김, 『모빌리티 정의』, 앨피, 2019.

박준영, 『신유물론, 물질의 존재론과 정치학』, 그린비, 2023.

사드로 메자드라·브렛 닐슨 지음, 남청수 옮김, 『방법으로서의 경계』, 갈무리, 2021.

요시하라 나오키 지음, 이상봉·신나경 옮김, 『모빌리티와 장소』, 심산출판사, 2010.

월터 D. 미뇰로 지음, 김영주·배윤기·하상복 옮김, 『서구 근대성의 어두운 이면』, 현암사, 2018.

월터 D. 미뇰로 지음, 이성훈 옮김, 『로컬 히스토리/글로벌 디자인』, 에코리브르, 2013.

이동신, 『포스트휴머니즘의 세 흐름』, 갈무리, 2022.

자크 비데 지음, 배세진 옮김, 『마르크스와 함께 푸코를, 메타구조란 무엇인가』, 생각의힘, 2021.

제이슨 W. 무어 지음, 김효진 옮김, 『생명의 그물 속 자본주의』, 갈무리, 2020.

피터 애디 지음, 최일만 옮김, 『모빌리티 이론』, 앨피, 2019.

하가르 코테프 지음, 장용준 옮김, 『이동과 자유: 자유주의적 통치와 모빌리티의 계보학』, 앨피, 2022.

대만의 서발턴과 대만사 연구

사료

岡松三太郎 主編, 『臺灣番族習慣研究』, 臺灣總督府番族調査會, 1921.

小島由道 主編, 『番族習慣照査報告書』, 臺灣總督府番族調査會, 大正09年.

庄爲璣·王連茂, 『閩臺關係族譜資料選編』, 福建人民出版社, 1985.

佐山融吉 主編, 『蕃族調査報告書』, 臺灣總督府番族調査會, 大正09年.

行政院新聞局編, 『二二八事件專案報告』, 行政院新聞局, 1989.

단행본

高明士 主編, 『臺灣史』, 五南, 2009.

龔宜君, 『「外來政權」與本土社會』, 稻鄉出版社, 2011.

金以林, 『國民黨高層的派系政治: 蔣介石最高領袖地位是如何確立的』, 社會
　　科學文獻, 2009

杜正勝, 『新史學之路』, 三民, 2004.

王晴佳, 『台灣史學50年』, 麥田, 2002.

李文良 等, 『成為台灣客家人』(台灣史論叢客家篇), 臺灣大學出版中心, 2019.

李文良, 『清代南臺灣的移墾與「客家」社會(1680-1790)』, 臺灣大學出版中心,
　　2019.

林孝庭, 『臺海 · 冷戰 · 蔣介石: 解密檔案中消失的臺灣史 1948-1988』, 聯經
　　出版, 2015.

―――, 『蔣經國的台灣時代: 中華民國與冷戰下的台灣』, 遠足文化, 2021

薛化元 等, 『戒嚴時期白色恐怖與轉型正義論文集』, 吳三連基金會, 2009.

松田康博 著, 黃偉修 譯, 『台灣一黨獨裁體制的建立』, 政大出版社, 2019.

王爾敏, 『20世紀非主流史學與史家』, 廣西師範大學出版社, 2007.

任育德, 『向下扎根: 中國國民黨與台灣地方政治的發展1949-1960』, 稻鄉.
　　2008.

張隆志 編, 『島史的求索』, 臺大出版中心, 2020.

張炎憲 等, 『二二八事件責任歸屬研究報告』, 二二八基金會出版, 2006.

鄭振滿, 『明清福建傢族組織與社會變遷』, 湖南教育出版社, 1992.

周婉窈, 『臺灣歷史圖說』(三版), 聯經, 2016.

―――, 『轉型正義之路』(增訂版), 玉山社, 2022,

陳孔立, 『清代台灣移民社會研究』(增訂版), 九州出版社, 2003.

陳翠蓮,『重構二二八 : 戰後美中體制、中國統治模式與台灣』, 衛城, 2017.

許雪姬 編,『來去臺灣』(臺灣史論叢 : 移民編), 臺大出版中心, 2019.

黃秀政,『台灣史研究』(增訂版), 台灣學生書局, 1995.

黃英哲,『去日本化、再中國化 : 戰後台灣文化重建(1945-1947)』, 麥田, 2007.

呂紹理,『展示臺灣 : 權力、空間與殖民統治的形象表述』, 麥田出版社, 2011.

Evan Dawley(堯嘉寧 譯),『成爲臺灣人: 植民城市基隆下的民族形成(1880s-1950)』, 臺大出版中心, 2021.

Ranajit Guha, *History at the Limit of World-History(Italian Academy Lectures)*, Columbia University Press, 2002.

논문

김유리,「대만의 정권교체와 고등학교 역사과정 개혁」,『역사교육』134, 2015.

김은미,「대만의 선진국 담론과 대만의 자아정체성」,『비교중국연구』1-2, 2020.

문명기,「일제하 대만의 통치체제와 생활수준-일제하 조선과의 비교를 겸하여」,『한국학논총』vol.59, 2023.

―――,「일제하 조선 지방 세출의 구조와 추이, 1910~1936-대만과의 비교를 겸하여」,『중국근현대사연구』vol.91, 2021.

―――,「일제하 대만·조선 기층행정 운영의 비교분석-행정인력의 수량적 검토를 중심으로」,『동양사학연구』vol.150, 2020.

손준식,「일제시기 대만지식인의 '조국의식'과 중국경험: '孤兒意識'의 형성과정과 그 성격을 중심으로」 vol.56,『중국근현대사연구』, 2012.

―――,「'兄弟之邦'에서 '兇地之邦'으로-대한민국과 중화민국의 외교관계(1948~1992)」,『중국근현대사연구』vol.58, 2013.

손준식, 이승찬,「『每日申報』(1910~1945) 기사를 통해 본 식민지 조선의 臺灣 인식」 vol.63,『역사문화연구』vol.63, 2017.

임규섭,「대만에서 역사교육과 국가정체성의 관계: 청년세대의 정체성 변화를 중심으로」,『아시아연구』vol.26, 2023.

정형아, 정창원,「장제스의 친중정부 수립 구상과 이승만(1945~1947)」,『동북아 역사논총』vol.70, 2020.

―――,「'포모사(Formosa)'와 '대만(臺灣)' 사이」,『지방사와 지방문화』23-1, 2020.

許雪姬,「'臺灣의 日記 연구' 회고와 전망」,『민족문화연구』vol.66, 2015.

関口浩,「「蕃族調査報告書」の成立 ――岡松参太郎文書を参照して」,『成蹊大学一般研究報告』46-3, 2012.

歐素瑛,「戰後初期在台日人之遣返」,『國史館學術期刊』3, 2003, 201-227.

劉斌雄,「日本學人之高山族研究」,『中央研究院民族學研究所集刊』40, 1975.

李東華,「光復初期(1945-50)的民族情感與省籍衝突-從臺灣大學的接收改制做觀察」,『臺大文史哲學報』65, 2006.

蘇瑤崇,「「終戰」到「光復」期間臺灣政治與社會變化」,『國史館學術集刊』13, 2007.

楊子震,「帝國臣民から在日華僑へ: 澀谷事件と戰後初期在日台灣人の法的地位」,『日本台灣學會報』14, 2012.

呂紹理,「「從帝大到臺大: 重探史學研究的邊界」專號導言」,『臺大歷史學報』61, 2018.

王泰升,「國民黨在中國的「黨治」經驗: 民主憲政的助力或阻力?」,『中央研究院法律研究所法學期刊』5, 2009.09,

姚人多,「政權轉移之治理性: 戰後國民黨政權對日治時代保甲制度的承襲與轉化」,『台灣社會學』15, 2008.

諸葛正,「日治後期臺灣木工藝產業的環境成長與相關產品, 技術上的變化」,『朝陽學報』13, 2008.

周婉窈, 「臺北帝國大學南洋史學講座·專攻及其戰後遺緒(1928~1960)」, 『臺大歷史學報』61, 2018.

曾文亮, 王泰升, 「被併吞的滋味: 戰後初期台灣在地法律人才的處境與遭遇」, 『台灣史研究』14-2. 2007.

陳奇祿, 「臨時臺灣舊慣調查會」與臺灣高山族研究」, 『臺灣風物』24-4, 1974.

陳翠蓮, 「去殖民與再殖民的對抗: 以一九四六年「台人奴化」論戰為焦點」, 『台灣史研究』9-2, 2002.

―――, 「台灣戰後初期的「歷史清算」(1945~1947)」, 『台大歷史學報』58期, 2016.

陳鴻圖, 「日治時期台灣水利事業的建立與運作-以嘉南大圳為例」, 『輔仁歷史學報』12期, 2001.

蔡英文, 「民族主義, 人民主義與西方現代性」, 『政治與社會哲學評論』第3集, 2002.

湯熙勇, 「恢復國籍的爭議: 戰後旅外台灣人的復籍問題(1945~1947)」, 『人文及社會研究集刊』17-2, 2005.

洪麗雯, 「日治時期臺灣牛乳飲用的開展與文化意涵」, 『中國飲食文化』7-2, 2011.

Shih Chih-Yu, "Taiwan as East Asia in Formation A Subaltern Appropriation of the Colonial Narratives", Gunter Schubert, Jens Damm, ed., *Taiwanese Identity in the 21st Century: Domestic, Regional and Global Perspectives*, London, Routledge, 2011.

기타 인터넷 자료

國史館數位典藏資料庫http://linux201.drnh.gov.tw/textdb/drnhBrowse/
台灣文獻館數位典藏資料庫http://www.th.gov.tw/digital/digital.php

檔案館理局檔案資源查詢平台http://across.archives.gov.tw/naahyint/
　　　search.jsp
中研院近史所檔案館館藏檢索系統http://archives.sinica.edu.tw/main/
　　　search.html
威斯康辛大學數位化資料庫FRUS(Foreign Relations of the United States)
　　　http://uwdc.library.wisc.edu/collections/FRUS
臺灣史研究的回顧與展望
https://thrrp.ith.sinica.edu.tw/

중국의 서발턴 연구: 개념, 주제, 쟁점

김정수, 「'저층문학'에서 '노동자문학'으로: <나는 판위수입니다>를 중심으
　　　로」, 『중국문학연구』 68권, 2017.
――――, 「중국 '신노동자' 집단정체성 형성의 문화정치적 함의: 베이징 피춘 '노
　　　동자의 집'을 중심으로」, 『중국문화연구』 35호, 2017.
로절린드 C. 모리스 엮음, 가야트리 차크라보르티 스피박 외 지음, 태혜숙 옮
　　　김, 『서발턴은 말할 수 있는가?: 서발턴 개념의 역사에 관한 성찰들』,
　　　그린비, 2013.
리윈레이, 「21세기 중국문학에서의 저층문학」, 『창작과 비평』 40권 4호, 2012.
박민호, 「피춘과 중국의 새로운 노동자 문화」, 『중국학연구』 74권, 2015.
박자영, 「문화연구는 무엇을 할 수 있는가: 최근 중국문화연구에 대한 일 검
　　　토」, 『중국현대문학』 제92호, 2022.
――――, 「이천년대 이후 중국노동자 문화현실과 담론연구: 베이징 피춘의 사례
　　　를 중심으로」, 『중어중문학』 76권 1호, 2019.
백승욱 편저, 『중국 노동자의 기억의 정치』, 폴리테이아, 2007.
백승욱, 『중국 문화대혁명과 정치의 아포리아: 중앙문혁소조장 천보다와 조반

의 시대』, 그린비, 2012.

왕후이, 『단기20세기: 중국 혁명과 정치의 논리』, 글항아리, 2021.

윤종석, 「베이징은 어떤 시민을 원하는가?: 외래인구 사회관리와 2017년 '저단인구' 퇴거 사건」, 『사회와역사』 116권, 2017.

장윤미, 「중국 국유기업 구조조정과 노동자 마음: 몫을 잃은 자들의 마음」, 『중소연구』 41권 1호, 2017.

조문영, 「'결함있는' 인민: 중국 동북 노동자 밀집지역에서 기층간부들의 '사구자치(社口自治)'가 갖는 딜레마」, 『현대중국연구』 제13집 1호, 2011.

─────, 『빈곤과정: 빈곤의 배치와 취약한 삶들의 인류학』, 글항아리, 2022.

천이난 지음, 장윤미 옮김, 『문화대혁명, 또 다른 기억: 어느 조반파 노동자의 문혁 10년』, 그린비, 2008.

Ching Kwan Lee, *Against the Law: Labor Protests in China's Rustbelt and Sunbelt*, University of California Press, 2007.

Chris King-chi Chan and Pun Ngai, "The Making of a New Working Class? A Study of Collective Actions of Migrant Workers in South China", *The China Quarterly*, Issue 198, 2009.

Jenny Chan, Mark Selden, Pun Ngai, *Dying for an iPhone: Apple, Foxconn, and The Lives of China's Workers*, Haymarket Books, 2020, 정규식, 윤종석, 하남석, 홍명교 옮김, 『아이폰을 위해 죽다』, 나름북스, 2021.

Kevin J. O'Brien, Lianjiang Li, *Rightful Resistance in Rural China*, Cambridege University Press, 2006.

Mun Young Cho, ""We Are the State": An Enterpreneurial Mission to Serve the People in Harbin, Northeast China", *Modern China*, 37(4), 2011.

─────────, *The Specter of "The People": Urban Poverty in*

Northeast China, Cornell University Press, 2013.

Pun Ngai and Lu Huilin, "Unfinished Proletarianization: Self, Anger and Class Action among the Second Generation of Peasant-Workers in Present-Day China", *Modern China*, 36(5), 2010.

Pun Ngai, *Made in China: Women Factory Workers in a Global Workplace*, Duke University Press, 2005.

Stephan Haggard, Robert Kaufman, *Backsliding: Democratic Regress in the Contemporary World*, Cambridge University Press, 2021.

「"两岸三地"高校富士康调研总报告」, 9月, 2010.

江立华, 胡杰成, 「"地缘维权"组织与农民工的权益保障: 基于对福建泉州农民工维权组织的考察」,『文史哲』, 第1期, 2007.

江晓红, 「女性农民工城市生存现状的调查与分析: 以银川市女性农民工为例」,『贵州大学学报』, 第6期, 2015.

郭于华, 「倾听无声音的底层」,『读书』, 第6期, 2008.

———, 「作为历史见证的"受苦人"的讲述」,『社会学研究』, 第1期, 2008.

郭伟和, 「身份政治: 回归社区后的北京市下岗失业职工的生计策略: 沃尔玛中国玩具供应厂的经验研究」,『开放时代』, 第5期, 2008.

董海军, 「"作为武器的弱者身份": 农民维权抗争的底层政治」,『社会』, 第4期, 2008.

罗峰, 「新一代数字劳动者, 过着怎样的生活？」,『中国青年研究』, 4月14日, 2021.

吕途,『中国新工人: 迷失与崛起』, 法律出版社, 2013.

———,『中国新工人: 文化与命运』, 法律出版社, 2015.

———,『中国新工人: 女工传记』, 生活·读书·新知三联书店, 2017.

赖伟军, 吴志明, 「底层中国的主体性建构: 一个研究评述」,『中国农业大学学报』, 第3期, 2011.

廖义武,『中国底层访谈录』, 长江文艺出版社, 2001.

刘爱玉,「国有企业制度变革过程中工人的行动选择: 一项关于无集体行动的经验研究」,『社会学研究』, 第6期, 2003.

刘欣,「近40年来国内妇女贫困研究综述」,『妇女研究论丛』, 第1期, 2015.

陆学艺,『改革中的农村和农民: 对大寨、刘庄、华西等13个村庄的实证研究』, 中共中央党校出版社, 1992.

陆学艺主编,『当代中国社会阶层研究报告』, 社会科学文献出版社, 2002.

李羋,「当前中国社会的四个利益群体」,『学术界』, 第3期, 2000.

李连江, 欧博文,「当代中国农民的依法抗争」, 吴国光主编,『九七效应: 香港, 中国与太平洋』, 香港太平洋世纪研究所, 1997.

李培林主编,『中国新时期阶级阶层报告』, 辽宁人民出版社, 1995.

李小云,「"墨茶"离世背后: "底层研究"正无形伤害底层」,『文化纵横』, 1月, 2021.

李荣彬,「女性农民工的阶层差异与社会融合: 基于2014年流动人口动态监测数据的实证研究」,『青年研究』, 第5期, 2016.

孟韬, 于立,「恣塬型国有企业的改制重组: 来自东北三省的调研」,『社会科学战线』, 第5期, 2006.

孟繁华,「"到城里去"和"底层写作"」,『文艺争鸣』, 第6期, 2007.

毛泽东,「论联合政府(1945年4月24日)」,『毛泽东选集』第3卷, 人民出版社, 1991.

毛泽东,「中国社会各阶级的分析」,「湖南农民运动考察报告」,『毛泽东选集』第1卷, 人民出版社, 1991.

文军, 吴晓凯,「大都市底层社会的形成及其影响: 以上海市的调查为例」,『华东师范大学学报』, 第5期, 2015.

闻效仪,「城市栅栏之外的"三和大神"」,『中国工人』, 第10期, 2018.

潘毅, 陈敬慈,「阶级话语的消逝」,『开放时代』, 第5期, 2008.

秘舒, 苏春艳,「"洞察"与文化生产: 城市底层青年的社会再生产」,『中国青年研究』, 8月, 2016.

查吉特, 「关注底层」, 『读书』, 第8期, 2001.

徐小涵, 「两种"反抗史"的书写: 斯科特和底层研究学派的对比评述」, 『社会学研究』, 第1期, 2010.

徐昕, 「为权力而自杀: 转型期中国农民工的"以死抗争"」, 『乡村中国评论』, 第2期, 2008.

孙立平, 「资源重新积聚背景下的底层社会形成」, 『战略与管理』, 第1期, 2002.

———, 「总体性资本与转型期精英的形成」, 『浙江学刊』, 第3期, 2002.

———, 『断裂: 20世纪90年代以来的中国社会』, 社会科学文献出版社, 2003.

习近平, 「在哲学社会科学工作座谈会上的讲话(2016年5月17日)」, <新华社>, 2016/05/18.

严元章, 「东北地区下岗工人基本状况访谈录」, 『中国与世界』, 第51期, 2001.

馀治平, 『万集乡下这些年: 中国底层社会治理的微观叙事与个案研究』, 上海三联书店出版社, 2014.

吴毅, 「"权力-利益的结构之网"与农民群体性利益的表达困境: 对一起石场纠纷案例的分析」, 『社会学研究』, 第5期, 2007.

吴清军, 「中国城市的底层阶级: 国企改革中传统产业工人的转型」, 『中国与世界观察』, 第2期, 2007.

王庆明, 「底层视角及其知识谱系: 印度底层研究的基本进路检讨」, 『社会学研究』, 第1期, 2011.

王信贤, 「习近平新时代的社会治理: 北京驱离'低端人口'的观察」, 『展望与探索』, 第16卷 第1期, 2018.

王洪伟, 「当代中国底层社会"以身抗争"的效度和限度分析: 一个"艾滋村民"抗争维权的启示」, 『社会』, 第2期, 2010.

于建嵘, 「农民维权与底层政治」, 『东南学术』, 第3期, 2008.

———, 「利益博弈与抗争性政治: 当代中国社会冲突的政治社会学解读」, 『中国农业大学学报』, 第1期, 2009.

―――, 「以法抗争: 当前农民维权运动的一个解释框架」, 『社会学研究』, 第2期, 2004.

―――, 「底层社会的权利逻辑」, 『南风窗』, 第5期, 2008.

―――, 「中国农民工的依法维权」, 『云南财经大学学报』, 第6期, 2008.

―――, 『岳村政治: 转型期中国乡村政治结构的变迁』, 商务印书馆, 2001.

―――, 『中国工人阶级状况: 安源实录』, 明镜出版社, 2006.

―――, 『中国当代农民的维权抗争: 湖南衡阳考察』, 中国文化出版社, 2007.

于立, 孟韬, 「国有企业'买断工龄'的问题与规范: 以东北老工业基地资源枯竭型国有企业为例」, 『社会科学战线』, 第6期, 2004.

魏程琳, 「发现底层: 1990年以来中国阶层研究的进路与转向」, 『西南大学学报』, 第5期, 2016.

应星, 「'气'与中国乡村集体行动的再生产」, 『开放时代』, 第6期, 2007.

―――, 「'气'与中国乡土本色的社会行动」, 『社会学研究』, 第5期, 2010.

―――, 「'气场'与群体性事件的发生机制」, 『社会学研究』, 第6期, 2009.

―――, 「草根动员与农民群体利益的表达机制: 四个个案的比较研究」, 『社会学研究』, 第2期, 2007.

任焰, 潘毅, 「宿舍劳动体制: 劳动控制与抗争的另类空间」, 『开放时代』, 第3期, 2006.

张梦莹, 『底层的自我表述: 以馀秀华和范雨素为例』, 대만 영남(岭南)대학 석사학위논문, 2019.

张锡明, 『"三和大神"的身份建构』, 上海社会科学院 석사학위논문, 2020.

张爱凤, 「"底层发声"与新媒体的"农民叙事": 以"今日头条"三农短视频为考察对象」, 『广州大学学报(社会科学版)』, 第4期, 2019.

张子林, 黄艺红, 「保障东北下岗失业职工基本生活问题的再思考」, 『社会科学战线』, 第1期, 2007.

张静, 「从失语到异化: 快手平台农村主体的形象构建」, 人民网研究院, 2020/01/09.

折晓叶,「合作与非对抗性抵制: 弱者的"韧武器"」,『社会学研究』, 第3期,
　　2008.

赵树凯,「"底层研究"在中国的应用意义」,『东南学术』, 第3期, 2008.

锺曼丽, 杨宝犟,「性别, 圈层与嵌入: 女性农民工城市融入研究」,『新疆社会
　　科学』, 第3期, 2021.

中国工人研究网编,『通钢事件与国有情结』, 中国文化传播出版社, 2009.

陈燕谷,「序二: 关于"庶民"的历史」, 刘健芝, 许兆麟选编,『庶民研究』, 中央
　　编译出版社, 2005.

陈婷婷,「社会资本视阈下新生代女性农民工的身心健康: 基于全国调查数
　　据」,『中共福建省委党校学报』, 第2期, 2017.

佟新,「延续的社会主义文化传统: 一起国有企业工人集体行动的个案分析」,
　　『社会学研究』, 第1期, 2006.

叶照青, 朱大印, 耿昌军,『来自中国社会底层的报告』, 长江文艺出版社, 2004.

黄志辉, 麻国庆,「无"法"维权与成员资格: 多重支配下的"代耕农"」,『中国农
　　业大学学报』, 第1期, 2011.

김동규

동서대학교 중국연구센터 연구교수, 민주시민교육원 나락한알 원장

하버마스의 이론을 전공하여 사회철학 박사학위를 취득하였고, 그의 '공론장'이론을 연장하여 현재 공공예술 이론서 출간을 준비하고 있다. 여기에 착안하여 새로운 공공성 창출을 위한 서발터니티라는 개념에 천착하고 있으며, 이 과정에서 임계적 공공성 개념도 고안했다. 최근 이 개념을 매개로 다양한 연구 성과를 내고 있다. 이 연구성과가 탁상공론에 그치지 않기 위해 민주시민교육원 나락한알에서 시민들과 다양한 활동을 펼치고 있다. 현장 활동가들을 연구자로 탈바꿈시키는 일이 그 일환이다. 연구와 현장을 연결하여 지역 공공성을 활성화하고, 지역의 연구-활동의 생태계를 구축하는 데 관심이 많다. 2008년 부산대 대학원 학술상, 2022년 교보교육재단의 교보교육대상, 민주화운동기념사업회의 민주시민교육 다양성 부문 수상, 2023년 고연장학재단 학술연구상 등 다수의 상을 수상한 바 있다.

김봉준

인천대학교 중국·화교문화연구소 HK연구교수

경상국립대학교 사학과를 졸업하고 서울대학교 동양사학과에서 석사학위를 취득하였다. 이후 국립대만대학교 역사학과에서 박사학위를 받았다. 인천대학교 중국학술원 상임연구원을 역임하였으며, 현재 인천대학교 중국·화교문화연구소 HK연구교수로 재직 중이다. 근대 동아시아 외교사와 대만 근현대사를 연구하고 있다. 저서로는 『동아시아 도시 이야기』(공저)가 있으며, 「한국 언론에서 본 대만 2·28 사건」, 「민진당 재집권 이후의 대만사 연구 경향」, 「청대 대만의 사회 변동과 분류계투」, 「19세기 말 청 해방론(海防論)과 조선」, 「戊戌變法期 淸의 조선정책과 근대 외교의 수립(1895~1899)」 등의 논문을 작성하였다.

이홍규

동서대학교 캠퍼스아시아학과 교수 겸 중국연구센터 소장

한국외대 중국어과를 졸업하고 서강대 대학원 정치외교학과에서 석사학위를 취득했다. 중국사회과학원 대학원에서 「기업집단화의 정치-경제체제개혁 중의 중국기업집단화」라는 논문으로 법학 박사 학위를 받았다. 서강대 동아연구소, 아주대 세계학연구소, 성균관대 동아시아지역연구소에서 연구했고, 현재는 동서대 캠퍼스아시아학과 교수 겸 중국연구센터 소장으로 재직 중이다. 중국의 체제개혁과 민주화 그리고 중국식 발전모델을 연구해왔고 최근에는 시민 중심의 동아시아 구현 문제에 관심을 갖고 있다. 저서로는 『중국모델론』(공저), 『한중 협력의 새로운 모색, 부산-상하이 협력』(공저) 등이 있고 「보시라이 숙청과 충칭모델의 미래」, 「개혁개방 이전 중국의 민주주의 인식: 변화와 영향」, 「동아시아 공공성은 가능한가」 등의 논문을 썼다.

전성현
동아대학교 사학과 부교수

동아대학교에서 한국근현대사로 석사와 박사학위를 받았다. 현재 동아대학교 사학과 및 석당학술원 부교수로 재직 중이다. 한국 및 동아시아근현대사, 지역사, 공공역사에 관심을 가지고 연구하고 있다. 저서로는『일본인 이주정책과 재조선 일본인사회』(공저),『식민지 도시와 철도』,『삼일운동 데이터베이스로 보는 1919, 그날의 기억』,『일제시기 조선 상업회의소 연구』가 있고, 번역서로는『일본의 대련 식민통치 40년사』1~3권(공역)이 있다. 논문으로는「이승만 정권기 지방선거 결과를 통해 본 지방자치제의 의미」,「한국전쟁기 유엔한국묘지(적군묘지)의 조성과 의미」,「피란수도 부산의 '유산화'와 국내외 자료의 현황 및 활용 방안」,「일제강점기 '지방의회'의 '정치적인 것'과 한계」,「일제강점기 식민권력의 지방 지배 '전략'과 도청이전을 둘러싼 '지방정치'」,「1876년 '개항'의 개념적 의미와 역사적 성격」,「3·1운동의 장소적 특징과 '유산화'」,「일제강점기 '민의가 있는 바를 표현'하는 장소로서의 읍회와 그 한계」등 다수가 있다.

장윤미
동서대학교 중국연구센터 연구교수

연세대학교 중어중문학과를 졸업했고, 한양대학교 국제학대학원에서 중국지역학을 공부했다. 중국 베이징대학교 정부관리학원에서 "시장화 개혁시기 중국의 노동정치"에 관한 연구로 박사 논문을 썼다. 서강대 동아연구소, 인천대 인문학연구소, 성균관대 동아시아학술원 등에서 연구했다. "중국모델론", "문화대혁명 기억의 정치", "중국의 관행", "중국식 민주", "중국 국가정체성 연구" 등의 공동연구를 수행하였다. 저서로는『당치(黨治)국가 중국: 시진핑 시대 통치구조와 정치의 변화』,『현대중국강의』(공저),『분단 너머 마음 만들기』(공저) 등이 있고, 역서로는『문화대혁명, 또 다른 기억: 어느 조반파 노동자 문혁 10년』,『국가의 죄수: 자오쯔양 중국공산당 총서기 최후의 비밀 회고록』(공역) 등이 있다. 논문으로는「시진핑 시대 민족국가 통합과 소수민족의 서발턴화」,「중국 공산당의 사회건설 구상: '군중노선'과 새로운 '인민' 주체의 창조」,「중국의 당, 국가, 사회의 관계: 거버넌스(治理) 구조의 변화」등이 있다.

동아시아 관문도시와 서발터니티 연구

초판 1쇄 발행 2025년 12월 31일

지은이 이홍규 · 김동규 · 전성현 · 김봉준 · 장윤미
엮은이 이홍규 · 장윤미
펴낸이 강수걸
편집 강나래 이선화 이소영 오해은 이혜정 한수예 유정의
디자인 권문경 조은비
펴낸곳 산지니
등록 2005년 2월 7일 제333-3370000251002005000001호
주소 부산시 해운대구 수영강변대로 140 BCC 626호
전화 051-504-7070 | 팩스 051-507-7543
홈페이지 www.sanzinibook.com
전자우편 sanzini@sanzinibook.com
블로그 http://sanzinibook.tistory.com

ISBN 979-11-6861-537-3 93910

* 책값은 뒤표지에 있습니다.
* 잘못 만들어진 책은 구입처에서 교환해드립니다.
* 이 저서는 2022년 대한민국 교육부와 한국연구재단의 지원을 받아 수행된
연구임(NRF-2022S1A5C2A02091373)